A sutileza bem-humorada
de WINSTON
CHURCHILL
SUAS GRANDES TIRADAS

EDITADO POR
Richard M. Langworth

TRADUÇÃO
Joubert de Oliveira Brízida

1ª edição - 2ª impressão

Título original: *THE DEFINITIVE WIT OF WINSTON CHURCHILL*
© 2013, by Lexikon Editora Digital

Odisseia Editorial® é uma marca registrada da
LEXIKON EDITORA DIGITAL.

Direitos de edição da obra em língua portuguesa adquiridos pela
LEXIKON EDITORA DIGITAL LTDA.
Todos os direitos reservados. Nenhuma parte desta obra pode ser apropriada e estocada em sistema de banco de dados ou processo similar, em qualquer forma ou meio, seja eletrônico, de fotocópia, gravação etc., sem a permissão do detentor do copirraite.

LEXIKON EDITORA DIGITAL LTDA.
Rua da Assembleia, 92/3º andar – Centro
20011-000 Rio de Janeiro – RJ – Brasil
Tel.: (21) 2526-6800 – Fax: (21) 2526-6824
www.lexikon.com.br – sac@lexikon.com.br

1ª edição - 2012

DIRETOR EDITORIAL *Carlos Augusto Lacerda*	REVISÃO *Michele Mitie Sudoh*
PRODUÇÃO EDITORIAL *Sonia Hey*	PROJETO GRÁFICO E DIAGRAMAÇÃO *Ars Lettera Soluções Editoriais*
ASSISTENTE DE PRODUÇÃO *Fernanda Carvalho*	IMAGEM DA CAPA *Topical Press Agency/* *Hulton Archive/Getty Images*
CAPA *Luis Saguar*	

CIP-BRASIL. CATALOGAÇÃO NA FONTE
SINDICATO NACIONAL DOS EDITORES DE LIVROS, RJ

C488s

Churchill, Winston, Sir, 1874-1965
 A sutileza bem-humorada de Winston Churchill : suas grandes tiradas / editado por Richard M. Langworth ; tradução Joubert de Oliveira Brízida. - Rio de Janeiro : Odisseia, 2012.

 296 p.

 Apêndice

 Inclui bibliografia e índice

 ISBN 978-85-62948-05-3

 1. Churchill, Winston, Sir, 1874-1965 - Citações. 2.Churchill, Winston, Sir, 1874-1965 - Humor, sátira, etc. 3. Citação inglesa. I. Langworth, Richard M. II. Título.

CDD: 941.084
CDU: 94(41)

Sumário

Prefácio, 7
Introdução, 11

1. Golpes e esquivas, 15
2. Máximas e reflexões, 42
3. Histórias e piadas, 74
4. Churchillianismos, 82
5. Grande comunicador, 105
6. Pessoas, 128
7. Inglaterra, império e commonwealth, 152
8. Nações, 159
9. Guerra, 176
10. Política e governo, 195
11. Educação, artes e ciência, 209
12. Pessoal, 213

Apêndice, 237
Bibliografia, 244
Notas bibliográficas, 253
Índice de nomes, 281
Índice, 285

Prefácio

A sutileza bem-humorada de Winston Churchill toma "sutileza" como a capacidade de provocar diversão ou admiração pela destreza verbal ou pela competência para associação de palavras e pensamentos de maneira cativante. Churchill possuía esse talento em dose extraordinária. Como um de seus sucessores como primeiro-ministro, Lord Home, costumava dizer: Não havia o que Churchill mais amasse que "emboscar a palavra ou a frase inesperada".

O hábito vinha em parte de uma inata facilidade no uso da linguagem e em parte nas ponderações que fazia sobre a própria experiência. Decerto tal hábito não refletia a leitura sistemática dos clássicos, pois o ensino do inglês em Harrow centrava-se mais pesadamente na gramática e sintaxe do que nas glórias da literatura inglesa. O rapaz compensou algumas dessas deficiências ao criar, no dizer de Bill Deakin, que mais tarde se tornou seu assistente, aquilo que chamou de sua própria escola ou universidade, ou seja, selecionando listas de livros importantes que desejava ler e fazendo com que eles fossem enviados para a Índia. (Testemunhamos depois o mesmo processo quando Churchill começou a pintar. Ele recebeu ocasionais orientações de especialistas, mas, na essência, foi um autodidata. "Vê você, jamais tive qualquer aula", dizia.)

Essa característica – uma sofreguidão por aprender, um desejo de iluminar novos campos de interesse em sua mente (frase sua, embora usada em outro contexto) – inspira afeição. Chegou mesmo a se estender para a música. Mesmo aos oitenta anos, ou um pouco mais, ele cantarolava canções de musicais ou hinos de sua juventude e saboreava os dobrados das bandas militares. E então, quando por fim teve a oportunidade e a inclinação para ouvir algo diferente, descobriu um gosto por Beethoven, Sibelius e Brahms.

Com uma prodigiosa memória, ele podia repetir longos trechos de Gibbon e Macaulay, e, ao mesmo tempo, ficar absolutamente insensível pela maior parcela daquilo que alguém mais convencionalmente educado deveria conhecer. Não leu muitas obras dos grandes romancistas e negligenciou notáveis poetas. Afinal de contas, ele sempre foi um homem possuidor de indomáveis energia física e inquietude, com intermináveis preocupações prementes desde a tenra juventude até a idade avançada. Seus conhecimentos de literatura, como também de muitos outros assuntos, permaneceram sendo verdadeira colcha de retalhos. Tudo o que ele sabia, sabia perfeitamente bem, graças à extraordinária capacidade de se lembrar. Poucas semanas depois do severo derrame cerebral que o acometeu no verão de 1953, Churchill recitou para seu médico particular, o Dr. Moran, longos trechos de um poema de Longfellow. Perguntado quando o tinha lido, replicou: "Cerca de cinquenta anos atrás."

> Você perceberá, ou Watson terá escrito em vão, que detenho um vasto estoque de conhecimentos fora do comum, sem sistema científico, porém muito disponível para as necessidades de meu trabalho. Minha mente é como um depósito atulhado de pacotes de todas as espécies e espalhados por todos os cantos – tantos que mesmo eu tenho uma vaga ideia sobre o que está armazenado.

Foi isso que Sherlock Holmes disse. Churchill costumava se expressar de maneira mais prosaica afirmando que, de um modo geral, podia mergulhar o balde no poço e conseguir de volta alguma coisa útil.

Para a maioria dos propósitos, seu sistema funcionava de forma admirável. O que poderia ser mais justo que sua inopinada descrição, em 1936, de Neville Chamberlain como "o cavalo de carga de nossas grandes questões de estado", uma frase inspirada em Shakespeare e dita no momento oportuno durante um jantar em Birmingham, enquanto Baldwin ainda era primeiro-ministro e Chamberlain conhecido por ter sobre seus ombros boa parte das responsabilidades? Aconteceu, no entanto, que Chamberlain era rematado especialista nos textos de Shakespeare, e WSC, não. Em decorrência, deve ter sido bastante divertido para o primeiro e talvez um pouco mortificante para o segundo quando este entendeu que não havia checado a citação antes de falar e a atribuíra à peça errada.

Podemos encarar "humor" nesse contexto como significando a capacidade de detectar o engraçado ou o ridículo, o tratamento frívolo de um assunto aparentemente solene, em particular de reconhecer uma piada contra si próprio; há no humor alguma coisa de menos refinada ou delicada do que na sutileza. Se tivéssemos que fazer uma opção, WSC poderia ser enquadrado como um homem mais sutil do que humorista.

Este é um trabalho que permite ao leitor fazer a comparação, um livro tornado possível pelo processo de escanear e arquivar, que teria despertado enorme interesse em Churchill; isso porque sua curiosidade a respeito da ciência e de suas aplicações estendia-se dos portos flutuantes às suas próprias enfermidades.

Poucos políticos deveram mais que Churchill ao domínio da linguagem. Também não foram tão completamente resguardados os ditos e escritos de quaisquer outros estadistas modernos. Sendo assim, foi exaustiva obra do editor garimpar e esmiuçar um enorme volume de material. Mesmo assim, temos que perceber com desgosto que muitas das tiradas de Churchill se perderam para nós. *Lady* Violet Bonham Carter, por exemplo, lembrou-se depois de visitar WSC, "Enquanto subíamos as escadas para o piso superior, ele foi elaborando uma longa e magnífica frase e alertou, 'Agora, lembre-se do que eu disse, pois jamais serei capaz de me expressar tão bem de novo'"; indagada mais tarde sobre o fato, ela observou. "Ai de mim, esqueci!"

David Dilks
(ex-vice-reitor da Universidade de Hull;
autor de *The Great Dominion:
Winston Churchill in Canada 1900-1954*)

Introdução

Uma versão bonsai do *Churchill by Himself*^{*}

Meu Deus! Já posso ver nas resenhas e nos weblogs: "Longworth diz que Churchill achava que os russos eram 'babuínos' e os alemães, 'carneiros carnívoros'." Não, eu não disse coisas assim. Na realidade, Churchill admirava os russos por seu valor, e os alemães por sua engenhosidade, entre outras coisas.

Então vamos deixar claro logo de saída que *A sutileza bem-humorada de Winston Churchill* é uma coleção *parcial* de suas melhores citações – *limitadas à sutileza*. No dizer de David Dilks, é "uma versão bonsai de *Churchill by Himself* – minha abrangente compilação das citações de Churchill, da mesma editora – mais cerca de 150 novas tiradas escolhidas pela sutileza e humor.

O perigo de catar sutilezas nas 15 milhões de palavras publicadas de Churchill é que se possa sugerir uma visão deturpada de suas atitudes mais amplas. Tome-se como exemplo a Polônia, da qual o único registro neste livro, de muitos milhares de palavras sobre o assunto, envolve rechear o "ganso polonês" com território após a Segunda Guerra Mundial. O registro não reflete a vasta admiração de Churchill pelo estado polonês ou pelos valentes polacos que lutaram naquele conflito armado, ou sua amizade com homens como Sikorski. Nesses casos, fiquei tentado a acrescentar uma majestosa e inspiradora citação: "A alma da Polônia é indestrutível ..." Mas não me afastei de meu desígnio: só sutilezas. Para os leitores que quiserem mais, *Churchill by Himself* contém mais de quatro mil citações em 34 capítulos, uma abarcante coleção que vai do divertido ao sublime.

As palavras de Churchill, e mais as 35 milhões de palavras sobre ele escritas por colegas, biógrafos e amigos, estão

---

* Livro prévio do mesmo autor (não lançado em português).

no banco de dados digital onde colhi material para este livro. Em 1997, Karl-Georg Schon, então estudante universitário alemão, gentilmente me enviou a maioria das palavras publicadas por Churchill e algumas centenas de livros sobre ele escaneados oticamente. Recebi de Wayne Brent, presidente da Zuma Corporation em Culver City, e de seu capaz e quase mágico técnico em informática Alfredo Alvarez, assistência adicional e crucial sobre o escaneamento. Meu filho Ian, engenheiro de computação, compilou mais tarde meu tesouro digital num formato que permitiu rastrear qualquer palavra ou frase (a vasta maioria das próprias palavras de Churchill) até sua fonte. Virtualmente, todas as citações desta obra estão fundamentadas em fontes confiáveis; nenhum item foi nela incluído sem ser referendado.

A ordem usual é alfabética dentro de cada assunto e, então, a ordem cronológica crescente por ano, se bem que os assuntos muito encorpados (como a Segunda Guerra Mundial) merecem um subcapítulo (dentro do capítulo "Guerra"). As citações que levam apenas uma data nas notas bibliográficas são dos discursos de Churchill na Câmara dos Comuns: os Debates Parlamentares (como publicados no Hansard). Todas as outras citações são especificamente referenciadas com "palavras-chaves", identificadas na bibliografia. Por exemplo, "Biografia Oficial" se refere à biografia oficial, *Winston Churchill*, preparada por Randolph S. Churchill e Sir Martin Gilbert: tanto os volumes biográficos quanto os acompanhantes (ver Bibliografia).

Os anos mencionados são os mais antigos atribuíveis às citações. Por vezes indico um determinado ano da citação e a data em que ela foi mais tarde publicada, em especial as referentes às duas Guerras Mundiais. Lugares que não Londres, Chartwell ou Downing Street são assinalados caso disponíveis. As citações provindas de radiodifusões são identificadas e as fontes, especificadas.

Enganosos ("Red Herrings")

A internet é um Hyde Park Corner* eletrônico de palavras e opiniões, e diversos livros de frases de Churchill contêm muitas imprecisões. Grande quantidade de citações que ele nunca disse ou que têm sido repetidas de outras fontes e a Churchill atribuídas polui tais publicações. O teste para qualquer citação é se ela pode ser referendada com confiança. Se não pode, provavelmente é um "*red herring*". Os exemplos mais comuns estão no Apêndice.

Agradecimentos

O professor David Dilks enviou-me abrangentes observações sobre *Churchill by Himself* que me ajudaram a detectar muitas escorregadelas e pontos interessantes naquele livro para futuras edições, e um guia sobre a internet.

Imediatamente, solicitei-lhe que me ajudasse a revisar este novo livro. Não apenas ele me salvou muitas vezes de mim mesmo como proporcionou quantidade substancial de novas sutilezas, frutos de sua própria experiência e de seus escritos, além de escrever o Prefácio que realmente orienta o leitor sobre o que o livro objetiva.

Aos já citados Karl-Georg Schon, Wayne Brent, Alfredo Alvarez e Ian Langworth, juntos com minha esposa Barbara (ao meu lado em todos os passos do caminho), sou muito agradecido. Sou grato a Winston S. Churchill por ter autorizado o uso dos direitos autorais de seu avô, e a Gordon Wise da Curtis Brown Ltd por encontrar os melhores editores possíveis na Ebury Press e Public Affairs. As pessoas da Ebury Press, Andrew Goodfellow e Ali Nightingale; e Clive Priddle, Dan Ozzi e Niki Papadopoulos na Perseus Books e Public Affairs, merecem um agradecimento de antemão, já que meu trabalho está feito e agora começa o deles.

---

* N.T.: Local a sudeste do mais famoso parque de Londres onde se entrecruzam muitas vias importantes do tráfego da cidade.

Diversos integrantes do Churchill Centre me ajudaram e inspiraram citações, inclusive Randy Barber, David Boler, Paul Courtenay, Laurence Geller, Chris Matthews, Marcus Frost, general Colin L. Powell, embaixador Paul H. Robinson e Suzanne Sigman. Ralph Keyes, editor-autor de *The Quote Verifier*, auxiliou-me a entender em profundidade a essência e a linguagem de um bom livro de citações. Fred Shapiro, editor do *The Yale Book of Quotations* também me ofereceu valiosos conselhos e opiniões.

Muitos outros merecem crédito pela ajuda, inspiração, pesquisa ou material ao longo dos anos. Na ordem alfabética, eles incluem, mas não esgotam a lista: professor Paul Addison; William F. Buckley, Jr; senador Harry F. Byrd, Jr; professor Antoine Capet; Minnie Churchill; Peregrine Churchill; Winston Churchill; o Hon. Clark Clifford; Ronald I. Cohen; Sir John Colville; Michael Dobbs; Sir Martin Gilbert; Ronald Golding; Grace Hamblin; Glenn Horowitz; professor Warren Kimball; James Lancaster; Sir Fitzroy Maclean; professor James W. Muller; Edmund Murray; Elizabeth Nel; Oscar Nemon; a Hon. Celia Sandys; Christian Pol-Roger; professor David Reynolds; Andrew Roberts; Arthur M. Schlesinger, Jr; Lord Soames; professor David Stafford; Haakon Waage; e Mark Weber. Por fim, agradeço a Sir Winston Leonard Spencer Churchill, KG, OM, PC. Onde todos estaríamos sem ele?

Estou ansioso por ouvir a reação dos leitores que desejarem oferecer comentários, correções, elogios ou críticas. Com tal objetivo encaminho esses leitores à seção de resenhas do meu site na web http://richardlangworth.com, onde serão publicadas quaisquer notas adicionais em relação ao livro.

Richard M. Langworth
High Tide
Eleuthera
Bahamas
14 de março de 2009
dw-rml@sneakemail.com

1. Golpes e esquivas

A Churchill é atribuída a merecida reputação de esquivar-se com mestria de oponentes e críticos e de neles desferir golpes devastadores. Anthony Eden era eloquente em seus pronunciamentos e precisava apenas de algumas anotações para continuar discursando por bom tempo, daí a razão de Churchill, com frequência, abrir os debates com uma oratória cuidadosamente preparada e Eden colocar fecho neles. F.E. Smith (Lord Birkenhead), amigo de Churchill, foi o autor de algumas das farpas atribuídas a WSC, mas ninguém se comparou a Churchill nas réplicas inopinadas.

Tal qual Groucho Marx, Churchill tinha na Câmara dos Comuns os coadjuvantes e contendores que faziam ressaltar seu brilho, particularmente na hora dedicada às perguntas e respostas, que ele saboreava e para a qual se preparava meticulosamente. Dois deles foram os parlamentares trabalhistas Emanuel Shinwell e Emrys Hughes, os quais, pelos anos 1950, lhe dedicavam estranha afeição, correspondida por WSC. Ele foi implacável com seu mais sério rival trabalhista, Aneurin Bevan, ou com os conservadores mais tolos, em especial com o trapalhão adequadamente chamado Sir Waldron Smithers [fragmentos, insignificâncias].

Normalmente, Churchill ficava à espreita de uma oportunidade para lançar uma cilada verbal, que ele havia detalhadamente arquitetado e armazenado em sua memória fotográfica. Contudo, nem sempre tinha a oportunidade de ensaiar uma réplica, e algumas de suas improvisações durante a hora de perguntas e respostas estão entre as melhores que aquela prática já produziu.

Abstenção

WSC: Nós [Conservadores] consideramos melhor e mais inteligente a abstenção como um todo, e essa é a linha de ação que pretendemos perseguir.

Mr. Bevin: Como poderão persegui-la quando você continua sentado e paradinho.

WSC: Estamos discutindo os movimentos da mente e não os deslocamentos mais volumosos do corpo humano.
1945

Álcool

Visitante mórmon quando lhe foi oferecido uísque com soda: Posso ser servido com água, Sir Winston? Os leões bebem é água.

WSC: Os asnos também bebem.

Segundo mórmon: A bebida forte enfurece e pica como uma serpente.

WSC: Faz tempo que procuro uma bebida assim.
1950s[1]

WSC: Professor, por favor, calcule a quantidade de champanhe e de outras bebidas que já consumi em minha vida e indique quanto do volume desta sala ela preencheria.

Lindemann, fingindo computar em sua régua de cálculo: Receio que restariam uns poucos centímetros por encher.

WSC: Quanta coisa por fazer, quão pouco tempo disponível![2]

Uma investigação favorita sob a ingestão de álcool por parte de WSC, em geral encenada com a ajuda do "The Prof.", seu amigo professor Lindemann.

Além da compreensão

Mr. Lewis (Trabalhista): O senhor primeiro-ministro tem consciência da profunda preocupação experimentada pelo povo deste país quanto a toda a questão do conflito na Coreia?

WSC: Estou perfeitamente ciente da profunda preocupação de Vossa Excelência em relação a assuntos que estão além de sua compreensão.
1952[1]

Mr. M. Stewart (Trabalhista): Lembrar-se-á o senhor primeiro-ministro do provérbio grego, "Muita erudição não implica sensatez"?

Mr. Lewis (Trabalhista): Posso indagar ao senhor primeiro-ministro se isso está além de sua compreensão?

WSC: Lamento perceber que acertei em cheio.
1952[2]

Aprovada por unanimidade
WSC: Em suma, adotamos por unanimidade a idiota sugestão do ministro da Produção.

1940s *Oliver Lyttelton, primeiro visconde Chandos (1893-1972), MP Conservador de 1940 a 1954, secretário de Estado para as Colônias de 1951 a 54. Lyttleton fazia oposição a determinada ação militar corajosa porque os preparativos para ela durariam dois meses. WSC ficou furioso, mas os outros ministros apoiaram Lyttleton.*

Armamentos coreanos
Indagou-se de Churchill de onde os armamentos coreanos tinham vindo.
Sir Waldron Smithers (Conservador): Moscou.

WSC: Embora estejam sempre acontecendo desenvolvimentos nos transportes aéreos, é prematuro supor-se que eles tenham vindo da lua.
1952

Arrogantes e hipócritas
Walter Runciman (em 1899, oponente liberal de WSC): Não tenho me comportado como um fanfarrão em minhas andanças pelo mundo.

WSC: E eu não faço parte de um partido radical composto por arrogantes, fanfarrões e chegados a modismos.
1899

Banhos
Hugh Gaitskell (Trabalhista): Pessoalmente, nunca fui de tomar muitos banhos, e posso assegurar aos que têm esse

hábito que sua saúde não se ressentirá pelo fato de os tomar em menor quantidade.

WSC: Quando ministros da Coroa falam dessa maneira em nome do governo de Sua Majestade, o primeiro-ministro e seus amigos não devem se surpreender pelo fato de virem se tornando cada vez mais fedorentos. Tenho me perguntado, quando medito sobre o assunto, se o senhor, *Mr. Speaker*, permitiria o emprego da palavra "piolhento" como expressão parlamentar para designar a administração atual, desde que, é claro, ela não seja usada com sentido pejorativo e sim numa acepção puramente factual.

1947 *Gaitskell, ministro dos Combustíveis e Energia no governo trabalhista do pós-guerra, instava pelo racionamento de energia; seu aconselhamento foi demais para Churchill, famoso por seus banhos demorados e numerosos.*

Bêbado e feia
Bessie Braddock, parlamentar: Winston, você está bêbado; mais ainda, repugnantemente bêbado.

WSC: Bessie, minha cara, você é feia; mais ainda, é repugnantemente feia. Mas amanhã estarei sóbrio e você ainda será repugnantemente feia.

1946 *Troca de palavras mundialmente famosa e confirmada por um guarda-costas, presente quando WSC saía da Câmara dos Comuns. Lady Soames, sabedora de que seu pai sempre foi elegante e delicado com as mulheres, duvidou da história – mas o guarda-costas explicou que WSC não estava bêbado, apenas cansado e meio zonzo, o que o fez disparar todo o seu arsenal. Provavelmente WSC valeu-se de sua memória fotográfica para engendrar a tirada: no filme "It's a Gift" de 1934, quando alguém diz ao personagem de W.C. Fields que ele está bêbado, a resposta é, "É verdade, e você é maluco. Mas eu estarei sóbrio amanhã e você será maluco pelo resto da vida".*

Bigode e política
Jovem moça recém-apresentada: Existem duas coisas que eu não gosto em você – seu novo bigode e seu novo partido político.

WSC: Por favor, não se aflija, é muito pouco provável que você venha a entrar em contato com qualquer dos dois.
1900 *Como Churchill cultivou um bigode por tempo muito breve, durante e depois da Guerra dos Bôers, a troca de palavras deve ter ocorrido ao tempo de sua primeira campanha para o Parlamento.*

Brighton
WSC: E o que, se mal pergunto, você está fazendo em Brighton?
Alan Lennox-Boyd: Oh, só tirando um dia ou dois para descansar.
WSC: Não brinque! Um homem no ápice de sua forma física só pode ter uma razão para estar em Brighton no meio da semana.
1952[1] *Lennox-Boyd saíra secretamente de Londres e fora para o apartamento da esposa na praia. Churchill investigara seus passos atentamente.*

WSC: Para onde você está indo, meu caro?
Harold Macmillan: Vou para Brighton.
WSC: Corridas de cavalos, suponho.
Macmillan: Não, senhor primeiro-ministro, estou indo para uma reunião de contadores financeiros.
WSC: Contadores de grama [*turf accountants*], não é? Deverá ser uma reunião muito alegre.
c. 1953[2] *"Turf accountant" na gíria turfística significa "bookmaker" – pessoa que aceita apostas em corridas de cavalos.*

Brinde recusado
Um parlamentar sugeriu que a Câmara dos Comuns brindasse "a morte de todos os ditadores e vida longa para os libertadores, entre os quais o primeiro-ministro se destaca".
WSC: Ainda é muito cedo para brindes nesta manhã.
1944

Candidato a presidente
Repórter: O senhor adotaria a cidadania americana se pudesse concorrer à presidência dos Estados Unidos?

WSC: Existem várias pequenas dificuldades a vencer. Contudo, tenho sido tão esplendidamente tratado nos Estados Unidos que eu me disporia, caso vocês pudessem emendar a constituição, a levar a sério a possibilidade.
1932

Cão sarnento e cercas
Sir William Paling (Trabalhista por Dewsbury) violou o decoro parlamentar ao chamar Churchill de "Cão sarnento"!

WSC: Permita-me lembrar a Vossa Excelência, senhor representante de Dewsbury, o que os cães, sarnentos ou não, fazem nos *palings*.*
c. 1945-51

Carne crua
Mr. Gordon Walker (Trabalhista): Significará a resposta de Vossa Excelência, senhor primeiro-ministro, que a parte da "Grã-Bretanha Forte e Livre", estabelecida na política do Partido Conservador para o Commonwealth antes da eleição, foi agora abandonada?

WSC: Nada do que estabelecemos em nossa declaração de política antes da eleição foi agora abandonado, e ansiamos pelo momento em que formos capazes de enfiar carne crua goela abaixo dos honrados membros da oposição.

1952 *Os parlamentares trabalhistas solicitavam a carne que os conservadores haviam prometido vir logo em seguida ao racionamento dos alimentos. "Grã-Bretanha Forte e Livre" fora o título do manifesto do Partido Conservador.*

Casamento
Randolph, filho de WSC, casara recentemente com Pamela Digby. Alguém levantou a hipótese para WSC de Randolph e sua nova esposa não terem dinheiro suficiente para casar.

---

* [*paling*: paliçada, cerca de madeira.]

WSC: Do que eles precisam? Charutos, champanhe e uma cama de casal.
1939

Caso justo
Ministro do Gabinete após longo debate: Tentei colocar o caso de forma justa.
WSC: Coisa muito perigosa de fazer.
1950s

Cestas no ovo
Alan Lennox-Boyd: O senhor não quer colocar todos os seus ovos numa só cesta.
WSC: Ao contrário, não quero é colocar todas essas cestas num só ovo.
1953 ou **1954** *O ministro dos Transportes Lennox-Boyd propusera o voo de grande número de parlamentares conservadores, para uma conferência na Itália, num só avião Comet, a fim de demonstrar confiança no reprojeto da aeronave.*

Comunistas cristãos romanos
Quando Churchill perguntou a um grupo italiano que partido representavam, eles replicaram: Nós somos os cristãos comunistas.
WSC: Deve ser bastante gratificante para seu partido ter as catacumbas tão à mão.
1944

Consciência pesada
WSC: Vossa Excelência, amigo parlamentar, não está na função por tempo suficiente para desenvolver uma consciência pesada.
1938 *WSC se referia a Sir Kingsley Wood, ministro da Aviação de maio de 1938 a abril de 1940.*

Coreia versus Crimeia
Mr. Harold Davies (Trabalhista): Terá Vossa Excelência percebido, senhor primeiro-ministro, que a Casa tem recebido

menos informação sobre a situação coreana do que aquela que seu honorável predecessor Mr. Gladstone oferecia ao tempo da Guerra da Crimeia?
WSC: Receio não estar totalmente familiarizado com a participação de Mr. Gladstone na Guerra da Crimeia. Não é do meu tempo.
1952

Crepitar dos espinhos
WSC: ... nossa política é procedimento básico adequado – com leis justas, que vença o melhor. [Risadas] O crepitar dos espinhos embaixo de uma panela não me deterá.
1947 *Churchill, defendendo a política do Partido Conservador, respondeu à provocação dos trabalhistas citando Eclesiástico VII:6: "Porque, igual ao crepitar dos espinhos debaixo de uma panela, tal é o riso do tolo; também uma futilidade."*

de Gaulle, Charles
Brendan Bracken: Mas ... lembre-se, Winston ... ele acha que é a própria reencarnação de Joana D'Arc.
WSC: É verdade, mas meus bispos não o queimarão vivo!
1943[1]

de Gaulle: Finalmente sou seu prisioneiro. Logo o senhor me enviará para a Ilha de Man.
WSC: Não, como o senhor é um general de destaque, vou mandá-lo para a Torre de Londres.
c. 1946[2] *Na verdade, a conversa foi em francês. De Gaulle disse: "Bientôt vous m'enverrez à l'iloman." Só na terceira repetição o intérprete entendeu que "l'iloman" significava "the Isle of Man".*

Deméritos: nein
Diretora da escola: Nove deméritos, até para você Winston, parecem muita coisa.
WSC: A palavra que usei foi *nein*, não, nenhum, em alemão.
1882 *No fim do dia escolar, ele estava em forma com os colegas a fim de reportarem seus deméritos do dia.*

Desacordo legível

WSC: Considero [seu documento] uma peça admiravelmente legível. Só que discordo totalmente dele!

1941 *Robert Menzies fora à Irlanda a fim de investigar a neutralidade irlandesa, e preparara um documento para o Gabinete.*

Descarte

Sir J.E. Masterton-Smith: Mas o senhor Primeiro Lord descartou o valete.

WSC: As cartas que jogo fora não merecem observação, caso contrário não as descartarei. Você tem que concentrar sua atenção nas cartas com que jogo.

1912 *Durante um jogo de bridge no iate Enchantress do Almirantado, quando Churchill era Primeiro Lord do alto órgão.*

Deus e a Câmara

Sir Stafford Cripps: Só sou temente de Deus e da Câmara dos Comuns.

WSC: Espero realmente que Deus leve a melhor.

1940

Dilema escocês

Mrs. Jean Mann (Trabalhista): Sabe o senhor primeiro-ministro que ... a Casa da Moeda decidiu cunhar dinheiro com a efígie e o nome "Elizabeth II", e que os escoceses que fazem objeção a tal título ficam assim colocados diante de terrível dilema?

WSC: Espero que essas firulas teóricas não prejudiquem o desenvolvimento normal dos negócios.

1953

Dirigindo na mão direita

Richard Miles, que servia na embaixada inglesa em Washington, sugeriu que a Grã-Bretanha contribuísse para o melhor entendimento anglo-americano passando a dirigir os veículos na mão direita.

WSC: Não! Não! Se um bando de agressores se atirasse sobre você, seu braço de empunhar a espada não teria liberdade de ação!
1942

Dois bicudos

WSC: Mas o que acontece quando dois raçudos se enfrentam – dois bicudos não se beijam –, por assim dizer?

1949 *Churchill perguntou quem deveria nomear para comandar a Guarda Territorial. Eden respondeu que, em princípio, deveria ser o homem mais raçudo.*

Embaralhar desonesto

Mr. Frederick Pethick-Lawrence: Vossa Excelência, tal qual um mau jogador de bridge, culpa as cartas.

WSC: Culpo o dar cartas desonesto.

c. 1930

Encontro nu

WSC: O primeiro-ministro do Reino Unido não tem nada a esconder do presidente dos Estados Unidos.

Ou: Vê o senhor, senhor presidente, não tenho nada a esconder.

1941[1] *Incerto, porém possível: Roosevelt, após súbita inspiração de chamar o novo órgão mundial de "Nações Unidas", dirigiu sua cadeira de rodas para o quarto de Churchill na Casa Branca, encontrando o primeiro-ministro, como descreveu Harry Hopkins "nu em pelo e com o corpo róseo e fumegante recém-saído do banho". Mais tarde, indagado pelo biógrafo de FDR, Robert Sherwood, WSC disse: "Possivelmente, essas não foram minhas palavras. O próprio presidente teria consciência de que o fato não foi rigorosamente verdadeiro." O que quer que tenha sido dito, o encontro, aparentemente, ocorreu: ver a próxima citação.*

WSC: Senhor, creio que sou o único homem no mundo que recebeu nu o chefe de uma nação.

1942[2] *WSC para o rei, recontado por WSC a Roosevelt e, depois, por FDR à sua confidente Daisy Suckley e ao embaixador inglês, Lord Halifax, em 17 de janeiro de 1945. Nesta versão, WSC não diz que "não tem nada a esconder", como negou a Robert Sherwood. FDR disse simplesmente, "Nações Unidas!" e Churchill respondeu, "Bom!"*

Enforcamento

WSC: O enforcamento, segundo a lei inglesa e se executado apropriadamente, é, creio eu, uma morte absolutamente indolor.

Mr. A.E. Stubbs: Experimente-o.

WSC: Pelo andar da carruagem, podemos chegar até lá.

1948[1] *Churchill comparava a prisão perpétua com a sua preferida sentença de morte.*

Uma admiradora do sexo feminino: Não é gratificante para o senhor ... perceber que toda a vez que faz um discurso o salão transborda de gente?

WSC: Sem dúvida é lisonjeiro, mas sempre que experimento essa sensação lembro-me de que, se estivesse sendo enforcado em vez de discursando, a plateia seria o dobro.

1952[2]

Fatos

WSC: Aprecio o ar marcial e de comando com que Sua Excelência [George Wyndham] trata os fatos. Deles não conclui quaisquer tolices.

1909

Fazendo o certo

Marechal de campo Alexander: Bem, senhor primeiro-ministro, sou um soldado e não muito versado em política; mas acho que devemos fazer o que é decente, justo, certo e honroso.

WSC: Jamais, em minha longa experiência, ouvi tão exorbitante doutrina proposta por um ministro da Coroa.

c. 1953

Febre aftosa

Mr. Boothby (Conservador por Aberdeen): Vossa Excelência, amigo parlamentar, tem ciência de que há uma torrente de queixas chegadas da Escócia no presente momento?

WSC: Estou certo de que Vossa Excelência, amigo parlamentar, seria capaz de dar toda a repercussão a tal torrente, mas a dificuldade é que não temos certeza se a febre aftosa é tão versada na questão das fronteiras e assuntos correlatos quanto Vossa Excelência.

Mr. Boothby: Registre-se, por favor, que voltarei ao assunto quando a sessão for retomada.

WSC: Lamento dizer que não poderei estar presente quando esse novo engodo [*red herring*] for puxado através da fronteira.

1952 *Boothby desejava que a febre aftosa na Escócia fosse administrada por Edimburgo, e não através do Ministério da Agricultura, em Londres.*

Filhos pouco queridos

WSC: Não basta termos o pai vulcão constantemente em erupção no nosso meio? Agora somos obrigados a aguentar os mesmos esguichos insalubres dessas crateras subsidiárias!

1930s *Em seguida ao discurso de estreia do filho de um ministro impopular.*

Força e favor

Um parlamentar de pé no saguão de votações enquanto Churchill abria caminho: É maravilhoso ver Winston forçando a passagem como um buldôzer a despeito de sua crescente surdez e dos corredores apinhados.

WSC: Em parte pela força, e em parte por favor.
1955

Guilhotina

WSC: Como todos ouvimos falar, o Dr. Guillotine foi executado pelo instrumento que ele próprio inventou.

Sir Herbert Samuel: Não foi não!

WSC: Bem, deveria ter sido.
1931

Habilidade
WSC: [Os trabalhistas] farão com que o povo inglês drene sua xícara até a última gota. ... Vejo aqui a mão do artesão-mestre, o Lord Presidente.
Herbert Morrison, Lord Presidente: Vossa Excelência acaba de me promover.
WSC: A habilidade é comum tanto à destreza quanto à fraude.
1947

Historiador imparcial
WSC: ...é absolutamente necessário invocar o grande nome de Mr. Gladstone, um nome que é recebido com reverência além do *gangway** no lado da oposição, e com certa dose de respeito de alguns parlamentares que se sentam no lado oposto.
Parlamentares: E quanto a Vossa Excelência?
WSC: Eu ocupo a posição imparcial do historiador.
1927

Indignação
WSC: Vossa Excelência, parlamentar e nobre amigo [capitão Wedgwood Benn], não deve realmente desenvolver indignação maior que aquela que pode aguentar.
1920[1] *Wedgwood Benn estava quase sofrendo um ataque de apoplexia com um discurso que Churchill fazia.*

WSC: Os seres humanos, para sorte deles, não têm controle sobre todas as suas funções corporais. ... Não existe uma cota

---
* [*The gangway*: Lances de degraus que dividem as bancadas dos dois lados do plenário da Câmara dos Comuns. Todos os assentos "além do *gangway*" (*below the gangway*), são os que ficam além das escadas, ou seja, mais longe do presidente (Mr. Speaker).]

oficial estabelecida para a linfa ou para a bile. Caso contrário, receio que o Ministro do Comércio [Sir Stafford Cripps] constataria ter feito retiradas excessivas de suas contas.
1945[2]

Índios

Mrs.Ogden Reid: O que faremos com esses pobres-diabos *indians**?

WSC: Antes de prosseguirmos é preciso deixar claro um ponto. Estamos falando dos *indians* morenos da Índia, que se multiplicaram de forma alarmante sob o mando benevolente inglês? Ou nos referimos aos *indians* de pele vermelha da América os quais, até onde entendo, estão quase extintos?

1943 *O presidente Roosevelt havia, ardilosamente, convidado para o almoço a vice-presidente do* New York Herald Tribune, *na verdade editora do jornal e ferrenha defensora da independência da Índia. A pergunta de Mrs.Reid foi feita na varanda da Casa Branca, e a senhora ficou sem fala com a tirada de Churchill; o presidente Roosevelt gargalhou incontrolavelmente.*

Indisposições da velhice

Parlamentar *tory*: Dizem que o velho está perdendo o tino.

WSC: E dizem também que o velho está ficando surdo.

1960 *Halle escreve sobre uma segunda tirada (341): Lord Hinchingbrooke: Ele não pode ouvir você, está muito surdo. WSC: E dizem que o velho está também ficando gagá.*

Ingratidão

WSC foi informado de que uma bomba alemã caiu sobre a residência londrina do ex-primeiro-ministro Stanley Baldwin.

WSC: Que ingratidão ignóbil!
1940

---

* [*indian* em inglês pode ser o nativo da Índia como também o aborígene de uma maneira geral.]

Insulto
Mr. Atlee (Trabalhista): Vossa excelência ouviu com frequência o ditado: "Caso inconsistente, insulte o outro lado."

WSC: Com o devido respeito, eu pediria permissão de Vossa Excelência, Sr. Presidente, para corrigir a citação errada – "Quando o caso não tem consistência, insulte o advogado do querelante."

1953 *WSC propôs na Câmara dos Comuns a fusão de dois departamentos governamentais e o Partido Trabalhista duvidou que a ação resultasse em economia de dinheiro.*

Jujuba
WSC: Eu estava apenas procurando uma jujuba que caiu!

1951 *Durante um discurso de Hugh Gaitskell, WSC, sentado na frente na bancada da oposição, começou a procurar nos bolsos, depois no chão, tirando tanto a concentração do orador que Gaitskell interrompeu o discurso e se ofereceu para procurar também. O jornal* Scotsman *registrou o incidente no dia seguinte como "A Queda da Pastilha".*

Juramento escocês de lealdade
Um parlamentar: Tem conhecimento o senhor primeiro-ministro de que existe um forte sentimento na Escócia sobre o juramento que está sendo prestado à Rainha Elizabeth em função da imprecisão histórica? Como Vossa Excelência é um defensor da precisão histórica, não poderia fazer alguma coisa para amainar ressentimento tão forte na Escócia?

WSC: Eu ficaria muito satisfeito se Vossa Excelência colocasse por escrito esse pleito no *pillar box** do Parlamento.

1953 *Os dissidentes escoceses estavam explodindo os* pillar boxes *que exibissem o novo monograma real de Elizabeth II.*

---

* [*Pillar Box*, caixa do correio de forma cilíndrica, colocada isoladamente de pé e pintada de vermelho, fartamente distribuída pelos territórios do Reino Unido e da Commonwealth.]

Latim: "Ó mesa"
WSC: O que isso significa senhor?
Professor de latim: "Ó mesa" é o caso vocativo. ... Você o empregaria ao se dirigir a uma mesa, ao invocar uma mesa.
WSC: Mas jamais farei isso!
1930 *O ano era 1888. O professor de latim de Churchill o levou para uma sala de aula vazia e solicitou que ele aprendesse a primeira declinação de* mensa, *que em latim significa* mesa. *O professor retornou e Churchill fez a pergunta.*

Malditas ovelhas negras
Mr. Maurice Webb: Somos um rebanho de ovelhas, não somos?
WSC: Sim, malditas ovelhas negras.
1946

Maldito velho bobalhão
Mr. Snow (Deputado Trabalhista): Maldito velho bobalhão.
Coronel Gomme-Duncan (Conservador): É apropriado para um parlamentar referir-se a outro como "maldito velho bobalhão"?
Mr. Snow: Solicito que a expressão seja retirada dos autos e me desculpo, porém, é claro, Vossa Excelência foi provocador em demasia.
Parlamentares: Saia!
WSC: Vossa Excelência tem que aceitar a posição de ser subordinado; embora me permitam deixar bastante claro que esta é a primeira vez que ouço a palavra "subordinado" como inadequada ao decoro parlamentar e quase como expressão obscena. No entanto, o maldito velho bobalhão aceitou as desculpas.
1951

Maneira de discursar
WSC: Ele falou sem se orientar por qualquer anotação, e quase sem rumo algum.
1931 *WSC acabara de ouvir infindável pronunciamento do MP trabalhista William Graham.*

Mestiço anglo-americano
Marechal de campo Slim: Suponho que acabaríamos com algum tipo de arma mestiça, metade inglesa e metade americana.

WSC: Por favor, modere seu linguajar, marechal de campo – esta é exatamente a descrição de minha pessoa.

1952 Churchill, como primeiro-ministro em 1951, herdou a controvérsia sobre os méritos relativos entre os novos fuzis americano e inglês. O marechal de campo Sir William Slim, chefe do Estado-Maior Imperial, expressou sua opinião.

Ministério da Alimentação
Mr. I.O. Thomas (Trabalhista): Será que o senhor primeiro-ministro poderia indicar se tomará a precaução de consultar o público consumidor antes de decidir pela extinção do Ministério da Alimentação?

WSC: De um modo geral, sempre me considerei no lado do consumo.
1953

Ministério da Economia de Guerra
WSC: Eu só escrevi na margem do documento M.E.W.* Parece que ele miou**.

1940 Churchill encaminhara um documento sugerindo que uma proposta do Foreign Office fosse rechaçada pelo ministro da Economia de Guerra, que respondeu dizendo que o faria.

Missionários aborígenes
Mr. Hughes (Trabalhista): Sabe o senhor primeiro-ministro que os aborígenes australianos convertidos ao cristianismo estão pensando agora em enviar missionários para este país porque acham que a bomba atômica só pode ter sido inventada por selvagens e bárbaros?

---

* [*Ministry of Economic Warfare.*]
** [*mewed.*]

WSC: Espero que o Líder da Oposição não se sinta indevidamente ofendido.
1952. *Durante o mandato de Attlee como primeiro-ministro (1945-51), a bomba atômica inglesa havia sido fabricada e isso só fora possível porque as Estimativas de Orçamento enviadas ao Parlamento foram deliberadamente deturpadas ano após ano.*

Nado do rato
Quando informado de que um MP conservador tentava a reeleição pelo Partido Liberal:
WSC: O único exemplo de um rato nadando na direção do navio que afunda.
1905

Opiniões
WSC: Se eu der valor à opinião de Vossa Excelência [Sir J. Lonsdale, MP] talvez fique irritado.
1913

Oponentes agitados
WSC: Fico muito surpreso com o fato de o honorável representante de Silvertown [Jack Jones], que decerto não tem a reputação de falar com sinceridade, tenha sido levado a tal estado de extrema agitação por uma linguagem que, pensaria eu, um homem de sua fibra moral e estrutura física seria capaz de sustentar com razoável grau de compostura.
1921

Os Dois Cavalheiros de Verona
A cozinheira italiana de John Colville, secretário-particular de WSC, apareceu grávida de seis meses. Colville supunha, como disse a Churchill, que a empregada fora seduzida por um homem, numa rua de Verona, depois do cair da noite.
WSC: Obviamente, por nenhum dos Dois Cavalheiros.
1954 *WSC se referia à comédia* Os dois cavalheiros de Verona, *de William Shakespeare, cujas obras adorava.*

Paciência no Parlamento

WSC: Vossa Excelência não deveria ficar tão agitado. ... Durante onze anos, fui uma figura solitária nesta Casa e persisti palmilhando o caminho com paciência; portanto, ainda há esperança para Vossa Excelência.

1944 *Churchill era interrompido com frequência por Willie Gallacher (1181-1965), o único MP comunista de 1935 a 1945, quando outro foi eleito. Não consegui checar a autenticidade de uma referência de WSC a Gallacher como um parlamentar "que se permite ser usado como um peão ou um instrumento de uma potência estrangeira. ... Cale a boca, Moscou!" (alegadamente 1947 Halle 1966, 244) Gallacher teria respondido: "Cale a boca, porta--voz de Wall Street!"*

Parlamentar surdo

WSC: Observe aquele nosso colega ignorando as vantagens que uma Providência benemerente lhe proporcionou.

s.d. *Ao ver um idoso membro do Parlamento esforçando-se com a corneta acústica para ouvir os discursos.*

Pássaros mortos

Aneurin Bevan: Winston, pelo amor de Deus, sua braguilha está aberta.

WSC: Não se preocupe com isso. Pássaros mortos jamais caem do ninho.

c. 1946 *Bevan chegara ao palácio vestindo um terno de sarja azul. WSC, resplandecente em seu fraque, iniciara a troca de palavras dizendo: "Bem! Pelo menos nesta ocasião você deveria estar adequadamente trajado."*

"Pente-fino"

O Ministério da Guerra apelava por um "pente-fino" e uma poda nas indústrias e em outros departamentos governamentais.

WSC: Médico, penteie-se primeiro!*
1916

Perguntas suplementares

Mr. Shinwell (Trabalhista): O senhor primeiro-ministro nos diria por que, de repente, ficou tão tímido? Normalmente se mostra ansioso para acrescentar muita coisa nas perguntas suplementares.** Poderia se expandir um pouco mais agora? O que se passa com Vossa Excelência?

WSC: Tenho que ponderar sobre o tempo de minha resposta às perguntas suplementares em função do valor e significação das indagações?
1952

Pés no chão

WSC: Lamento que ciúmes pessoais, ou outros motivos subalternos, tenham levado o Partido Socialista logo a embarcar no plano não espontâneo de estreitar a Europa Unificada numa Europa Socialista Unificada. ... Espero que sua recente publicação, "Encarando os Fatos", "Encare os Fatos" ...

Parlamentares: "Pés no Chão".

WSC: "Pés no Chão". Se Vossas Excelências da bancada da oposição persistirem por muito tempo encarando os fatos logo se verão com os pés no chão. E muito cedo poderão ver o resto de seus corpos lá também.
1948

---

* [*Physician, comb thyself!* Trocadilho que Churchill faz como provérbio citado por Jesus no Novo Testamento, *Physician, heal thyself!*, que pode ser assim interpretado: "Cuide de seus próprios defeitos em vez de criticar os dos outros", ou "Macaco, olha o seu rabo!"]
** [O primeiro-ministro responde a perguntas dos MPs por meia hora, todas as quartas-feiras, após o meio-dia. A sessão começa normalmente com perguntas rotineiras dos parlamentares sobre as atividades do primeiro-ministro (as chamadas "questões abertas") e significa que o MP pode então formular uma pergunta suplementar sobre qualquer assunto.]

Poleiro de Sidney

Mr. Sidney Silverman (Trabalhista): Fico imaginando o que Vossa Excelência diria se deixasse de lado o comedimento.

WSC: Vossa Excelência não perde qualquer oportunidade para intervir. Desta vez, nem desceu de seu poleiro.

1949 *Silverman tinha pernas muito curtas, que ficavam balançando no ar quando ele se sentava. Churchill com frequência se referia ao "poleiro" do parlamentar, em especial quando provocado por Silverman por não se levantar para formular a pergunta.*

Prática

WSC: Posso bem entender Vossa Excelência falando para praticar, pois precisa drasticamente disso.

1920 *Resposta a um discurso de Sir Oswald Mosley, conhecido por seus pronunciamentos frequentes e supérfluos.*

Presciência

Mr. Jay (Trabalhista): Estaríamos certos em inferir da resposta do senhor primeiro-ministro que ele próprio não dedicou atenção alguma à questão?

WSC: Essa seria uma suposição muito arriscada da parte de Vossa Excelência, que, até onde sei, não se notabilizou ao longo de toda a sua distinta carreira parlamentar pela presciência.

1952

Primus inter pares

WSC: Quanto ao *chairman* do comitê, ele não é "*facile princeps*", e sim "*primus inter pares*" ...

Parlamentares trabalhistas se agitaram pensando que as palavras de WSC aludiam a uma pretensa falta de preparo e cultura de sua bancada; alguns demandaram, "Traduza!".

WSC: ... que, para o bem de alguns ex-etonianos que por ventura estejam presentes, posso me aventurar a traduzir, caso muito severamente pressionado.

1941 *Quando se ofereceu para traduzir, Churchill, ex-aluno de Harrow, voltou-se para seu colega trabalhista Hugh Dalton, ministro da Economia de Guerra, que era um ex-aluno de Eton.*

Prisão de ventre
WSC: Ah, lá vai a Britânia com prisão de ventre.

c. 1948 *Não tão famosa quanto a tirada "você está bêbado ... você é feia" (ver a citação* Bêbado e feia*), esta é, contudo, uma descrição acurada de Bessie Braddock, que Lord Carrington chamou de "corpulenta parlamentar trabalhista".*

Professor frustrado
Mr. Mayo, educador em Harrow, por volta de 1888: Não sei mais o que fazer com vocês, meninos!

WSC: Ensine-nos, senhor!

1954

Recriando o mundo
Chanceler Adenauer: Se estivéssemos recriando o mundo, eu sugeriria, desta vez, não pôr limites para a inteligência do homem sem estabelecer limites para sua estupidez.

WSC: Isso não resolveria absolutamente o problema porque me privaria de muitos de meus membros do Gabinete.

1951

Recursos espirituais
Mr. Gower (Conservador): Asseguraria o senhor primeiro-ministro para esta Casa que, ao mesmo tempo em que estamos adequadamente atendidos quanto às necessidades físicas da defesa e de outros de nossos problemas, não deveríamos esquecer aqueles recursos espirituais que inspiraram este país no passado e sem os quais nossa nobre civilização entraria em declínio?

WSC: É difícil julgar essa responsabilidade como exclusivamente minha.

1952

Removendo MPs

Mr. Schumer (Trabalhista): Consideraria Vossa Excelência a possibilidade de levar consigo para as Bermudas o nobre representante de Orpington [Sir Waldron Smithers], de vez que seria uma satisfação para os dois lados desta Casa se ele fosse levado e deixado por lá?

Sir Waldron Smithers (Conservador): Questão de ordem Sr. Presidente! Posso adiantar a Vossa Excelência, *Mr. Speaker*, que não faço objeção a isso, mas eu gostaria que o nobre representante de Sparkbrook [Mr. Schurmer] fosse também.

WSC: Tentarei resolver esse problema. Espero ardentemente que sejam tomadas providências pelos canais administrativos usuais a fim de que seja oferecida essa desafortunada experiência para igual número de parlamentares dos dois lados da Casa.

1953

Reza forte

Alguém disse que o arcebispo grego Damaskinos, para não ser incomodado, se valia do expediente de pendurar uma plaqueta na porta anunciando "Sua Santidade está orando".

WSC: Eu gostaria de tentar isso em Downing Street, mas temo que ninguém acredite.

1944 *Churchill alçou o arcebispo Damaskinos, por ele de início considerado um "prelado medieval cheio de esquemas" e um "pestilento religioso da Idade Média", ao cargo de regente da Grécia para conter as facções beligerantes. Não tardou para que WSC ficasse bem impressionado por Damaskinos, ainda mais porque soube que o arcebispo fora na juventude um campeão na luta greco-romana.*

Saúde

Fotógrafo: Espero, senhor, ter a oportunidade de fotografá-lo no seu centésimo aniversário.

WSC: Não vejo inconveniente algum, meu jovem, você me parece razoavelmente em forma e saudável.

1949 *Churchill celebrava seu 75º aniversário.*

Secretários do Exterior uni-vos!
WSC: Secretários do Exterior do mundo, uni-vos, vós não tendes nada a perder a não ser vossos cargos!
1954 *Paráfrase da máxima socialista de Marx "Trabalhadores do mundo, uni-vos, vós não tendes nada a perder a não ser vossos grilhões!".*

Segredo versus embaraço
Mr. De la Bere perguntou ao primeiro-ministro a diferença entre um assunto secreto e um embaraçoso.
WSC: Um é perigoso para o país, e o outro, um desconforto para o governo.
1940

Telefone para amigos
David Lloyd George numa cabine telefônica: Winston, me empreste um *penny* a fim de que eu possa telefonar para um amigo.
Churchill procurando laboriosamente nos seus bolsos ...
WSC: David, aqui está uma moeda de *sixpence*. Agora você pode telefonar para todos os amigos.
s.d.

Tiradas galesas
WSC: Nomeamos, portanto, como subsecretário do Ministério do Interior um galês cujo nome, acredito, é bem conhecido em todo o principado ...
Mr. George Thomas (Trabalhista por Cardiff West): Pronuncie seu nome.
WSC: Vou pronunciar – Llewellyn. *Môr o gân yw Cymru i gyd* [Todo o Gales é um mar de canções].
1951[1]

Mr. Hughes (Trabalhista): Tem conhecimento o senhor primeiro-ministro que o ministro da Defesa não compareceu à primeira parada da Guarda Territorial na noite passada? Estará ele agora em liberdade condicional aguardando julgamento de corte marcial?

WSC: Eu estava continuando meus estudos da língua galesa.
1951[2] *Depois de se tornar novamente primeiro-ministro, Churchill se autonomeou ministro da Defesa, como o fizera em 1940-45, embora tenha passado a função em 1952. Num debate sobre o recrutamento de pessoal para a Guarda Territorial, WSC foi desafiado por Hughes, um assíduo, mas amistoso, crítico galês.*

Mr. Hughes (Trabalhista): Em função da popularidade que o governo granjeou com a redução de seus salários, estaria o senhor primeiro-ministro disposto a aplicar o mesmo princípio à grande rubrica de mais de 500 mil libras referente à Lista Civil?*
WSC: *Dim o gwbl* [de jeito nenhum].
1951[3]

Mr. Gower (Conservador): Poderia o senhor primeiro-ministro declarar o curso de ação que seria seguido caso o futuro monarca britânico se chamasse Llewellyn?
WSC: Espero poder contar com longo aviso prévio para uma questão como essa.
1953[4]

Tomando decisão
Emanuel Shinwell (Trabalhista): Por que ele não se decide?
WSC: Já decidi há muito tempo. O problema é fazer com que os outros concordem.
1952

Traga um amigo
Bernard Shaw: Reservei duas entradas para você na estreia. Venha e traga um amigo – se tiver algum.
WSC: Impossível comparecer à primeira apresentação.

---

* [*Civil List*: Nome dado no Reino Unido à alocação anual de recursos financeiros para que o soberano desempenhe suas obrigações de Estado.]

Irei na segunda – se houver.
1922 *Tratava-se da peça Santa Joana (a vida de Joana D'Arc), que fez sucesso. Por vezes a citação é erroneamente datada como 1932.*

Trampolim, não sofá
Aneurin Bevan observou que os Aliados ponderavam a respeito do rumo a seguir depois de desembarcarem no norte da África "como um senhor idoso tentando abordar a jovem noiva: fascinado, lento e apreensivo".

WSC: O exército é como um pavão – quase todo cauda.
... Pretendo que o norte da África seja um trampolim, e não um sofá.
1942

Tumulto na oposição
WSC: ... o espetáculo proporcionado por um punhado de homens de meia-idade, que são meus oponentes políticos, em flagrante estado de tumulto e fúria, é realmente estimulante para mim.
1952

Uivando
Mr. George Craddock (Trabalhista), bradando do seu assento: Vergonhoso!
WSC: Ainda temos liberdade para debater nesta Casa e não meramente ficar uivando de além do *gangway*.*

Virtude
Jack Seely: Não, não, *mea virtute me involvo*.
WSC: É verdade, você acaba imobilizado pela própria virtude.
c. 1916 *Jack Seely, amigo de WSC e mais tarde Lord Mottistone, tinha uma reclamação contra o Ministério da Guerra. WSC perguntou-lhe por que não a levava ao conhecimento das autoridades.*

---

* [Ver a citação *Historiador imparcial* deste capítulo.]

Vivo ou morto

Michael Collins: Vocês têm-me caçado dia e noite. Colocaram minha cabeça a prêmio.

WSC: Espere aí! Você não é o único. De qualquer maneira, tem que admitir que foi um preço justo – 5 mil libras. Agora, olhe para mim – 25 libras vivo ou morto. O que acha?

1924 *Michael Collins, do Exército Republicano Irlandês – IRA –, estava em Londres para negociar o Tratado Irlandês de autogoverno [Home Rule] para o sul da Irlanda, deixando o Ulster como parte do Reino Unido. Collins, observou Churchill, "estava de muito mau humor, pleno de censuras e desafios". Mas depois de ler o pôster de "Procura-se" referente a Churchill na Guerra dos Bôers, o irlandês rompeu numa gostosa gargalhada. Toda a sua irritação desapareceu ...*

Volume da fala

Um trabalhista muito aparteador: Fale alto – Não tenha medo!

WSC: Acho que falo suficientemente alto para silenciar qualquer de vocês quando quero.

1945

2. Máximas e reflexões

Durante a longa existência, Churchill ofereceu tantos conselhos e alertas que compilar uma lista de suas máximas se torna tarefa formidável. Para este capítulo, priorizei a brevidade, a originalidade e, até certa medida, observações sobre um só assunto. Expressões mais longas poderão ser encontradas no "Churchillianismos". Tiradas e réplicas que, por vezes, assumem a forma de máximas estão no "Golpes e Esquivas". Expressões interessantes derivadas de outras podem ser lidas no "Grande Comunicador". Citações atribuídas a WSC, mas de autoria de outros, estão no Apêndice.

O amor de Winston Churchill pelo inglês, seu domínio da língua e sua extensa experiência parlamentar combinaram-se para a produção de máximas sobre a vida e conduta humanas extremamente fascinantes e que permanecem relevantes. Ele possuía crenças bem arraigadas. E se aferrava a elas, quase nunca temperando suas observações para delas tirar vantagens políticas; ao contrário, com frequência dizia exatamente o oposto daquilo que lhe era recomendado pelos pesquisadores da opinião pública: característica rara entre os políticos de quaisquer tempos.

Ação política
Na política, quando se tem dúvida sobre o que fazer é melhor não fazer coisa alguma ... quando se está em dúvida sobre o que dizer o melhor é falar realmente aquilo que se pensa.
1905

Acordos
A maior prova da justeza de um acordo é o fato de ele não satisfazer plenamente qualquer dos lados.
1926[1]

É uma espécie de noção britânica: ao ser feito um acordo aceita-se o que serve e o que não serve.
1948[2]

Ajuda versus prejuízo
Ajudem-se mutuamente quando puderem, mas jamais se prejudiquem uns aos outros.
1938

Aliados
Só existe uma coisa pior que combater com nossos aliados: combater sem eles.
1945 *Citado nos diários de Alanbrooke. Clementine Churchill aludiu anteriormente a uma citação similar feita quando escreveu para WSC em 23 de novembro de 1943: "Portanto, não se permita ficar com raiva. Frequentemente lembro-me de você ter dito que a única coisa pior que os aliados é não tê-los."*

Amizade
Medem-se sempre as amizades pela maneira com que elas se apresentam nas horas difíceis.
1948

Ansiedades
Muitas ansiedades nos assaltam, e uma cancela outra com muita frequência.
1943

Antecipação
... na corrida de obstáculos que é a vida, é preciso sempre saltar sobre as cercas à medida que elas aparecem.
1930

Antigo e novo
Não deixe que os planos grandiosos para um mundo novo desviem suas energias da preservação do que resta do antigo

1941 *O primeiro-ministro para o ministro das Obras e Edificações Públicas.*

Arquitetura
Damos forma aos nossos prédios e, depois, nossos prédios é que nos formatam.
1943 *Uma incursão aérea inimiga destruíra o plenário da Câmara dos Comuns em 10 de maio de 1941. A velha Casa foi reconstruída em 1950, mantendo a antiga disposição, insuficiente para comportar todos os parlamentares. Churchill era contra "a alocação de um assento para cada MP e de uma tampa de mesa para ser socada", explicando que o plenário ficaria vazio na maior parte do tempo; ao passo que, nos momentos críticos e nas votações importantes, ele ficaria repleto, até mesmo transbordando os parlamentares para os corredores, criando assim um conveniente "senso de aglomeração e urgência".*

Bibliotecas
Nada torna um homem mais reverente do que uma biblioteca.
1921

Bombardeios
Aprenda a conviver com eles. As enguias se acostumam a ser peladas.
1940 *Uma observação amarga adicionada ao seu pronunciamento numa sessão secreta.*

Capitalismo e socialismo
O defeito inerente ao capitalismo é a distribuição desigual das benesses; a virtude inerente ao socialismo é a distribuição equitativa das desgraças.
1945

Cara a cara
Encontros cara a cara são melhores que a guerra.
1954 *Muitas vezes erroneamente citada como "Cara, cara é melhor que guerra, guerra", expressão cunhada quatro anos mais tarde pelo primeiro-ministro Harold Macmillan numa visita à Austrália.*

Causas
A força é proporcionada a todos nós quando somos necessários para servir às grandes causas.
1946[1]

Temos que estar sempre prontos para servir às grandes causas; só dessa maneira vivemos para manter acesas nossas almas.
1948[2]

Cavalheirismo nas democracias
O galanteio cavalheiresco não está entre as características inerentes às democracias excitadas.
1899

Certo e consistente
... é melhor ser tanto certo quanto consistente, mas se houver opção – você deve escolher ser correto.
1952

Certo e duro
As coisas nem sempre são certas porque são duras, mas se forem corretas não importa que sejam duras.
1948

Certo e errado
Salvo no que concerne à força, não existe igualdade entre certo e errado.
1945

Certo e honesto
É muito bom ser honesto, mas estar certo também é muito importante para um primeiro-ministro.
1923

Certo e irresponsável
Talvez seja melhor ser irresponsável e certo do que responsável e errado.

1950 *O primeiro-ministro Attlee tachara Churchill de irresponsável por ter sugerido que a Alemanha contribuísse para a defesa da Europa Ocidental.*

Chartwell
Um dia longe de Chartwell é um dia perdido.
Frequente tributo que ele prestava à sua residência em Kent.

Círculo virtuoso
[A isenção de impostos] substituirá o círculo vicioso por um círculo virtuoso.
1928

Colapso nacional
Quando um país entra em colapso, o caos se reproduz em cada microcosmo.
1941 *Secretário particular Eddie Marsh: Winston estava em grande forma ... falando das dificuldades entre os Franceses Livres.*

Conferências
A esperança voa com ágeis asas, e as conferências internacionais depois se arrastam ao longo de estradas poeirentas.
1925

Confiança
Em tempos tempestuosos é preciso ter confiança no homem que está no leme.
1900

Consciência
A consciência e a confusão são irreconciliáveis; consciência apartada da verdade é mera estupidez.
1948

Consciência nacional
Uma nação sem consciência é uma nação sem alma. Uma nação sem alma é uma nação que não pode viver.
1951

Contraste
A beleza da luz só pode ser evidenciada por suas sombras.
1931

Controle dual
O controle dual consiste em duas pessoas tentando controlar uma coisa. O processo reverso é o de uma pessoa tentando controlar duas coisas.
1920

Convites
Causa satisfação íntima recusar um convite, mas é bom esperar primeiro que ele seja feito.
1911

Coragem
A coragem é corretamente elogiada, como tem sido dito, como a primeira das virtudes humanas, pois é a qualidade que garante todas as outras.
1931 *O "como tem sido dito" se refere à citação de Samuel Johnson: "... O senhor sabe que a coragem é reconhecida como a maior de todas as virtudes; porque, a menos que um homem possua tal qualidade, ele não tem a garantia de preservar todas as outras."*

Crítica
A crítica no corpo político é como a dor no corpo humano. Não é agradável, mas o que seria do corpo sem ela?
1940

Democracia
A democracia é mais vingativa que os gabinetes.
1901

Dê-nos as ferramentas
Dê-nos as ferramentas e finalizaremos o trabalho.
1941 *Fazendo pronunciamento para os EUA e Roosevelt quanto ao Programa Lend-Lease.*

Desespero
É um crime desesperar. Temos que aprender a tirar dos infortúnios os meios para a força futura.
1938

Destino
Só se pode lidar com um elo por vez da cadeia do destino.
1945

Dificuldades
As dificuldades não podem nos afligir. Se algumas se sobressaem, maior razão existe para que as outras tenham que ser enfeixadas.
1936[1] *WSC se mostrava perplexo com o hábito moderno de substituir "dificuldades" por "questões". Ele sabia perfeitamente quais eram as dificuldades e não intuía tolices delas.*

Não complique o assunto. As dificuldades falarão por elas mesmas.
1941[2] *O primeiro-ministro para o chefe das Operações Combinadas: a primeira diretriz de WSC sobre os futuros portos artificiais Mulberry empregados na invasão da Normandia em 1944: "Eles têm que flutuar para cima e para baixo de acordo com a maré ..."*

Discursar
É tarefa hercúlea reformar a sociedade humana num discurso de fim de jantar.
1941 *Comentário sobre a minuta de um longo discurso de fim de jantar que Halifax, o embaixador inglês em Washington, pretendia fazer.*

Discussões
As piores discussões ocorrem quando os dois lados estão igualmente certos e errados.
1936

Empréstimo nacional
Quando se toma dinheiro emprestado de outro país com o objetivo sagrado da recuperação nacional, é errado desperdiçá-lo com indulgências.
1947

Em retrospecto
Depois de tudo acabado, é fácil escolher as posições morais e mentais que deveriam ter sido adotadas.
1950

Energia
... a energia da mente não depende da energia do corpo ... a energia deve ser exercitada e não exaurida.
1944

Engenheiros
Precisamos de muitos engenheiros no mundo moderno, mas não queremos um mundo de engenheiros modernos.
1948

Errando
... é sempre muito difícil saber, quando se envereda pelo caminho do erro, exatamente onde parar.
1911

Esperança
Nutram suas esperanças, mas não desconsiderem as realidades.
1935

Fatos
Você precisa encarar os fatos, porque eles olham para você.
1925[1]

Fatos são melhores do que sonhos.
1948[2] *Ao assumir a função de primeiro-ministro, 10 de maio de 1940.*

Boa vontade e desejos combinados não podem sobrepujar os fatos crus.
1951[3]

Fazendo nada
As coisas não melhoram quando se as deixa de lado. A menos que sejam ajustadas, elas explodem com devastadora detonação.
1927 *Conselho contrário ao do volume I do* The World Crisis; *WSC está simplificando demais.*

Fazendo o melhor
... quão pouco devemos nos preocupar com qualquer coisa que não seja fazer o melhor.
1951

Fazendo sem
De modo que tivemos que nos livrar do indispensável.
1922

Feitos e consequências
A vantagem e a significação dos feitos é que eles resultam em consequências.
1949

Ferimentos de guerra
Ninguém é jamais ferido duas vezes no mesmo dia.
1899 *Churchill disse isso para o maquinista do trem blindado emboscado pelos bôers próximo a Chieveley, em Natal, na África do Sul. Mais tarde ele recomendou o maquinista, que permaneceu calmo e conseguiu retirar a locomotiva do local, para que recebesse a Medalha Albert.*

Finanças
Nas finanças, tudo que é agradável não é seguro, e tudo que parece sólido é desagradável.
1926

Força moral
A força moral, infelizmente, não é substituta para a força armada, mas é um grande reforço...
1937

Fortuna
Por vezes, quando [a Fortuna] amarra a mais assustadora das carrancas, ela está preparando a mais deslumbrante dádiva.
1931

Fracasso
Mesmo as maiores negligências e fracassos [do homem] podem lhe ser benéficos. Mesmo suas maiores conquistas podem lhe fazer mal.
1936

Fraqueza e traição
Fraqueza não é traição, embora possa ser igualmente desastrosa.
1948

Futuro
O futuro é desconhecido, mas o passado deve nos dar esperança.
1958

Grandes homens
Uma das características do grande homem é deixar impressões duradouras nas pessoas que conhece.
1930[1]

Muitas vezes, nas observações casuais dos grandes homens, aprende-se o que se passa por sua cabeça de uma forma bastante íntima.
1936[2]

Guerra e democracia
Não temos tido nada diferente de guerras desde que a democracia se instalou.
1947 *A citação denota mais um desgosto com a carnificina da primeira metade do século XX do que qualquer arrependimento em relação à democracia que ele sempre apoiou.*

Guerra e paz
... aqueles que podem ganhar bem uma guerra raramente podem fazer uma boa paz, e aqueles que poderiam fazer uma boa paz jamais ganhariam a guerra. Talvez seja levar tal argumento muito longe sugerir que posso fazer as duas coisas.
1930

Hipocrisia
Poucas pessoas praticam o que professam ...
1929

História
Persevere na direção dos objetivos para nós iluminados por toda a sabedoria e inspiração do passado.
1948

Homem é espírito
1945 *Palavras finais de WSC para seus ministros, que não faziam parte do Gabinete, ao deixar o cargo de primeiro-ministro, segundo Lord De L'Isle e Dudley, como citado por Martin Gilbert.*

Honrarias
As honrarias deveriam ir para aonde a morte e o perigo vão ...
1916

Humanidade

... os seres humanos podem ser divididos em três classes: aqueles que são faturados até a morte, aqueles que estão preocupados com a morte e aqueles que estão morrendo de tédio
1925[1]

O homem é definitivamente um animal terrestre. Até aos coelhões é permitido ter túneis subterrâneos, e às raposas, tocas no chão para se esconderem.
1946[2]

O poder do homem cresceu em todas as esferas, exceto sobre si mesmo.
1953[3] Lady *Churchill leu esse discurso de aceitação do Prêmio Nobel de Literatura, na cerimônia de concessão da honraria em que representou seu marido. Churchill estava nas Bermudas conferenciando com o presidente Eisenhower e com o premier francês Laniel.*

Humanidade ineducável

Ineducável da infância ao túmulo – esta é a primeira e principal característica da humanidade.
1928 *Carta a Lord Beaverbrook depois de ler o livro deste último,* Politicians and the War. *Em Virgínia, em 1946, WSC repetiu para a assembleia legislativa do Estado: "Tem sido dito que a lição dominante da história é que a humanidade é ineducável."*

Idade

Uma mulher é tão idosa quanto parece; um homem é tão velho quanto se sente; e a idade de um menino depende da maneira como é tratado.
1942 *Comentário de WSC durante um jantar, relatado por uma convidada de FDR, Daisy Suckley, em seu diário.*

Idealismo

Nenhuma tolice sai mais cara que a do idealismo intolerante.
1929

Ideias
As ideias adquirem momento próprio.
1927

Imaginação
... imaginação sem total e profundo conhecimento é uma cilada.
1950

Imperialismo
... o imperialismo e a economia colidem com tanta frequência quanto a honestidade e o autointeresse.
1898[1]

Tenho notado que sempre que um radical se afeiçoa ao imperialismo ele o faz de maneira bastante séria.
1901[2] *Sir Charles Dilke (1843-1911), um liberal imperialista, mostrou-se favorável a um aumento no orçamento para o Exército.*

Impérios da mente
Os impérios do futuro são os impérios da mente.
1943

Impulso
Quase o principal mistério da vida é aquilo que nos impulsiona a fazer coisas.
1931

Inesperado
A dose de inesperado e imprevisível ... nos salva da tirania mecânica dos lógicos.
1946

Inimigo alemão
Um huno vivo é uma possibilidade de guerra.
1940

Inimigos derrotados
Se você deseja que seu cavalo puxe a carroça, tem que lhe dar alguma forragem.
1945

Inovação
Devemos nos precaver contra as inovações desnecessárias, principalmente aquelas guiadas pela lógica.
1942

Julgamento
Não devemos ser julgados pelas críticas de nossos oponentes, mas pelas consequências de nossos atos.
1926

Justiça
A primeira máxima da jurisprudência inglesa é que para os queixosos entrarem com ações na Justiça, devem ter as mãos limpas.
1914[1]

A justiça se arrasta lenta e implacavelmente por seu caminho, porém, no fim, chega ao destino.
1929[2]

É preciso ser justo antes de ser generoso.
1947[3]

Juventude
... Juventude, Juventude, Juventude; juventude eficiente marchando à frente para o serviço em campanha ...
1944 *Citada erradamente por Harold Nicolson no seu diário como "Juventude, juventude, juventude e renovação, energia, energia irrestrita".*

KBO
Fiquem em cima deles! ("We must just KBO!")
1941 *WSC para o secretário particular John Peck. Essa máxima*

familiar de Churchill era normalmente dita entre os colegas e mesmo entre os familiares, convenientemente abreviada como KBO para dissimular o ato de sodomia, porque significa "Keep Buggering On".

Leis rigorosas

Leis muito rigorosas são, por vezes, melhores que a ausência de leis.
1906

Leite para os bebês

Não existe investimento de melhor retorno para uma comunidade do que dar leite aos seus bebês.

1943 *WSC reciclou e aprimorou esta máxima de uma observação que fizera no City Carlton Club em 28 de junho de 1939: "Não existe investimento de horizonte mais amplo para uma nação do que dar leite, alimentos e educação às suas crianças."*

Línguas

O reconhecimento de sua língua é precioso para os povos pouco populosos.

1906 *De um discurso em favor da ratificação da constituição do Transvaal, reconhecendo a língua bôer, pronunciamento considerado magnânimo para os habitantes bôers.*

Liquidez

A liquidez não tem valor algum sem a segurança, e a segurança é impossível de conseguir sem a liquidez.
1953

Livre mercado

Se você destrói um livre mercado, cria um mercado negro.

1949 *Ele acrescentou: "Quando se tem dez mil regulamentações, acaba-se com todo o respeito pela lei."*

Magnanimidade

Ao triunfarmos, podemos ser misericordiosos; ao nos tornarmos fortes, podemos ser generosos.

1906[1] *Um exemplo da consistência de WSC: quarenta anos depois, era "Na vitória, magnanimidade".*

... não se deve derrubar um homem, salvo para levantá-lo com outro estado de espírito.
1949[2]

Mal
É muito importante diagnosticar o mal, porém, a menos que a enfermidade seja identificada, é inútil tentar procurar o medicamento.
1926[1]

Os males podem ser criados com muito maior rapidez do que podem ser curados.
1951[2]

Maldade
Nada deve ser feito em nome da maldade.
1944

Mal-intencionados e ditadores
Os mal-intencionados não são sempre espertos, como também os ditadores não estão sempre certos.
1950

Manutenção da paz
Eu preferiria uma hipócrita manutenção da paz ao comportamento imoral, aberto e descarado que toma a forma de guerra ilimitada.
1937

Martírio
Eles não poderiam ter executado o martírio sem os acessórios da madeira para arder e o poste para prender a vítima, e se alguém quisesse protestar deveria estar preparado para pagar o preço.
1904

Medo
... é muito melhor ficar amedrontado agora do que ser morto depois.
1934

Mente como fuzil
Não transforme sua mente num depósito de munição, e sim num fuzil para disparar a munição dos outros.
1900 *Conselho de Churchill ao primo Shane Leslie, em Eton, antes de WSC partir para seu giro americano/canadense de palestras.*

Mitos
Em tempos de crise, os mitos têm sua importância histórica.
1940 *WSC para Bill Deakin, seu assistente literário para o livro* Uma história dos povos de língua inglesa. *Ver "Histórias e piadas: rei Alfred e os bolos queimados".*

Morte
Espere para ver como você se sentirá quando a maré estiver virando. Não parece tão fácil morrer quando a morte se aproxima.
1899[1] *WSC para um soldado Bôer que disse que lutaria para sempre.*

A morte é a maior dádiva que Deus nos concedeu.
1943[2]

Morte na política
Na guerra, só se pode morrer uma vez; na política, muitas
c. 1904 *Tentativamente incluída como provável, porém não provada. Halle faz referência a uma entrevista de 1902 para um jornal, mas não dá o título nem a data. Manchester explica numa nota de rodapé a não existência de uma citação nos volumes com os documentos da biografia oficial quando WSC, supostamente, teria dito isso a um*

repórter na primavera de 1904, pouco depois de ter trocado os conservadores pelos liberais.

Mudança
Não há nada de errado na mudança, se ela é feita na direção correta. O aperfeiçoamento vem com a mudança; a perfeição, com a mudança frequente.
1925[1]

A mudança agrada a mente humana, e traz satisfação, por vezes de vida curta, para a ansiosa e ardente opinião pública.
1941[2]

Mulheres
É muito difícil, senão impossível, desdenhar de uma mulher bonita – elas permanecem belas e o desdém acaba se voltando contra nós.
1900

Natureza
A Natureza não pode ser apreciada por procuração.
1898 *WSC disse isso como motivo para não descrever a beleza da noite na fronteira noroeste da Índia.*

Necessidade
Não adianta dizer-se, "Estamos fazendo o melhor". É preciso fazer bem o que é necessário.
1916

Negativa
Existirão pessoas que negarão alguma coisa, mas há algumas negativas que não alteram os fatos.
1910

Negociações
Pare de matar e comece a negociar.

1920 *WSC para o sobrinho Shane Leslie, que perguntou a Churchill que conselho daria ao* Sinn Fein* *na Irlanda.*

Negociando em guinéus
Aqueles que negociam em guinéus normalmente não fazem parte das classes empobrecidas.

1903 *A moeda de guinéu, pela primeira vez cunhada em 1664 com o ouro conseguido na Guiné, valia inicialmente 30 shillings, depois, a partir de 1717, 21 shillings, ou uma libra e um shilling, e foi normalmente utilizada pelas classes altas ou nos epítetos contra elas.*

Ódio
O ódio desempenha no governo o mesmo papel que o ácido na química.
1929

Oportunidade
... todos têm o seu dia, e alguns dias duram mais que outros.
1952

Ordem e simetria
A ordem é uma virtude, a simetria em geral é componente da beleza ...
1945

Parceiros
Quão mais fácil é nos juntarmos a maus parceiros do que nos livrarmos deles!
1943 *Referindo-se à queda de Mussolini ocorrida algumas semanas antes e ao fato de a Itália ter sido enganada por falsos guias.*

Parcimônia
É um grande equívoco supor que a parcimônia é causada

---

* [*Sinn Fein* ("Nos mesmos"), braço político do Exército Republicano Irlandês – IRA].

apenas pelo medo; ela deriva tanto da esperança quanto do receio; onde não há esperança, decerto não haverá parcimônia.
1908

Parlamento
O objetivo do Parlamento é substituir a briga de murros pela argumentação.
1951

Perfeição
A máxima "Só a perfeição tem valor" pode ser soletrada como p-a-r-a-l-i-s-i-a.
1942[1]

... soluções perfeitas para nossas dificuldades não devem ser procuradas num mundo imperfeito ...
1951[2]

Pensamento
Afinal de contas, a Vida de um homem precisa ser fixada com pregos a uma cruz, seja do Pensamento seja da Ação.
1930[1]

Normalmente conseguem-se expressar melhor os pensamentos com as próprias palavras.
1940[2]

O pensamento que deriva de experiências factuais pode ser um freio ou uma espora.
1952[3]

Perigos
Os perigos que são evitados e as dificuldades que são sobrepujadas antes que atinjam o estágio de crises não são absolutamente reconhecidos como tal. O pão ingerido logo é esquecido.
1919[1]

Quando o perigo fica muito distante podemos pensar em nossa fraqueza; quando ele está perto precisamos não esquecer nossa força.
1939[2]

Perseverança
Quando uma linha de cristas é abandonada é necessário retornar logo para a próxima. Parar "a meio caminho" no vale é fatal.
1906[1]

Temos que prosseguir em frente, sempre em frente, como um cavalo de carga, até que desabemos.
1940s[2] *WSC para a secretária de tempo de guerra Elizabeth Nel: "... ele parou uma vez para perguntar se eu estava cansada e quando respondi que não, ele disse [isso]."*

Continue incomodando, chateando e mordendo.
1941[3] *WSC para Sir Ronald Campbell, representante britânico em Belgrado, instando-o a continuar tentando convencer a Iugoslávia a se aliar à Grécia contra os alemães.*

Temos que aprender a ser igualmente bons naquilo que é breve e penetrante e no que leva tempo e é desgastante.
1941[4]

Jamais ceda, jamais, jamais, jamais, jamais – em nada, grande ou pequeno, vasto ou insignificante, nunca ceda, a não ser por razões de honra e bom-senso.
1941[5] *Por vezes é dito que Churchill em certa ocasião pronunciou um discurso de três palavras: "Never give in." O pronunciamento com tais palavras e cerca de vinte minutos de duração foi feito para os rapazes de sua antiga escola, Harrow, durante a primeira das muitas visitas que fez.*

Pessoal
Não se deve jamais atrelar um cavalo puro-sangue a uma carroça de estrume.

1942 *WSC para o ministro da Informação Brendan Bracken, que havia substituído Alfred Duff Cooper (presente na ocasião) em julho de 1941. WSC queria dizer que o ministro está constantemente lidando com a imprensa e, por isso, tem que se defrontar com numerosas práticas e pessoas desagradáveis.*

Poder

Onde existe muito poder há muita responsabilidade ... onde não há poder, creio eu, não pode haver responsabilidade.
1906[1]

A combinação mais apropriada no mundo é poder e clemência, a pior é fraqueza e conflito.
1919[2]

É decerto mais agradável ter o poder para dar do que para receber.
1949[3]

Porém, no todo, é sábio, nas relações humanas e no governo dos homens, separar a pompa do poder.
1952[4]

Política

É muito bom o jogo da política, mas convém esperar por boas cartas antes de se fazer grandes apostas.
1895

Políticos

Os políticos crescem mediante esforço e lutas. Eles esperam quedas, mas acreditam que se erguerão de novo.
1931

Prazer

Quando se tenta dar prazer é sempre conveniente fazê-lo da melhor forma possível.
1951

Preguiça
Não deixe a indolência gargalhar.
1940s *Relato de Lord Mountbatten para a Edmonton Churchill Society, 1966.*

Previsão
Plante um jardim no qual você possa se sentar depois de terminados os dias de cavar.
1921[1]

Quando se parte para destino desconhecido, é sempre boa ideia atrelar um vagão-restaurante no fim da composição.
1922[2]

Quão pouco podemos antever das consequências seja de uma ação inteligente ou tola, da virtude ou da maldade.
1948[3] *WSC acrescentou: "Sem essa desmedida e perpétua incerteza, o drama da vida humana seria destruído."*

Princípios
É sempre mais fácil descobrir e proclamar princípios gerais do que aplicá-los.
1936[1] *Pronunciamento particular feito ao Comitê de Membros Conservadores sobre Relações Exteriores com data "fim de março".*

As pessoas não dispostas a fazer coisas impopulares e a desafiar o clamor público não estão prontas para serem ministros em tempos difíceis.
1943[2] *Churchill comentava favoravelmente a decisão do Gabinete em apoiar o secretário do Interior, Herbert Morrison, quando libertou os Mosleys da prisão. Sir Oswald e Lady Mosley tinham sido detidos no início da guerra por suspeitas de inclinações nazistas.*

Em situações críticas e embaraçosas é sempre melhor recorrer aos princípios básicos e às ações simples.
1951[3]

Profetas
Uma propensão pelo esperançoso não é o único atributo para ser um profeta.
1927

Quebrar e consertar
É mais fácil quebrar a porcelana do que consertá-la.
1948

Recriminação
... recriminar o passado [é] para reforçar ação efetiva no presente.
1936[1] *Quatro anos mais tarde, então no poder, Churchill adotou abordagem diferente; ver as próximas citações.*

Hoje à noite, não estamos em condições de dizer, "O passado é passado". Não podemos dizer, "O passado é passado", sem comprometer o futuro.
1938[2]

... se abrirmos uma discussão entre o passado e o presente, acabaremos por perder o futuro.
1940[3]

Recursos
Não há mais bebês no trenó*, e embora sua carga ainda possa esmagar os ossos do condutor, não é por isso que o inverno vai acabar.
1914

---

* [WSC, como Primeiro Lorde do Almirantado, apresentara em dezembro daquele ano um orçamento para a Marinha considerado exorbitante. Asquith, então primeiro-ministro, temendo o clamor dos críticos aconselhou Churchill a *to throw a baby or two out of the sledge*, querendo que ele desistisse de algumas das belonaves do projeto, e WSC responde que não adiantaria, pois não resolveria o problema da crítica].

Reforma social
Toda a reforma social que não se fundamenta num meio estável de permutas internas se transforma num engodo e numa fraude.
1947

Rei versus ás
O rei não cai de forma indigna quando é abatido pela espada do ás.
1912 *WSC para Edward Marsh quando este perdeu um rei em armação bem urdida num jogo de cartas.*

Relações diplomáticas
A razão para mantermos relações diplomáticas não é conceder louvações e sim garantir conveniências.
1949

Relações pessoais
Existe toda a diferença do mundo entre o homem que o nocauteia e aquele que o deixa em paz.
1944

Reparação das privações
A reparação das privações dos derrotados deveria preceder o desarmamento dos vitoriosos.
1935

Repetição
Nos problemas que o Todo-Poderoso coloca diante de Seus humildes servos, as coisas dificilmente acontecem do mesmo modo mais que duas vezes.
1948 *Para conselho contraditório, veja "Ferimentos de guerra" neste mesmo capítulo.*

Retrospecto
Não podemos desfazer o passado, mas somos inclinados a repassá-lo a fim de tirarmos lições aplicáveis ao futuro.
1936[1]

Quanto mais distante pudermos olhar para trás, mais longe poderemos olhar à frente.
1944[2] *Citação normalmente apresentada de modo incorreto.*

Riqueza e Comunidade Britânica
Buscar riqueza não é conquistar a comunidade britânica*.
1934[1]

A produção de nova riqueza tem que preceder a comunidade britânica**, caso contrário existirá apenas pobreza comum.
1945[2]

Você pode tentar destruir a riqueza e descobrir que tudo o que fez foi aumentar a pobreza.
1947[3]

Risco
Você tem que enfiar a cabeça na boca do leão se quiser que seu desempenho seja um sucesso.
1900

Sabedoria
Toda sabedoria não é nova sabedoria.
1938[1] *Churchill empregou a máxima diversas vezes nos discursos que pronunciou de 1938 a 1947. Esta foi sua primeira aparição.*

A grande reforma política seria conseguir alastrar com tanta facilidade e rapidez a sabedoria ao invés do disparate.
1947[2]

---

* [Jogo com as palavras *wealth* (riqueza) e *commonwealth* (comunidade britânica)].
** [Mesma observação da citação anterior já agora com a introdução de *common poverty*].

Satisfação
Quantas vezes na vida devemos ser felizes com o que temos!
1943

Segredos
... é maravilhoso notar como os homens podem guardar segredos que não lhes foram contados ...
1900

Segunda Guerra Mundial: 1940
Mas nada foi pior que 1940.
1949

Segunda Guerra Mundial: Moral
Na guerra, determinação. Na derrota, rebeldia. Na vitória, magnanimidade. Na paz, boa vontade.
1930 *Churchill publicou tal citação pela primeira vez em sua autobiografia de 1930, declarando que a tinha oferecido para um memorial de guerra na França, mas que não fora aceita. Ele não se esqueceu do fato e usou a citação como seu preceito moral para as memórias da Segunda Guerra Mundial. Originalmente, a primeira frase foi: "Na guerra: Fúria".*

Segurança
Tentar estar seguro em qualquer situação significa ser fraco em tudo.
1951

Sem interesses próprios
Raro e precioso é o homem realmente sem interesses próprios.
1899

Ser notícia
É melhor ser notícia do que acompanhá-la; ser ator em vez de crítico.
1898

"Ses"
Vivemos num mundo de "ses".
1899

Simplicidade
Das complexidades intensas emergem intensas simplicidades.
1927[1]

A vida, tão complicada e difícil nas grandes questões, quase sempre se mostra em termos muito simples.
1941[2]

Todas as coisas grandes são simples, e muitas podem ser expressas com uma só palavra: Liberdade; Justiça; Honra; Dever; Compaixão; Esperança.
1947[3]

Sorte
Em que delgado fio a maior das coisas pode estar pendurada ...
1940

Suborno
Era muito melhor subornar uma pessoa que matá-la, e bem melhor ser subornado que morto.
1953

Sucesso
O sucesso sempre demanda grande esforço.
1940

Suficiência
O suficiente já é tão bom quanto um banquete.
1918 *É provável que não genuinamente original, porém não rastreada de outra fonte.*

Superávit orçamentário
O anúncio da perspectiva de superávit é sempre um marco em qualquer orçamento ...
1925

Tempo
Tempo e dinheiro são em grande parte intercambiáveis.
1926[1]

Ninguém deveria desperdiçar um dia sequer.
1948[2]

Tentações
Você será física e moralmente forte? Lembre-se de que terá que resistir às tentações.
1898

Teoria e prática
Admita a teoria, e você não terá problema na prática.
1945 *Sobre a permissão para que mulheres se tornassem membros do Parlamento.*

Terreno elevado
Jamais abra mão das elevações.
1943

Tirania
Esteja sempre em guarda contra a tirania, qualquer que seja a forma que ela assuma.
1945

Tiros sem consequências
Nada é mais gratificante na vida do que ser alvo de tiros que não resultam em quaisquer efeitos.
1898 *Citação que ficou famosa ao ser repetida por um assíduo leitor de Churchill, o presidente Ronald Reagan, após sobreviver à bala de um assassino em 1981.*

Tópicos quentes
Quando se tem que manusear uma cafeteira bem quente, é melhor não quebrar sua alça ...
1944

Trabalho
Não adianta fazer o que você gosta; tem de gostar do que faz.
1925[1]

Muitas coisas são aprendidas por aqueles que passam a vida toda na sua atividade principal ...
1928[2]

Tributos
... um veredicto favorável é sempre bem-vindo, nem que sua origem seja um juiz injusto ou um árbitro parcial.
1931 *Durante o debate sobre o orçamento de 1931, Lloyd George e os liberais elogiaram a administração prévia de Churchill como ministro da Fazenda (1924-9).*

Ursos
Um urso na floresta é matéria adequada para especulação; um urso no zoológico se presta para satisfazer a curiosidade pública; um urso na cama de sua esposa é motivo para grave preocupação.
1951 *WSC para Lord Home a respeito do apetite de Stalin pela expansão.*

Vencer ou perder
Se vencermos, ninguém dará atenção. Se perdermos, não haverá ninguém para se importar.
1941

Ventura
Os homens podem cometer muitos erros e aprender com eles. Os homens podem ter má sorte, e sua sorte pode mudar.
1942

Verdade

Esta verdade é incontestável. O pânico pode guardar algum rancor dela, a ignorância pode ridicularizá-la, a malícia pode distorcê-la, mas lá estará ela.
1916[1]

... se a verdade é multifacetada, a falsidade é multilíngue ...
1940[2] *WSC defendia o governo quanto ao fracasso da campanha norueguesa.*

Em tempo de guerra, a Verdade é tão preciosa que precisa sempre ser cercada por uma guarda pessoal de mentiras.
1943[3] *WSC disse essa famosa frase quando Stalin aprovou a expedição dos planos falsos de invasão. Assim, Operação Bodyguard tornou-se o nome das providências enganadoras e criativas (as mentiras) referentes à Operação Overlord, a invasão de 1944 da França.*

Que ninguém se desvie da estrada principal da verdade e da honra.
1945[4]

As forças dominantes na história humana vêm da percepção das grandes verdades e da fiel perseguição das grandes causas.
1950[5]

Vida

Normalmente, a juventude valoriza a liberdade e a reforma; a maturidade, o compromisso judicioso; e a idade avançada, a estabilidade e o repouso.
1927[1]

A jornada tem sido agradável, e seu percurso, bem valioso – uma vez.
1931[2]

... viva perigosamente; aceite e lide com os eventos à medida que ocorram; não tema coisa alguma, tudo acabará bem.
1932[3]

Vingança
Nada é mais custoso, nada é mais estéril, que a vingança.
1946[1]

A vingança é o mais caro e o mais dispersivo dos luxos.
1948[2]

Virtude versus perversidade
Motivos virtuosos, imobilizados pela inércia e pela timidez, não são páreos para a perversidade arquitetada e resoluta.
1948

3. Histórias e piadas

Churchill não foi uma fonte de contos à maneira que os presidentes Truman e Reagan o foram – mas quando ele contava uma história, com frequência ela se tornava memorável. Sua composição mais reveladora foi a curta e agridoce história de 1947 – *The Dream* (O Sonho). Quando *Lady* Thatcher foi presenteada em 1993 com um exemplar da edição limitada do *The Dream* pelo Churchill Centre, ela disse que ficou acordada até altas horas, lendo e meditando sobre a obra: "Fiquei totalmente fascinada pela imaginação da história e pelo quanto ela desvendou do homem e do filho Winston."

Ocasionalmente, portanto, Churchill foi um cativante contador de histórias. Advertido por repetir o improvável mito do rei Alfred e os pães queimados, ele replicou dizendo que em tempos de crise "os mitos têm sua importância histórica". Ele escreveu um romance e diversos contos curtos, que têm seus méritos e também suas falhas. Sobre seu romance *Savrola*, WSC escreveu: "Tenho consistentemente aconselhado meus amigos a se absterem de lê-lo."

Fábula do desarmamento
Era uma vez um zoológico em que todos os animais chegaram à conclusão de que deveriam se desarmar e organizaram uma conferência para debater o assunto. Ao abrir os trabalhos, o Rinoceronte disse que o emprego dos dentes era bárbaro e horrível, portanto deveria ser proibido por consenso geral; os chifres, em geral armas defensivas, deveriam, é claro, ser permitidos. O Búfalo, o Veado, o Porco-Espinho e até mesmo o pequeno Ouriço, todos disseram que votariam com o Rinoceronte, mas o Leão e o Tigre expressaram opinião diferente; defenderam os dentes e mesmo as garras, por eles descritas como armas honrosas

de tempos imemoriais. A Pantera, o Leopardo e o Puma, bem como todo o grupo de pequenos felinos, deram apoio ao Leão e ao Tigre. O Urso então tomou a palavra; propôs que tanto os dentes quanto os chifres fossem banidos e jamais empregados de novo na luta contra outros animais; seria suficiente permitir que os animais se abraçassem forte e mutuamente durante as disputas; ninguém poderia fazer objeção a tal ato: era tão fraternal que poderia até ser um grande passo na direção da paz. Todavia, todos os outros animais ficaram ofendidos com a proposta do Urso, e o Peru entrou em verdadeiro pânico. A discussão se tornou tão acalorada e raivosa, e todos os animais passaram a pensar em chifres, dentes e abraços com tal intensidade enquanto argumentavam acerca de intenções pacíficas, motivo pelo qual haviam se reunido, que eles começaram a olhar uns para os outros de forma bastante hostil. Por sorte, os tratadores do zoológico conseguiram acalmá-los e persuadi-los a retornar calmamente para suas jaulas, quando então eles voltaram a compartilhar sentimentos amistosos.
1928

Garantia
Como respondeu o homem, cuja sogra falecera no Brasil, quando lhe perguntaram o que deveria ser feito com o corpo da mulher: "Embalsamem, cremem e enterrem. Não deem chance ao azar!"
1938

Ignorância
Quando escuto as pessoas falarem de modo bem superficial a respeito de desembarques de exércitos aqui e acolá como se fossem pacotes de mercadorias a serem deixados nas praias e lá esquecidos, fico realmente maravilhado com a falta de conhecimento que ainda prevalece sobre as condições da guerra moderna ... [Os críticos também me fazem lembrar] o marinheiro que saltou do cais para salvar um garoto que se afogava. Cerca de uma semana depois esse mesmo ma-

rinheiro foi interpelado por uma mulher, que perguntou: "Foi você que tirou meu menino da água naquela noite?". O marinheiro respondeu modestamente: "É verdade, madame, fui eu mesmo." "Ah", disse a mulher, "você é o homem que procuro. Onde está o boné dele?".
1943

Normandos que foram saxões
Numa noite de verão ... Gurth, o Criador de Porcos, e Wanda, o Bobo da Corte, tinham recém-concluído seu famoso diálogo sobre o curioso fato de que os bois, porcos e carneiros, que eram saxônicos e tinham que ser cuidados, quando chegava a hora de serem cozinhados após a morte, se transformavam em bifes e em carnes de leitões e cordeiros normandos, qualificando-se assim para figurarem nas mesas nobres.
1933

Objeções
Lembro-me de ser prática no exército, quando uma corte marcial era instalada e o prisioneiro trazido à sua presença, perguntar-se ao acusado se ele fazia objeção por ser julgado por aquele presidente ou por qualquer outro dos oficiais que compunham a corte marcial. Certa vez, um prisioneiro se insubordinou a ponto de responder: "Faço objeção ao maldito bando de todos vocês."
1927 *A palavra "maldito" (bloody), não permitida nos discursos parlamentares em 1927, é representada por um longo traço na publicação do Hansard.*

O Sonho
Numa enevoada tarde de novembro de 1947, eu pintava em meu estúdio na cabana que uso no sopé da colina em Chartwell. Alguém me mandara uma pintura retratando meu pai. ... A tela tinha sido muito estragada, e embora eu não seja muito bom para rostos humanos, achei que poderia fazer uma cópia. ... Estava tentando pintar uma curva de seu bigode quando, de súbito,

experimentei uma sensação estranha. Fiz um giro com a paleta na mão e lá estava ele, sentado em minha cadeira de braços de espaldar reto e feita com couro vermelho – meu pai. Ele me pareceu exatamente como era no esplendor de sua existência. ... "Em que ano estamos? [ele perguntou] Não me recordo de coisa alguma depois de 94. Eu estava muito confuso naquele ano. ... Então mais de cinquenta anos se passaram. Deve ter acontecido muita coisa." "Aconteceu de fato, papai." "Conte para mim." [Winston relata a triste história de 1895-1947.] "Que história terrível você me contou, Winston. Jamais pensei que coisas assim pudessem ocorrer. Estou feliz por não ter vivido para vê-las. Enquanto o escutava descrever esses fatos medonhos, fiquei com a sensação de que você conhece muita coisa a respeito deles. Jamais imaginei que seu desenvolvimento fosse tão longe e resultasse tão completo. Evidentemente você está agora em idade bem avançada para ficar pensando nessas coisas, mas quando o ouço falar fico imaginando se não entrou para a política. Você deve ter feito muita coisa para ajudar. E deve até ter despertado muito respeito para seu nome." Ele então me dirigiu um olhar bondoso. Pegou um fósforo para acender o cigarro e o esfregou. Fez-se uma pequena fagulha. Ele desapareceu. A cadeira ficou vazia. A ilusão tinha passado. Voltei a tocar o quadro com o pincel para terminar o bigode. Mas tão vívida havia sido toda aquela experiência que não tive forças para continuar. Meu charuto também havia apagado e a cinza esparramara-se sobre todas as tintas.

1947 *Só existe espaço aqui para o início e o fim de "O Sonho". É apenas parte do engenho artístico dessa imaginária, saudosa e bela história em que o pai de Winston, brevemente trazido de volta à vida com cerca de 45 anos, jamais consegue saber aquilo que seu filho de 74 anos de idade realizou. Passagens de "O Sonho" podem ser encontradas noutros capítulos.*

Otimistas e pessimistas

Lembro-me da mordaz piada de tempo de guerra sobre o otimista e o pessimista. O otimista era aquele que não se

importava com o que acontecesse contanto que não fosse com ele. O pessimista era o que vivia na mesma casa com o otimista.
1938

Pólvora para o urso
Tenho sempre tentado colocar sob a forma de anedotas simples as verdades estratégicas que venho captando, e elas ficam assim guardadas em minha mente. Uma delas é a notável história do homem que deu pólvora ao urso. Ele misturou cuidadosamente a pólvora, assegurando-se de que não só os ingredientes como também as proporções estavam absolutamente corretos e então enrolou a pólvora num grande canudo de papel. Estava prestes a soprar a pólvora para dentro da goela do urso. Mas o urso soprou primeiro.
1951 *Exatamente qual era o tipo de pólvora, WSC deixa a critério dos ouvintes. Porém, como ele disse isso no contexto do seu alerta ao general Auchinleck de que os alemães poderiam atacar primeiro na África, certamente desejou que fosse um valioso conselho.*

Precisão de linguagem
Um homem chamado Thomson foi a um cirurgião e solicitou que fosse castrado. O cirurgião hesitou e resistiu, porém quando o homem insistiu veementemente, acabou concordando e levou o homem para o hospital. Na manhã seguinte à cirurgia, Thomson acordou sentindo grande desconforto. Notou que o paciente no leito ao lado experimentava muitas dores e gemia alto. "O que eles fizeram com você?" perguntou Thomson. O homem respondeu: "Fui circuncisado." "Deus meu", exclamou Thomson, "essa foi a palavra que não consegui lembrar quando o cirurgião perguntou o que eu desejava que fosse feito."
1944

Prisioneiro espanhol
Acredito que temos estado todos esses meses na situação do prisioneiro espanhol que definhou por vinte anos em uma

masmorra até que, numa determinada manhã, teve a ideia de empurrar a porta e percebeu que ela estivera aberta durante todo aquele tempo.

1915 *WSC para Arthur Balfour, seu sucessor no Almirantado, argumentando por uma renovação do ataque naval no estreito de Dardanelos.*

Rei Alfred e os pães queimados

A história de Alfred nos é trazida em alguns detalhes pelas páginas de Asser, um monge de St David que se tornou arcebispo de Sherborne. ... É através de tais páginas que sabemos do rei-guerreiro, disfarçado de menestrel, tocando harpa nos acampamentos dinamarqueses. Nós o vemos agindo como auxiliar de cozinha de uma dona de casa saxônica. A célebre história de Alfred e os Pães apareceu pela primeira vez numa edição tardia da Vida do Bispo Asser. Ela é a seguinte: aconteceu certo dia que a camponesa, esposa do vaqueiro na casa de quem o rei Alfred se encontrava hospedado, estava cozinhando pães, e o rei, sentado ao lado do forno, preparava arco, flechas e outras armas. Num determinado momento, a mulher percebeu que os pães estavam torrando; ela correu e retirou os pães do forno, repreendendo o destemido rei com essas palavras (estranhamente registradas em hexâmetros latinos): "Meu Deus, homem, por que você não virou os pães quando viu que eles estavam queimando, especialmente porque você gosta de comê-los quentes?" A desorientada mulher nem sabia que falava com o rei Alfred, o qual lutara bravamente contra os bárbaros e conseguira muitas vitórias naqueles embates.

1956[1]

... em tempos de crise, os mitos têm sua importância histórica: os pães simbolizam um mito da resistência britânica na sua hora mais grave contra o invasor estrangeiro, e foram fonte de inspiração para aquelas indistintas e distantes figuras, os

Condes da Praia Saxônica ("the Counts of the Saxon shore"), no seu esforço para defender a ilha.
1940[2] *O assistente literário Bill Deakin perguntara a WSC por que ele incluía o mito do bispo Asser no* A History of the English-Speaking People *(Uma história dos povos de língua inglesa).*

São Jorge e o dragão
[Hoje] São Jorge chegaria na Capadócia acompanhado não de um cavalo e sim de um secretariado. Não estaria armado com uma lança, mas com diversas fórmulas flexíveis. Ele seria, evidentemente, recepcionado por uma agência local do Sindicato da Liga das Nações. São Jorge proporia uma conferência com o dragão – sem dúvida uma Conferência de Mesa Redonda, mais conveniente para acomodar ao rabo do dragão. Um acordo de comércio seria fechado com o dragão. São Jorge emprestaria ao animal considerável quantia em dinheiro dos contribuintes da Capadócia. A libertação da donzela seria encaminhada a Genebra, resguardando-se, enquanto isso, todos os direitos do dragão. Finalmente, São Jorge seria fotografado ao lado do dragão (inserção – foto da donzela).
1933 *WSC pilheriava sobre a vítima indefesa que a Grã-Bretanha estava se tornando numa negociação internacional; uma observação que, certamente, é de aplicação atual.*

Urso, búfalo e jumento
Em Teerã, percebi pela primeira vez quão pequena era nossa nação. Lá estava eu sentado tendo em um dos lados o grande urso russo com suas patas bem estendidas à frente, do outro, o grande búfalo americano; entre os dois se colocava o pobre e pequeno jumento inglês, que era o único, o único dos três, que conhecia o caminho certo de volta para casa.
1944 *WSC para Violet Bonham Carter, oito meses após a Conferência de Teerã.*

Veado e cães de caça
Na noite passada, Sua Excelência o venerável representante de Bilston [Mr. Will Nally] pintou uma afetuosa imagem de

minha posição; o nobre veado morria com os cães aferrados à sua garganta: os próprios amigos às suas costas eram porcos selvagens ... cães de caça como colocou o nobre representante de Bilston ... não me preocupam. ... É preciso dizer que a visão primeira do nobre representante de Bilston desta Câmara dos Comuns tem que nos chegar como a impressão desfavorável que nele causamos. Aqui os porcos selvagens, acolá os cães selvagens. Espero que a experiência mais longa nesta Casa faça-o entender que os dois ramos do reino animal têm suas virtudes.

1945

4. Churchillianismos

O amor de Churchill pelo inglês foi agradavelmente demonstrado em palavras e expressões que criou, ou em antigas frases às quais deu nova vida. Neste capítulo estão algumas expressões que inventou, inclusive Batalha do Bolsão ("Battle of the Bulge") e Feriado Naval ("Naval Holiday").

As velhas palavras, segundo ele, eram as melhores, por isso as empregou com bastante frequência: "correctitude" (procedimento correto), "palimpsest" (palimpsesto, ou seja, pergaminho ou papiro cujo manuscrito foi raspado para ser substituído por um novo texto), "parlementaire" (parlamentar), "guttersnipe" (sórdido), "purblind" (ignorante, grosseiro). Se não existisse a palavra que lhe servisse, inventava uma: "paintatious", "improvose", "Namsosed", "bottlescape", que melhor entenderemos no contexto das citações. Churchill também criou novas palavras a partir de outras comuns: "re-rat" para trocar de partido pela segunda vez, "fearthought" para preocupação sem fundamento.

O uso que fez das palavras não foi só impulsionado por caprichos como também demonstrou criatividade quando, por exemplo, chamou o galinheiro que mandou construir em sua residência de "Chickenham Palace"; ou quando comparou pessoas a lhamas, águias, buldogues, cães "pugs" ou abelhas; ou empregou os nomes delas para descrever suas funções: seu motorista Bullock dirigiu o "bullock cart" (carro de boi). Brincar com os nomes foi um de seus passatempos: "Can'tellopoulos", para o primeiro-ministro grego Kanelloupoulos. Graças a Churchill, o nome do governante fascista da Noruega, Quisling, entrou nos dicionários como sinônimo de traidor.

"Apaguem as lareiras de casa"

Tenho que escrever para Novello e dizer-lhe para produzir uma boa canção de guerra – mas desta vez o título precisa ser "Apaguem as lareiras de casa".

1940 *WSC para Sir John Slessor, meditando sobre a relativa carência de canções na Segunda Guerra Mundial em relação à Primeira. Ivor Novello compôs "Mantenham acesas as lareiras de casa" durante a Primeira Guerra Mundial.*

Bandeira em frangalhos

Sábias palavras, Sir, que resistirão ao teste do tempo, e fico muito feliz com o fato de a Casa permitir, depois de um intervalo de 15 anos, que eu levante a bandeira em frangalhos que encontrei prostrada num "stricken field".

1901 *O segundo discurso de Churchill na Câmara dos Comuns foi uma genuína apresentação de um virtuose. A "tattered flag" era uma moção de seu pai Lord Randolph, proposta 15 anos antes e instando por maior economia no orçamento. A expressão "stricken field" é comentada na citação "Campo devastado" descrita adiante.*

Barulheiras e zumbidos, incredulidades e vanglórias

Um homem ou uma mulher que busquem fervorosamente a educação na idade adulta ... serão os melhores alunos nesta época de barulheiras e zumbidos, de incredulidades e vanglórias.

1953 *WSC para Florence Horsbrugh, ministra da Educação 1951-54. O Congresso dos Sindicatos recebeu permissão de Churchill para reproduzir a carta, o que fez em seu Relatório Anual de 1953, p. 173-174.*

Batalha do Bolsão

Evidentemente, essa batalha será conhecida como a Batalha do Bolsão.

1940 *Esta observação precedeu por cerca de quatro anos a tentativa de penetração feita por Hitler, em 1944, exatamente na mesma Floresta das Ardenas. WSC disse isso ao general francês Gamelin, batendo-lhe* *"energicamente no ombro (o general chegou a dar um passo para trás)"*, segundo o general Ismay. Churchill não conseguiu se lembrar da palavra francesa para "bolsão" (saillant) e contentou-se em dizer "boolge".

Bottlescape
Essa é minha *bottlescape*.*
Título de sua famosa natureza morta, composta em sua maior parte por garrafas, que Churchill solicitara às crianças que reunissem para que ele pudesse pintá-las.

Cadáver epilético
Ele não passa de um cadáver epilético.
1936 *Censurando Baldwin por não ter dito a verdade sobre o rearmamento alemão.*

Camelos e insetos
Já ouvi falar de pessoas que tencionavam comer um inseto e acabaram engolindo um camelo, mas jamais soube de pessoas que já tivessem deglutido um camelo e em seguida alegassem que seu sistema digestivo não tinha espaço suficiente para acomodar um inseto.
1910 *Churchill apresentava uma moção de emenda modesta a uma lei importante. A frase pode não ser de autoria de WSC, mas ele gostava tanto dela que a repetiu pelo menos mais duas vezes nos trinta anos seguintes.*

Campo devastado (Stricken field)
O emir [Ahmed Fedil] havia cumprido fielmente seu dever e acorria em socorro de seu mestre com uma força bem disciplinada e poderosa de não menos que 8 mil homens quando, ainda distante cerca de noventa quilômetros da cidade, recebeu as notícias sobre o *stricken field*.
1899 *Primeira aparição de uma expressão favorita. WSC a deve ter lido em Scott ou Macaulay. O poema de John McCrae* The Unconquered

---
* [Palavra inventada por WSC que guarda analogia com *landscape* (paisagem).]

Dead *(Os mortos invencíveis) foi igualmente influente, uma vez que Churchill empregou* stricken field *em pelo menos quatro ocasiões posteriores.*

Canário ferido
Não vou ficar tropeçando em minha gaiola como um canário ferido. Você me derrubou do poleiro. Agora tem que me recolocar lá. Caso contrário, não cantarei mais.

1944 *Sobre uma cláusula na Lei da Educação que ameaçou o governo de risco num voto de confiança. "Todos ficaram excitados e nervosos", escreveu Harold Nicolson. "A única pessoa que se divertiu com tudo aquilo foi o próprio Churchill. Seu rosto era um sorriso só."*

Cant'tellopoulos
Kanellopoulos, Can'tellopoulos, Kanellopoulos ... Está bem. Vou recebê-lo!

1942 *Panagiotis Kanellopoulos (1902-1986), primeiro-ministro grego em 1945 e 1967. WSC sempre arrependido de ter encontrado tempo para aquela audiência, repetia em todas as ocasiões em que seu secretário particular se aproximava: "Can't-ellopoulos!"*

Carro de boi (Bullock cart)
Acho que usarei o *Bullock cart*.

1950s *Uma limusine Humber do serviço de transportes do governo, dirigida por um motorista de nome Bullock, normalmente levava Churchill para cá e para lá em Londres.*

Chacoteado, afrontado e guinchado
A Inglaterra sempre se respaldou em sua Marinha. Seu grande Império Indiano já escoou por um ralo, e agora o Almirantado proclama que a Frota Territorial Britânica escoou por outro. Pode você imaginar, com todo esse armamento, sermos chacoteados (*checked*) pelo Chile, afrontados (*abused*) pela Argentina e guinchados (*girded*) pela Guatemala?

1948 *Um excelente exemplo de aliteração com o qual WSC protestava contra o encolhimento da Royal Navy procedido pelo governo trabalhista do pós-guerra.*

Chickenham Palace

Ele é chamado de *Chickenham Palace*. [Em seguida, apontando para um "pedaço de terreno desarrumado, de péssimo aspecto e sem destinação":] E ali estão os Jardins do *Chickenham Palace*.

1949 *Sir Archibald Sinclair relembrou: Ele me levou para um giro pela parte onde criava os animais, mostrou-me gado Hereford e Jersey e, logo depois, um galinheiro cercado de tijolos que ele próprio construíra ... "Qual a linhagem das galinhas?", perguntei. "Oh, não me preocupo com detalhes", resmungou Winston.*

Choate

Como poderiam as pessoas saber? ... Que convicção completa e perfeitamente formada (*choate*) eles poderiam concluir?

1929 *A.L. Rowse escreveu: Eddie [Marsh] fez despencar sobre a cabeça de WSC uma multidão enfurecida de gramáticos pelo emprego da palavra "choate" na suposição de ela existir: "inchoate" existia, nada mais natural, portanto, que também houvesse uma palavra "choate".*

Chumbolly

Chumbolly* tem que cumprir seu dever e ajudá-la com seu leite, diga-lhe que fui eu que falei. Na idade dele, voracidade e até certos maus modos às refeições são virtudes.

1911 *WSC para Clementine ("minha preciosa gatinha") pouco depois do nascimento do filho Randolph, ao qual deram esse sugestivo apelido.*

Cobertura de níquel

E agora a dona de casa inglesa, de pé na fila para comprar sua ração de pão, procurará em vão em seu bolso uma moeda de sixpence recoberta de prata. Sob o governo socialista o

---

* [Churchill e Clementine colocaram nos filhos apelidos carinhosos: Diana (Puppy Kitten), Randolph (Chum Bolly), Sarah (Bumble Bee) e Marigold (Duckadilly)]

níquel terá que a satisfazer. No futuro teremos condição de dizer: "Every cloud has a nickel lining"* (Toda nuvem tem uma cobertura de níquel).

1946 *Sobre a decisão do governo trabalhista de cunhar moedas de sixpence com níquel, anteriormente recobertas com prata.*

Comendo ouriço
[Invadir a Birmânia a partir do norte é o mesmo que] comer o ouriço espinho a espinho.
1944

Correctitude
... enquanto respeitava todas as formas de correctitude oficial, ele buscava "uma saída" sem qualquer compaixão.

1931 *Uma de suas favoritas palavras inventadas no século XIX, "correctitude" aparece dezenas de vezes nos escritos de Churchill: uma combinação de "correct" (correto) e "rectitude" (retidão).*

Cottonopolis
[Nós] somos absolutamente dependentes para a manutenção dessa admirável estrutura da indústria de Lancashire, que é a maravilha do mundo e localizou Cottonopolis** (metrópole do algodão) aqui neste improvável lugar; absolutamente dependentes da livre importação de alimentos e matérias primas.
1909

Da boca para a mão
Ganhei a vida [nos anos 1930] ditando artigos que tiveram vasta circulação não só na Grã-Bretanha e nos Estados Unidos como também, antes que a sombra de Hitler descesse

---

* [O ditado correto *"Every cloud has a silver lining"* significa: toda a situação ruim tem um lado bom.]
** [Cottonopolis foi o nome dado à cidade de Manchester por ser centro internacional da indústria têxtil e de processamento do algodão.]

sobre eles, nos mais famosos jornais de 16 países europeus. Vivi, de fato, da boca para a mão.*
1948 *Churchill adorava inverter totalmente as expressões idiomáticas.*

Disappearage
Não, mas talvez um *disappearage*** ...
1953 *Para seu genro Christopher Soames, o qual sugeriu que Sir Harry Mackeson, parlamentar conservador, fosse dispensado das funções de Secretário do Comércio Ultramarino, mas que não merecesse um título de nobreza* (peerage*).*

Endereço potável
Avenue de Champagne 44 é o endereço mais potável do mundo.
1947 *Observação feita a Odette Pol-Roger relativa ao endereço do produtor de sua preferida e borbulhante Champagne Pol-Roger.*

Escuma brilhante
Gente culta constitui apenas a escuma brilhante que flutua sobre o rio da produção.
1929 *Randolph, filho de Churchill, observara que os magnatas do petróleo em Alberta eram por demais despreparados para saber como gastar adequadamente seu dinheiro.*

Evangelista
A exemplo de Henrique VIII, [Arthur Balfour] decapitou papistas e queimou evangelistas vivos, no mesmo dia, por suas respectivas divergências, em direções opostas ao seu compromisso central, pessoal e artificial.
1923

---

* [A expressão idiomática na ordem certa é *hand-to-mouth* (da mão para a boca).]
** [Churchill compõe uma palavra que soa como antônimo de *peerage*, mas que se assemelha a *disapperance* (desparecimento).]

Feriado Naval

Antes da guerra, propus ao [chefe da Marinha alemã] almirante von Tirpitz um feriado naval. Se a oferta tivesse sido aceita provavelmente teria aliviado bastante a tensão europeia e, possivelmente, evitado a catástrofe.

1937 *Em 1911, WSC sugeriu uma interrupção temporária nos programas alemão e inglês de construção de novos encouraçados.*

Garoa de impérios

Uma garoa de impérios despencando pelo ar.

1918 *Churchill para Eddie Marsh depois da rendição da Turquia em 29 de outubro de 1918. "Foi ontem que a Turquia se entregou", escrevera Marsh, "e amanhã será a Áustria."*

Grande estado das questões

Entre, entre, mas não me fale sobre nenhuma grande questão de Estado. Elas não existem. Há apenas um grande estado das questões.
1951

Guttersnipe sedento de sangue

Portanto agora esse *guttersnipe* (sórdido) sedento de sangue precisa lançar seus exércitos mecanizados sobre novos campos de carnificina, pilhagem e devastação.

1941 *Pronunciamento pelo rádio na noite da invasão da Rússia por Hitler; WSC, a despeito de sua aversão de toda a vida pelo comunismo, prometeu imediatamente integral ajuda inglesa à Rússia.*

Homem Borracha

Lembro-me de minha infância, quando fui levado ao famoso Circo Barnum onde era apresentado um número de aberrações e monstruosidades, porém o que eu queria mais ver do programa era um espetáculo denominado "Homem Borracha". No entanto, meus pais acharam que a cena seria muito assustadora e repugnante para meus jovens olhos, e tive que esperar cinquenta anos para ver o "Homem Borracha" [primei-

ro-ministro Ramsay MacDonald] ocupando um dos assentos dos responsáveis pelo Tesouro Nacional (*Treasury Bench*)*.
1931

Ideólogos coletivos
... ideólogos coletivos (aqueles intelectuais profissionais que se deliciam com decimais e polissílabos) ...
1953

Imitação de sopa de tartaruga
Essa disputa é entre "a sopa de tartaruga do imperialismo *tory* e a imitação de sopa de tartaruga do imperialismo liberal".
1900

Impensabilidade não regulada (Unregulated unthinkability)
Não faz muito tempo que ouvi ministros dizerem, e li documentos diplomáticos afirmando, que o rearmamento era impensável – "Aconteça o que acontecer, não o poderemos ter. O rearmamento é impensável." Agora, todas as nossas esperanças estão voltadas para regulamentar o impensável. Impensabilidade regulada – esta é a proposta atual; e em breve haverá o problema de decidirmos sobre a impensabilidade não regulada.
1934

Improvose and dore
WSC para seu assistente naval: Mandei-lhe uma mensagem – "Improvise e arrisque" (*improvise and dare*) ... Ele improvisou e arroscou (*improvose and dore*).

---

* [Nos dias de hoje, o primeiro-ministro (*First Lord of the Treasury*), o *Chancellor of the Exchequer* (ministro da Fazenda e responsável pelo orçamento) e outros membros graduados do Gabinete sentam-se no *Treasury Bench* da Câmara dos Comuns; são os *frontbenchers* do governo à sua frente se sentam os *frontbenchers* da oposição) que apresentam políticas quase da mesma forma que os ministros o faziam no final do século XVII.]

1943 *Referência ao general Sir Henry Maitland ("Jumbo") Wilson, comandante em chefe do Oriente Médio, que havia defendido, com efetivo pequeno, a ilha grega de Leros.*

Inexatidão terminológica (Terminological Inexactitude)

As condições da Regulamentação para o Transvaal, segundo a qual a mão de obra chinesa trabalha lá agora, em minha opinião não constituem um estado de escravidão. Um contrato de trabalho ... pode não ser adequado ou salutar, mas não deve ser classificado, segundo o ponto de vista do Governo de Sua Majestade, como escravidão, na acepção extremada da palavra, sem que se corra o risco de inexatidão terminológica.

1906 *Churchill repudiava a acusação de que "escravidão chinesa" vinha sendo efetivamente praticada no Transvaal. Randolph Churchill escreveu: "Esse notório exemplo de humor polissilábico seria sempre erroneamente interpretado e considerado um elegante substituto para "mentira", coisa que, definitivamente, ele não pretendia ser.*

Infernizar enquanto ainda há tempo

... pode ser que os japoneses, cuja intenção, a meu ver, é "infernizar enquanto ainda há tempo".* provavelmente fiquem ocupados ... em conquistar ilhas com propósitos defensivos ...
1942

Je vous liquiderai. Si vous m'obstaclerez, je vous liquiderai!
1943. *Enquanto* liquider *é uma genuína palavra francesa, não existe o verbo* obstaclerer; *como de hábito, Churchill cria um verbo a partir de um substantivo. Esta é a versão de de Gaulle (Kersaudy); Harold Nicolson a cita em francês correto, mas creio que a versão de de Gaulle é mais autêntica.*

---

* [*To make hell while the sun shines*..., expressão que Churchill também usou no contexto do ataque à Alemanha enquanto ela se ocupava com a Rússia.]

Joias de verão

... o jardim resplandece com joias de verão. Nós vivemos v[er]y simplesmente – mas com tudo que é essencial à vida bem vivida e bem suprida – banhos quentes, champanhe gelada, legumes frescos e *brandy* envelhecido.

1915 *WSC para seu irmão Jack. Ele estava de férias em Hoe Farm, em Godalming, no Surrey, onde remoía sua demissão do Almirantado e aprendia a pintar. Como muitos de sua geração que manuscreviam cartas, Churchill empregava contrações como "vy, wh, yr" para "very, which, your".*

Klop

Quando digo *"Klop"*, Miss Shearburn, é exatamente isso que eu quero.

[Noutras ocasiões] Dê-me *klop*!

WSC tinha aversão a grampos e clipes, e preferia que seus documentos fossem klopped *(perfurados nas margens) para depois serem juntados mediante treasury tags.* Quando ele solicitou "klop" pela primeira vez a uma de suas antigas secretárias, Kathleen Hill, ela orgulhosamente trouxe os 15 volumes do* Der Fall des Hauses Stuart, *obra do historiador alemão Onno Klopp (1822-1903). "Deus meu!" vociferou WSC.*

Lhama fêmea

Uma lhama fêmea surpreendida em pleno banho.

1959 Lady *Limerick perguntou a WSC se ele havia dito isso a respeito de de Gaulle. Lord* Moran *acreditava que sim.*

Limpets corajosos

Mr. Attlee combina uma aparência franzina com os fortes atributos da resistência. Ele retoma agora a direção e liderança

---

* [O *treasury tag* é um artigo de papelaria usado para manter unidos documentos através de orifícios feitos às suas margens, Ele consiste de uma espécie de elástico contorcido (com 3 a 8 cm de comprimento) cujas duas extremidades são presas à parte central de uma barra de plástico ou de metal.]

daquele bando de *limpets** corajosos ... unidos pelo desejo de se manterem na função a qualquer custo não só em prol de suas próprias reputações como também do destino do país.
1951 *O primeiro-ministro Attlee retornara ao Parlamento após breve hospitalização.*

Loloo and Juloo
Estava procurando um luloo,** e imagina quem encontrei? Juloo.

Mary Soames para Laurence Olivier, surpreendido em seu camarim num intervalo da apresentação da peça César e Cleópatra, de Shaw. "Oh, desculpe-me", disse Churchill, "eu estava procurando por uma casinha." Olivier, que fazia o papel de Júlio César, mostrou-lhe o caminho para o sanitário.

Marquês encolhido
Lord Lansdowne explicou, para divertimento da nação, que não pleiteou o direito, em nome da Câmara dos Lordes, de triturar (*mince*)*** o orçamento. Tudo o que pediu até agora e que lhe diz respeito, segundo o que nos diz, é o direito de se contrair (*wince*)* enquanto o engole. Ora muito bem, trata-se de pretensão bem mais modesta. Cabe ao Partido Conservador julgar se esse é um pleito demasiado heroico para ser explicitado por um de seus líderes. Se eles estiverem satisfeitos com o marquês encolhido, não vemos razão para protestar.
1909

Microfones e assassinatos
Esses homens [Mussolini e Hitler], dos microfones e assassinatos...
1936

---

* [*Limpet* tem duas acepções que se aplicam bem ao caso: 1) molusco que vive num tipo de concha que contém adesivo; 2) pessoa que se apega ou que se cola (ao seu cargo, ao seu semelhante).]
** [Tanto "loloo" quanto "Juloo" são palavras inventadas por WSC e que rimam. "Juloo" é a contração de Julius e loo (sanitário).]
*** [Uso mordaz que WSC faz dos verbos parecidos *to mince* e *to wince*.]

Morro dos Ventos Uivantes (Wuthering Height)
Graças a Deus ficamos livres do Morro dos Ventos Uivantes!
c. 1940 *Dito a respeito de "um colega alto e lúgubre", segundo Colin Brooks, editor do Sunday Dispatch, 1936-38. A maioria das fontes concorda que se tratava de Sir John Reith, o qual, como diretor da BBC, mantivera Churchill longe dos noticiários durante os Anos de Ostracismo de WSC, e que mais tarde foi feito ministro dos Transportes e, depois, ministro das Obras Públicas na coalizão de tempo de guerra.* Wuthering Heights, *único romance de Emily Brontë, foi publicado em 1847.*

Mortalha deslumbrante
Sobre a paisagem, brilhante com a luz solar, a neve estendeu uma mortalha deslumbrante.
1906

Mundanos ignorantes (Purblind worldlings)
Existem amadores e *purblind worldlings* que às vezes nos perguntam: "Pelo quê lutam a Inglaterra e a França?" A isto, respondo: "Se parássemos de lutar, você logo descobriria."
1940

Namsosed
Precisaremos de esquis para tanto [desembarcar de novo na costa da Noruega] e não queremos ir para sermos *Namsosed* outra vez. Estou farto disso.
1940 *WSC refere-se ao resultado das operações quando o inimigo desfruta de supremacia aérea, como em Namsos, na Noruega, ao norte de Trondheim, onde os ingleses foram repelidos em abril de 1940.*

Non-undisincentive
Devemos qualificá-la como um *non-disincentive*.
1950 *Stafford Cripps, então ministro da Fazenda, qualificou a taxa sobre compras como* disincentive *(desestímulo). Quando um parlamentar* tory *disse julgar que a taxa não era uma arma fiscal, WSC interveio para sugerir a denominação que dava ao imposto.*

Non-undisinflation

A palavra *disinflation* (desinflação) foi cunhada para evitar o impopular termo *deflation* (deflação). ... Suponho que, como no momento a *disinflation* vem também ganhando má reputação, o ministro [Sir Stafford Cripps] a chamará de *non-undisinflation* e tocará em frente.
1949

Ordem do Chute

Como posso aceitar a Ordem da Jarreteira quando o povo da Inglaterra acabou de me dar a Ordem do Chute?
1945 *WSC declina a Jarreteira oferecida pelo rei George VI em seguida à eleição de 1945.*

Paintatious

Mas que lugar excepcionalmente *paintatious*!*
Termo fartamente usado por Churchill ao longo de seus anos como pintor (1915-58) para descrever locais ensolarados e belos onde ele poderia pintar continuadamente.

Palimpsests terrestres

As trincheiras se entrelaçam; os monumentos de comandantes mortos e de regimentos destroçados por tiros são de diferentes anos. Um *palimpsest* terrestre de tragédia.
1929. *Um* palimpsest *é um manuscrito escrito sobre outro parcialmente obscurecido de tal maneira que as inscrições originais podem ainda ser lidas sob as novas.*

Plágio antecipado

Parece que Mr. Lowe andou colocando os pés sobre minhas pegadas mesmo antes de eu deixá-las marcadas com meu caminhar, porque ele disse, tentando explicar o que ocorrera naqueles dias, para a satisfação de uma Câmara dos Comuns muito estrita: "Assim, cada ano tomará dinheiro de seu sucessor,

---

* [Palavra inventada por WSC pela analogia com *plantatious*.]

e o processo continuará até o fim dos tempos, embora eu não saiba como as coisas se acertarão quando o mundo acabar."
Foi um inconsciente plágio antecipado.
1927 *Uma maneira engraçada de admitir que alguém teve uma ideia antes de você. Robert Lowe, primeiro visconde Sherbrooke (1811-1892), parlamentar liberal (1852-80), ministro da Fazenda de Gladstone (1868-73).*

Pôr um ovo
Venho ganhando a vida com a Segunda Guerra Mundial. Agora vou passar a fazê-lo com essa história [dos povos de língua inglesa]. Devo pôr um ovo a cada ano – um volume a cada 12 meses não deve constituir muito trabalho.
1953 *"Hoje, no meu ofício, 'pôr um ovo' tem uma conotação muito diferente", disse o ator Robert Hardy num discurso pronunciado no Churchill Centre, São Francisco, em 1991.*

Pox Britannica*
1907 *Num giro pela África em 1907, Churchill foi informado por um governador colonial sobre o alarmante alastramento de doenças venéreas entre a população nativa.*

Preocupação descabida (fearthought)
Fearthought é a preocupação sem fundamento com aquilo que não pode ser evitado ou que provavelmente jamais ocorrerá.
1937

Príncipe Palsy
Quero formar um *front* nos Bálcãs. Quero a Iugoslávia e anseio pela Turquia. Com a Grécia, ganharíamos então cinquenta divisões. Uma castanha dura para os alemães quebrarem. Nossa intervenção na Grécia causou a revolução na Iugoslávia

---

* [Trocadilho com *Pax Britannica*; *pox* é qualquer doença caracterizada por pústulas ou erupções.]

que derrubou o Príncipe Palsy (Paralisia); e atrasou a invasão alemã da Rússia por seis semanas. Semanas cruciais. Portanto, valeu a pena. Caso se dê apoio a um vencedor, não importam muito quais os motivos na ocasião.
1948. *Príncipe Paulo da Iugoslávia (1893-1976), regente pelo rei Pedro II a partir de 1934 até que assinou um pacto com a Alemanha nazi em março de 1941. Historiadores acreditam agora que isso não retardou a invasão da Rússia.*

Profundezas

Certa noite fui tomado por um sentimento sobre Matemática através do qual entendi tudo – camadas cada vez mais profundas foram se revelando para mim – *the Byss and the Abyss*.* Foi como ter a capacidade de ver o trânsito em Vênus – ou mesmo o Show do Prefeito**, quantidades passando pelo infinito e trocando o sinal de mais para menos. Entendi claramente como tudo aconteceu e por que os rodeios e evasivas são inevitáveis: e como um passo pode envolver todos os outros. Era como a política. Mas como foi um sentimento experimentado depois do jantar, deixei-o de lado.
1930

Pumpkin e Pippin

WSC: Você falou com Pumpkin (abóbora)?

Fitzroy Maclean: Pumpkin, primeiro-ministro? Temo não entender o que o senhor quer dizer.

WSC: Ora, aquele meu general grandalhão. E o que você fez com Pippin (sementinha)? [Maclean se mostrava completamente aturdido] Valha-me Deus, eles não

---
* [Expressão que significa "planetas desconhecidos e buracos negros.]
** [Procissão tradicional realizada em Londres por quase oitocentos anos em que o prefeito reitera sua lealdade ao soberano. Depois de percorrer diversas ruas da capital inglesa, a cerimônia termina com fogos de artifício lançados de uma balsa ancorada no Tâmisa.]

receberam o código. Seria melhor falarmos através do misturador de voz?
1944 *Conversa de Fitzroy Maclean e WSC através da radiotelefonia. "Pumpkin" era o codinome do avantajado general Maitland Wilson; "Pippin" era o de seu filho Randolph, que combatia com Maitland e os partisans iugoslavos. Convidado a ligar o misturador de voz, Fitzroy respondeu que pensava já estar misturado.*

Quatro metros de ministros
Tenho que pressioná-lo a ir para o Ministério dos Transportes ... decerto você tem que entender que não posso desperdiçar quatro metros de ministros num único departamento.
1952 *Lennox-Boyd passava dos dois metros de altura e seu secretário de Estado no Departamento para as Colônias, Oliver Lyttelton, era só um pouco mais baixo.*

Queuetopia
Por que as filas tornaram-se uma característica permanente e habitual em nossas vidas? Por elas se vê claramente o que se passa em suas mentes. O sonho dos socialistas não é mais a Utopia e sim a *Queuetopia** (utopia da fila). E se eles chegarem ao poder essa parte de seu sonho se tornará realidade.
1950

Quisling
Os patriotas intrépidos seguem caminhos diferentes; abundam quislings e colaboracionistas de todos os tipos; líderes guerrilheiros, cada qual com seus seguidores, discutem entre si e lutam.
1944 *Vidkun Quisling (1887-1945), oficial do exército norueguês e político fascista. Ministro-presidente da Noruega ocupada 1942-45, foi executado por traição no fim da guerra. Churchill associou o uso de seu nome a sinônimo de "traidor".*

---
* [Palavra inventada por Churchill, derivada de *queue* cujo som em inglês guarda muita semelhança ao de "utopia".]

Re-rat*
Qualquer um pode virar a casaca, porém é preciso ser muito inventivo para fazê-lo duas vezes.
Churchill referia-se à sua troca dos conservadores pelos liberais em 1904, e à sua volta oficial aos conservadores em 1925.

Restaurantes ingleses
Espero que a expressão "Centros Comunitários de Alimentação" não seja adotada. Ela é odiosa e lembra comunismo e reformatório. Sugiro que sejam chamados "Restaurantes Ingleses". Todo mundo associa tal denominação com boa comida, e eles podem muito bem ficar com o título mesmo que não consigam ganhar mais coisa alguma.
1941 *WSC para o ministro da Alimentação.*

Retrospecto
Julgadas em retrospecto, essas opiniões dificilmente podem ser contestadas.
1923

Sangue, trabalho, lágrimas e suor
Não tenho nada a oferecer que não seja sangue, trabalho, lágrimas e suor.
1940 *Esta frase teve longa gestação: Churchill já desenvolvia as primeiras versões dela nos anos 1900, e em 1611 o poeta John Donne escrevera sobre "... suas Lágrimas, ou Suor, ou Sangue".*

Sentimentalismos, pronunciamentos chorosos e emotividade
A causa do desarmamento não terá sucesso com sentimentalismos, pronunciamentos chorosos ou emotividade (*mush, slush and gush*)**.
1932

---
* ["*to rat*"significa virar casaca, desertar.]
** [Fileira de palavras com a mesma terminação, muito ao gosto de Churchill.]

Slatternly

Seja o que for que se pense do governo democrático, é melhor não ter experiência prática com suas fundações grosseiras e *slatternly*.

1929 *Palavra de meados do século XVII cujo significado é "negligente", "desmazelado".*

Sofari so goody!*

1907 *Expressão cunhada durante sua excursão pela África no final de 1907. "Safari" significa "jornada" em suaíle.*

Sombrias, sectárias, subservientes

Vejo as brutais massas de soldados hunos, sombrias, sectárias e subservientes (*dull, drilled, docile*), progredindo como um bando de rastejantes lagostas.

1941 *A excelente aliteração foi uma memorável passagem de seu famoso discurso referente à invasão alemã da Rússia.*

Spurlos versenkt

Tenho procurado em vão nos bancos opostos a mim, mas não consigo discernir qualquer vestígio de Sua Excelência. Ele desapareceu *spurlos versenkt*,** como diz a expressão alemã – afundou sem deixar para trás qualquer indício.

1946 *Referindo-se à renúncia de Mr. Ben Smith, ministro da Alimentação no governo trabalhista do pós-guerra.*

Suñer or later

Lady Churchill: Espero que isso não tenha sido um equívoco diplomático.

WSC: Bem, *Suñer or later**** nós saberemos!

---

* [Jogo de palavras com a expressão "*so far, so good*" (até aqui, tudo bem).]
** [Churchill deve ter se inspirado no édito do almirante von Tirpitz: *Spurlos versenkt*! ou também nos despachos oficiais de mesmo teor para a marinha alemã em relação ao tratamento a ser dispensado aos navios argentinos.]
*** [A expressão "*sooner or later*" significa "mais cedo ou mais tarde".]

1954 Lady *Churchill encaminhara uma solicitação do ministro do Exterior espanhol, Suñer (nome de pronúncia muito parecida com a de "sooner"), tido como simpatizante nazi no passado, que lhe pedira para que ajudasse a colocar uma sobrinha em um convento inglês.*

Todos por Al
Al for All and All for Al.
1928 *Alfred E. Smith (1873-1944), governador de Nova York por quatro mandatos e candidato democrata à presidência dos Estados Unidos em 1928. Churchill ofereceu esse slogan a Bernard Baruch para a campanha de Smith.*

Trabalho duro, sangue, morte e sordidez
A guerra de hoje está desnuda – desnuda de qualquer benefício e desprovida de todo o seu glamour. Desapareceram as antigas pompa e circunstância. A guerra atual nada mais é do que trabalho duro, sangue, morte, sordidez e propaganda enganosa.
1932

Traje de sereia (Siren suit)
A roupa mais inteligente que jamais tive. Você sabe que eu mesmo desenhei a minha? Notou que ela tem um bolso extralargo? É onde guardo os charutos.
1940s-1950 *"Siren suit" (traje da sereia) era a metáfora que WSC usava para o traje que alguns de seus funcionários chamavam de "macacão" ou "traje de sereia" (assim faziam referência aos* raids *alemães). Originalmente confeccionados com tecido para o trabalho nas fábricas, eles foram se tornando cada vez mais sofisticados quando Churchill começou a mostrar inclinação por usá-los, e chegou mesmo a vesti-los em jantares e ocasiões similares.*

A expressão "traje de sereia" deriva da facilidade, em especial durante os raids *aéreos, com que ele podia ser vestido, fechado e aberto pelo simples acionar de botões ou zíper frontal.*

Transtorno esquálido

A menos que Sua Excelência mude sua política e seus métodos ... ele será uma praga tão grande para este país durante a paz como foi um transtorno esquálido durante a guerra.

1945 *Insultuoso sarcasmo em relação ao seu rival político Aneurin Bevan.*

Tremenda galinha! E que pescoço!

Quando eu os alertei [o governo francês] de que a Inglaterra lutaria sozinha, independentemente do que eles fizessem, os generais afirmaram para seu primeiro-ministro e para seu Gabinete dividido: "Em três semanas, a Inglaterra terá o pescoço torcido qual uma galinha." Tremenda galinha! E que pescoço (*neck*)!

1941 *A palavra* neck *como aqui empregada significa "atrevimento", "audácia", "coragem", como em* brass neck *(falta de respeito).*

Trifibiano

Ele [Lord Louis Mountbatten] é aquilo ... que vou me aventurar a chamar de "um completo trifibiano".

1943 Triphibious *(trifíbio)* – *capaz de viver ou operar em terra, mar ou ar – entrou no Oxford English Dictionary em 1986. Sua primeira aparição foi num artigo de Leslie Hore-Belisha para The Times de 4 de novembro de 1941, mas* thriphibian *(trifibiano) pode ser rastreada num artigo noticioso para o Baltimore Sun de 26 de outubro de 1935.*

Unsordid

[O presidente Roosevelt] arquitetou a extraordinária medida de assistência chamada Lend-Lease, que persistirá como o mais altruísta e *unsordid** ato financeiro de qualquer país ao longo de toda a História.

---

* ["Unsordid", palavra inventada por WSC, pretende ser antônimo de "infame", "mesquinho".]

1945 *Essa palavra para descrever o Programa Lend-Lease foi cunhada pela primeira vez por Churchill em 10 de novembro de 1941. Ela é com frequência erroneamente citada como referência ao Plano Marshall do pós-guerra.*

Urtiga e espinafre azedo

Prestando atenção às opiniões desses dois nobres deputados fico sempre maravilhado com a economia proporcionada pela natureza que consegue fazer crescer no mesmo canteiro a urtiga e o espinafre azedo.

1905 *Edgar Vincent, primeiro-visconde D'Abernon (1857-1941), parlamentar conservador 1899-1906, era um diplomata. Seu irmão, Sir Charles Edward Howard Vincent (1849-1908), parlamentar conservador 1885-1908, era militar.*

Ventre macio

O ventre macio da Europa ...

Em agosto de 1942, em Moscou, WSC esboçou para Stalin o desenho de um crocodilo, dizendo: "Temos que rasgar o ventre macio no Mediterrâneo." Mais tarde ele utilizou com frequência "ventre macio" para descrever a estratégia de um ataque contra o Eixo partindo do sul.

Vulcão ingrato

Estamos pagando oito milhões por ano pelo privilégio de viver num vulcão ingrato do qual não podemos conseguir, em circunstância alguma, qualquer coisa de valor.

1922 *Carta não enviada para Lloyd George referindo-se ao Iraque.*

Winstoniano

É muita gentileza sua escrever-me carta tão longa. Ela será cuidadosamente preservada entre os arquivos Winstonianos.

1905 *Quando uma palavra não estava disponível, WSC inventava outra que lhe servia. Com o passar dos anos, seus contemporâneos usaram "Winstoniano" para descrever os amigos e as causas de Churchill – nem sempre com conotação positiva.*

Woomany
Você permitirá que eu apareça por uma semana para vê-la e a Woomany. Tenho certeza que sim.
1888 *Nome que Winston deu à sua querida babá Elizabeth Everest, uma palavra que parece combinar* "woman and home" *(mulher e lar), o que ela sempre representou para ele.*

Wormwood Scrubbery
O ideal socialista é nos reduzir a uma gigantesca Wormwood Scrubbery.
1946 *Wormwood Scrubbery é uma penitenciária no oeste de Londres.*

5. Grande comunicador

A reconhecida capacidade de Churchill como orador e forjador de palavras permeia toda a sua obra, mas o relato que se segue mostra seu amor pela língua e os princípios que dele fizeram um dos maiores oradores do seu tempo. Nele estão incluídos seus conselhos sobre o inglês, composição de livros e discursos, especificação de datas, ditados, estilos e empregos.

Churchill descartava incisivamente modismos, jargões e lugares-comuns: podemos muito bem imaginar o que diria sobre abominações modernas como chairperson para designar chairman, presidente. Com os idiomas, ele não via razão para condescendência com os estrangeiros exagerando-se na pronúncia correta de suas línguas. Na verdade, as palavras deliberadamente adaptadas ao inglês não lhe agradavam. Franzia o sobrolho para as mudanças de nomes – como Irã para Pérsia ou Ankara para Angora – e fazia questão de pronunciar errado o nome da capital do Uruguai como montyvaida-oh. Talvez nem tenha notado quando a China trocou Peiping por Peking e por Beijing, mas temos boa ideia do que teria pensado sobre isso.

Brevidade
Rogo me informar em apenas uma folha de papel ...
1940s[1]

É realmente necessário descrever o [encouraçado alemão] *Tirpitz* como o *Almirante von Tirpitz* a cada sinal transmitido? Isto tem que provocar considerável perda de tempo para os sinaleiros da Marinha, as equipes de cifração e os datilógrafos. Decerto *Tirpitz* é pra lá de suficiente para o monstro.
1942[2]

Esse documento do Tesouro tem na sua extensão a própria garantia contra o risco de ser lido.
c. 1940s *WSC citado por Norman Brook.*

Citações
Ler livros de citações faz bem aos homens pouco preparados. Quando as citações ficam gravadas na memória, suscitam boas ideias.
1930[1]

Lembro-me do professor que, já afetado pela idade, foi instado por seus devotados alunos a dar um conselho final. Ele retrucou, "Revejam suas citações".
1951[2]

Composição de livros
Escrevo um livro da mesma forma com que se construiu a *Canadian Pacific Railway*. Primeiro coloco os trilhos de costa a costa, depois vou localizando as estações.
c. 1946

Consulta
... sempre se pode consultar um homem e perguntar-lhe, "Gostaria de ter sua cabeça decepada amanhã?" e depois de ele responder, "Preferiria que não", decepá-la. "Consulta" é um termo vago e elástico.
1947

Deixe o passado para a História
De minha parte, considero que todos os partidos acharão melhor deixar o passado para a História, ainda mais porque eu mesmo pretendo escrevê-la.
1948

Derretimento
As reservas do Governo estão muito baixas. Elas parecem um grande *iceberg* que derivou para águas mais aquecidas e

cuja base está se derretendo rapidamente, de modo que ele vai ter que emborcar.
1935

Discurso inaugural
É difícil evitar a conclusão de que a moderação da Emenda foi obra dos amigos e líderes políticos de Sua Excelência [Lloyd George] e de que a amargura do discurso foi de sua autoria.
1901[1] *Com frequência citada erroneamente, inclusive pelo próprio Churchill em* My Early Life *(Minha mocidade).*

... Mr. Bowles sussurrou-me "Você poderia dizer 'em vez de fazer seu discurso violento sem apresentar sua moção moderada, seria melhor que ele apresentasse a moção moderada sem fazer o discurso violento'". O maná no deserto não seria mais bem-vindo! ... Num piscar de olhos, eu já estava de pé recitando a frase salvadora de Tommy Bowles. Ela foi recebida com aclamação generalizada ... Todos foram muito gentis. Os tônicos revigoradores usuais foram ministrados e fiquei sentado num coma confortável até que me senti suficientemente forte para ir para casa.
1930[2]

Ditado
Minha cara, devo solicitar que você permaneça até bem mais tarde. Estou me sentindo muito fértil nesta noite.
1930s[1] *WSC para a secretária de serviço. Outra versão: "Estou me sentindo bastante fértil; vou precisar de duas jovens mulheres nesta noite."*

Oh, Deus meu, ela é demasiado jovem. Não devo apavorá-la! ... Não se preocupe se você não pegar tudo de primeira – sempre me lembro do que acabei de ditar.
1930s[2] *A primeira parte desta citação é de WSC para a esposa; a segunda, para uma nova secretária de apenas 19 anos sobre a primeira vez que ia ditar.*

Emprego de palavras

... você faz em diversos casos uma diferença entre avião inimigo "fora de ação" e "destruído". Existe mesmo diferença entre as duas situações ou é só para evitar a tautologia? Se for assim, isso não está de acordo com as maiores autoridades em inglês. O sentido não deve ser sacrificado em prol do som.
1940[1] *O primeiro-ministro para o secretário de estado da Força Aérea.*

Nós "invadimos" todos os países com os quais estamos em guerra. Nós "entramos" em todos os territórios aliados subjugados que queremos "libertar". Em relação a um país como a Itália, com cujo governo assinamos um armistício, nós, inicialmente, "invadimos", porém, em vista da cooperação italiana, temos que qualificar todos os posteriores avanços de nossa parte na Itália como de "libertação".
1944[2]

Estilo
Das palavras, as mais curtas; as mais comuns, quando curtas, melhor ainda.
1949[1]

Pessoalmente, gosto das palavras curtas e das frações simples.
1953[2]

Fábrica de Chartwell
Por favor, venha ver minha fábrica. Esta é minha fábrica. Esta é minha secretária ... E pensar que outrora comandei a Armada.
1930s *Relembrou sorrindo sua secretária de muito tempo Grace Hamblin, que, no entanto, sabia que ele estava implicando com ela.*

Fatos versus rumores
Até o cronista de épocas com poucos registros precisa contar sua história. Caso faltem fatos, rumores podem servir. Na ausência

de depoimentos consistentes, ele deve trabalhar com mexericos.
1953

Grande Protesto ("Grand Remonstrance")*
... meu pai resolveu testar meus conhecimentos [em História]. O período era o de Charles I. Ele me fez perguntas sobre o Grande Protesto; o que eu sabia sobre ele? Eu disse que, no final, o Parlamento havia derrubado o rei e o decapitado. Para mim isso parecia o maior protesto imaginável.
1930

Hifens e "e"s
Estou rebelado contra seus hifens. Deve-se encarar o hífen como uma nódoa a ser evitada sempre que possível. Numa palavra composta, ele é inevitável, mas ... [minha] sensação é a de que você pode juntá-las ou deixá-las separadas, salvo quando a natureza se revoltar ... *Judgment* sem "e". Caso contrário, teria que existir *abridgement*; e, por que não, *developement*? A verdade é que eu sempre escrevo *development*. O *Oxford Dictionary* o apresenta como opcional, e estou muito inclinado a optar.
1934 *WSC para seu secretário e assistente literário de longo tempo, Eddie Marsh.*

História
A História, com sua luz trêmula, tropeça ao longo do caminho do passado, tentando reconstruir suas cenas, reviver seus ecos, e ilumina com brilhos pálidos a paixão de dias vividos.
1940

---

* [Em novembro de 1641, a Câmara dos Comuns aprovou o *Grand Remonstrance*, que era nada menos que uma lista de denúncias contra todos os abusos de poder nos quais Charles I havia incorrido desde o princípio de seu reinado.]

Homem versus mulher

WSC: ... apenas o homem comum que mantém uma esposa e uma família, que viaja para combater quando seu país enfrenta dificuldades, que comparece às votações nos momentos oportunos, e marca com uma cruz na cédula eleitoral mostrando o candidato que deseja ver eleito para o Parlamento ... ele é a base da democracia. E é também fundamental para tal base que esse homem ...

Dra. Edith Summerskill (Trabalhista): E mulher.

WSC: Perdão. Existe sempre a resposta implícita de que o homem *embraces* (com a acepção de engloba) a mulher, a menos que o contrário apareça no contexto.
1944

Inglês

Temos história, lei, filosofia e literatura; temos sentimentos e interesses comuns; temos uma língua que até os nacionalistas escoceses não se importam de eu me referir a ela como inglês.
1954

Jargão

Essa caretice é um bom exemplo de como o jargão oficial pode ser usado para destruir qualquer espécie de contato humano ou mesmo o próprio pensamento.
1951 *A referência era ao emaranhado memorando de 1942 do ministro do Exterior soviético Molotov: "[Nós] estaremos em condições de tirar as necessárias conclusões quanto às genuínas questões de Estado, particularmente atinentes a certas irregularidades nas ações das respectivas autoridades navais inglesas."*

Jornais (mídia)

Vivemos na mais impensada das épocas. Diariamente grandes manchetes e opiniões curtas.
1929[1]

Imagine cortar aquelas belas árvores que vimos nessa tarde a fim de produzir polpa para esses malditos jornais, e chamar isso de civilização.
1929[2]

Aqueles cavalheiros da imprensa estavam ouvindo atentamente cada palavra que você pronunciava – todos muito ansiosos por um pequeno naco de queijo que pudessem publicar. Você vai e lhes fornece um Stilton rosado e inteiro!
1941[3] *Censura a um general que falara de modo demasiado aberto sobre um ataque iminente contra Benghazi, no norte da África.*

Nada a comentar ... "Creio que "nada a comentar" é uma expressão esplêndida. Eu a tenho usado vezes sem conta. Aprendi com Sumner Welles durante seu giro pela Europa.
1946[4] *Ao deixar Miami, antes de pronunciar seu momentoso discurso da "Cortina de Ferro" jornalistas lhe perguntaram sobre o que falaria e se envolveria os russos. Sumner Welles (1892-1961) foi subsecretário de Estado no governo do presidente Roosevelt, 1936-43.*

Largura de uma vírgula
Fico feliz por termos encontrado um lugar comum em que possamos estar, embora ele tenha apenas a largura de uma vírgula.
1910

Latim
Os estrangeiros e os escoceses se juntaram para introduzir uma pronúncia do latim que o divorcia inteiramente do idioma inglês. Transformaram uma das minhas mais prestantes e impressionantes citações – *veni, vidi, vici* – na ridícula corruptela *Weiny, Weedy, Weeky*. A punição dos deuses devia ser reservada aos que espalharam essa praga.
1930[1] *Como Churchill raramente empregava* scotch *no lugar de* scots, *podemos presumir que ele o fez de propósito.*

WSC: Devo alertar esta Casa que vou fazer algo inusitado. Farei uma citação em latim. Espero que ela não ofenda o contingente de ex-alunos de escolas públicas inglesas, nem embarace ou seja tomada como menosprezo pela nova brigada ortográfica. Talvez eu devesse dizer pela "nova esquadra ortográfica", porque é palavra mais fácil. A citação é *Arma virumque cano*, a qual, para o benefício de nossos amigos de Winchester, posso traduzir como *Arms and the men I sing* (Canto as armas e os varões). A citação explicita de modo geral meu tema.

Mr. Hugh Gaitskell (Trabalhista): Não deveria ser *man*, o singular ao invés do plural?

WSC: Eu não poderia esperar receber assistência a respeito de assunto clássico partida de tal direção. Estou usando o coletivo de *man**, o que, penso eu, me deixa alinhado com a gramática.
1953[2]

Leitura

Os jovens, creio eu, precisam ser tão cuidadosos na leitura quanto os idosos nas refeições. Não devem comer demais. Devem mastigar muito bem.
1934

Linguagem

Não faço objeção ao uso adequado da linguagem forte, até mesmo insultuosa, mas certa dose de arte, certa quantidade de poder seletivo, é necessária, caso se deseje atingir o objetivo.
1925[1]

Todos nós lembramos como a Rainha Elizabeth lidava com a poesia e com o *blank verse*** (verso em branco) – "Maravilha!

---

* [A observação de parlamentar trabalhista fazia sentido. A tradução mais correta para a frase de Virgílio no início de *Eneida* é *Arms and the man I sing*.
** [Os *blank verses* são pentâmetros (versos de cinco pés) jâmbicos (pés com duas sílabas, sendo a segunda acentuada), sem rima. No início, esse verso era muito regular e, portanto, monótono. Cada verso era *end-stopped*, ou seja, não continuava no próximo, constituindo uma unidade.]

Isso sim. Isso é rima! Mas isso" – o *blank verse* – nem é rima nem faz sentido."
1948[2]

Literatura clássica

... como estudante, questionei a conveniência de se ministrar os clássicos no ensino básico do nosso sistema educacional. Disseram-me então que Mr. Gladstone lia Homero para se divertir, o que espero lhe tenha sido de bom proveito.
1930

Livros: os seus

Sentar-se numa mesa em uma manhã ensolarada, com a certeza de quatro horas seguramente sem interrupções, com folhas e folhas de papel muito branco e uma caneta "de espremer" [Risadas] – isto é que é verdadeira felicidade.
1908[1] *A caneta "de espremer" era a nova caneta-tinteiro de então, carregada mergulhando-se a pena no tinteiro e espremendo-se um reservatório de borracha.*

Marechal de campo Smuts: Oh, Winston, por quê? Por que você fez isso? Você, como nenhuma outra pessoa no mundo, poderia ter escrito a verdadeira história da guerra e, em vez disso, produziu esses livros.

WSC: Esta é a minha história. Se alguém quiser escrever a sua história, que o faça.
final de 1940[2] *Essa história poderia ter ganho mais um pouco nas narrativas, escreve David Dilks, pesquisador-assistente do livro de Lord Tedder, que o ouviu relatando sobre ela de várias formas.*

Escrever um livro é uma aventura. No início, é um brinquedo, depois um divertimento. Então ele se torna uma amante, vira um dominador, se transforma em tirano e, no último estágio, quando se está quase acostumado com a servidão, mata-se o monstro e se o atira ao público.
1949[3] *Outras versões desta citação são incorretas ou incompletas. O acima transcrito foi retirado das anotações originais para o pronunciamento. Fiz uma*

correção, que Churchill seguramente emendou quando falou: nas notas do rascunho está escrito "became a mistress" em vez de "becomes a mistress".

... pelos idos de 1900, o que já faz muito tempo, eu podia me jactar de ter escrito tantos livros quanto Moisés e, desde então, não parei de os escrever, salvo quando momentaneamente interrompido pela guerra.
1950[4] *Os "cinco livros de Moisés" foram Gênesis, Êxodo, Levítico, Números e Deuteronômio.*

Mein Kampf como um Corão
Está tudo lá – o programa da ressurreição alemã; a técnica para a propaganda partidária; o plano para o combate ao marxismo; o conceito de um Estado Nacional-Socialista; o direito de a Alemanha se posicionar no topo do mundo. Eis o novo Corão da fé e da guerra: intumescido, verborrágico, amorfo, porém prenhe de sua mensagem.
1948

Minutas
Sua tarefa, meu rapaz, é criar o Cosmos a partir do Caos.
1947[1] *WSC para o assistente literário Denis Kelly, que se propôs a organizar o cômodo em que Churchill mantinha a papelada.*

O fato de eu não usar [sua minuta] não deprecia em nada a ajuda que você me proporcionou. Ela me deu uma corda com a qual pude me arrastar até o litoral até que tive condições de caminhar com minhas próprias pernas na praia.
1950[2] *Para George Christ, funcionário do Escritório Central do Partido Conservador encarregado da ligação com o Parlamento. Embora seu nome fosse pronunciado de modo a rimar com "wrist" [rist], Churchill gostava de gritar: "Chamem Christ [kraist]!"*

Nomes estrangeiros e pronúncias
As notícias que chegaram de Montevidéu [monty-vaida-oh] foram muito bem-vindas ... O cruzador de bolso Graf Speee

[longa ênfase nos "e"] ... foi ao encontro de sua inevitável destruição.
1939[1]

Jack, quando você atravessa para a Europa, aterra em Marsay, passa uma noite em Lee-on e outra em Par-ee; voltando por Callay, chega finalmente a Londres. Eu aterro em Marsales, passo uma noite em Lions e outra em Paris, e volto para casa em LONDON!
c. 1940[2] *WSC para seu amigo Jack Seely, mais tarde visconde Mottistone.*

Não seja tão BBC – o lugar se chama WALLSHAVEN!
c. 1940[3] *Quando o capitão Pim, encarregado da Sala da Situação de WSC, pronunciou Walshaven como "Varls-harvern".*

Sempre achei que foi uma grande infelicidade e tremenda canseira quando a Pérsia e a Mesopotâmia trocaram suas denominações, mais ou menos ao mesmo tempo, para nomes tão parecidos – Irã e Iraque. Tenho me esforçado bastante, na esfera doméstica, para evitar tal risco [na nomeação de ministros].
1941[4]

Recuso-me a chamá-la de El Alamein. Como esses pedantes que falam sobre Le Havre. Harver é o nome do lugar para qualquer pessoa decente. Agora, essa terceira batalha precisa ser denominada "A Batalha do Egito". Harold, providencie isso imediatamente. Diga a seu pessoal para chamá-la de agora em diante de A Batalha do Egito.
1942[5] *WSC para Alexander. Churchill chegou a falar "Alamein", mas se recusava a fomentar o "El".*

Sebastopol já me satisfaz plenamente, meu jovem.
1945[6] *Depois da Conferência de Yalta, foi-lhe dito por um oficial da RAF fluente em russo que tinham sido tomadas as providências para seu voo de volta para casa via "Sevastopol".*

... Constantinopla jamais deveria ter sido abandonada, se bem que, para as pessoas estúpidas, Istambul pudesse ser escrito depois dela entre colchetes. Quanto a Angora, há muito familiar entre nós por causa dos gatos angorá, resistirei até minhas últimas forças contra sua degradação para Ankara ... A sorte é muito madrasta com aqueles que quebram tradições e costumes do passado. Enquanto eu puder influir nessa questão, Ankara está banida, a menos que venha depois entre colchetes. Se não firmarmos posição, em poucas semanas seremos obrigados a chamar Leghorn de Livorno, e a BBC estará pronunciando Par-ee em vez de Paris. Nomes estrangeiros foram feitos para ingleses, e não os ingleses para nomes estrangeiros. Esta minuta deve ser datada para o Dia de São Jorge*.
1945[7]

Oratória

Se você tiver uma ideia importante a transmitir, não tente ser sutil ou inteligente. Use um bate-estaca. Acerte a ideia uma primeira vez. Depois volte e bata de novo. Depois a acerte pela terceira vez.
1919[1] *Conselho ao Príncipe de Gales, mais tarde Edward VIII.*

Não se devem fazer concessões com muita facilidade aos pontos fracos da plateia. Ela está lá no devido lugar; o que pode fazer? Como foi ela que pediu, tem que aguentar.
1930[2] *Refletindo sobre seu primeiro discurso político, pronunciado na Primrose League, em Claverton Manor (agora o Museu Americano), Bath, 1897.*

Improvisei coisa nenhuma! Refleti sobre ela hoje de manhã enquanto tomava banho, e agora lamento tê-la desperdiçado com aquela turba.
1932[3] *Harold Nicolson perguntou se ele havia improvisado a frase impensadamente.*

---
* [O dia de São Jorge (23 de abril) ainda é, tradicionalmente, muito celebrado na Inglaterra. A bandeira do país ostenta a Cruz de São Jorge.]

Eu não estava falando com você, Norman, eu me dirigia à Câmara dos Comuns.
s.d.[4] *WSC para seu criado, Norman MacGowan, que correu para o banheiro de Churchill depois de ouvir "resmungos sinistros".*

Originalidade
Esses gregos e romanos são valorizados demais. Eu mesmo já disse coisas tão boas. Eles devem suas reputações ao fato de terem chegado primeiro em tudo.
s.d.

"Outwith"
Tenho que agradecer ao nobre deputado por me familiarizar com a palavra *outwith*, à qual eu não tinha tido previamente o prazer de ser apresentado. Para os benefícios dos parlamentares de língua inglesa devo dizer que ela pode ser traduzida como "fora do escopo da". De início, pensei que fosse erro de impressão.
1944

Ovo do vigário
Por qualquer ângulo que se aprecie o histórico de Sir Stafford Cripps não há dúvida de que ele aguentou sobre seus ombros o peso maior da tarefa governamental. Ele tem um cérebro, o que, para início de conversa, já representa alguma coisa. Também tem uma consciência, a qual, como o ovo do vigário, possui algumas partes boas.
1948 *O ovo do vigário deriva de uma charge publicada em 1895 pela revista satírica Punch. Servido com um ovo estragado, o jovem vigário disse ao bispo seu anfitrião: "Oh não, milorde, garanto-lhe que partes dele estavam excelentes."*

Pelagem
Bem aprecio a necessidade de manter as manchas na pelagem de meu cavalo.
1941 *Ao equilibrar a participação partidária na sua precária coalizão de tempo de guerra.*

Pilares e água

A República Veneziana teria perecido de imediato se as águas do Mediterrâneo tivessem alguma vez destruído as estacas sobre as quais a cidade foi erguida; a vida do Egito ficou associada à inundação do Nilo. Os venezianos sempre pensaram em seus pilares, e os egípcios em suas águas.
1908

Poesia: "Pandemia da Gripe"*

Oh, como posso recontar seus feitos
Ou medir o enorme número
De males que ela provocou?
Da brilhante terra celestial da China
Mesmo da sedenta terra da Arábia
Ela com o sol viajou.
Por milhas de gélidas planícies da Sibéria
Onde exilados russos laboram em grilhões
Ela se moveu com passo silencioso
E enquanto lenta se deslocava
Era seguida nos céus
Pelos espíritos dos mortos
Os picos dos Urais foram por ela escalados
E todos os obstáculos e barreiras falharam
Em afastá-la do caminho;
Devagar e seguramente ela chegou,
Precedida por sua terrível fama,
Dia a dia crescente.
Na linda e famosa cidade de Moscou
Onde caiu a primeira coroa de Napoleão
Ela medonho assalto perpetrou;
Ricos, pobres, nobres, súditos
Todos sofreram seus vários sintomas,
Todos, até que ela declinou.

---

* [Tradução livre de: *Oh how shall I its deeds recount.*]

Nem ventos adversos, nem inundações de chuva
Puderam deter a muito amaldiçoada desgraça;
E com mão sem misericórdia,
Indiscriminada, cruel e severa
Ela lado a lado com o medo progrediu
E golpeou a terra germânica.
A bela Alsácia e a desprezada Lorena
Causas de amargura e dor
Em muitos peitos gauleses,
Recebem o vil, insaciável flagelo
E de suas cidades com ele emerge
Sem jamais parar ou descansar.
E agora a Europa geme alto
E abaixo da pesada nuvem trovejante
Silenciam danças e canções;
Os germes da doença abrem seu caminho
Para oeste em cada dia que sucede
E penetram na jovial França
Brava terra gálica, seus bravos patriotas
Que não temem a morte e desdenham o túmulo
Não podem se opor a tal inimigo,
Cuja repulsiva mão e impiedoso ferrão,
Cujo respirar venenoso e asa virulenta
Bem conhecem suas cidades.
No porto de Calais a doença espera,
Como fizeram os franceses em tempos passados,
Para ameaçar a ilha da Liberdade;
Mas agora nenhum Nelson pode vencer
Esse cruel e inconquistável inimigo,
Nem nos salvar de sua astúcia.
Ainda assim o Pai Netuno bem se esforçou
Para amainar essa praga do Inferno,
E frustrá-la em seu curso;
E embora ela cruzasse o limite do mar
E atravessasse essa tira estreita,
Chegou com força abrandada.

Porque apesar do destruir vasto e profundo
Tanto vilas como cidades e campo,
Seu poder de matar acabara;
E com os ventos favoráveis da Primavera
(Abençoada é sua época que canto)
Ela abandonou nossa praia natal.
Deus escudou nosso Império contra o poder
Da guerra ou fome, pragas ou epidemias
E de todo o poder do Inferno,
E o manteve sempre nas mãos
Dos que lutaram contra outras terras;
Que bem combateram e conquistaram.

1890 *O mais longo poema de Churchill, aqui incluído por suas virtudes literárias.*

Or measure the untold amount
Of ills that it has done?
From China's bright celestial land
E'en to Arabia's thirsty sand
It journeyed with the sun.
O'er miles of bleak Siberia's plains
Where Russian exiles toil in chains
It moved with noiseless tread;
And as it slowly glided by
There followed it across the sky
The spirits of the dead.
The Ural peaks by it were scaled
And every bar and barrier failed
To turn it from its way;
Slowly and surely on it came,
Heralded by its awful fame,
Increasing day by day.
On Moscow's fair and famous town
Where fell the first Napoleon's crown
It made a direful swoop;
The rich, the poor, the high, the low
Alike the various symptoms know,

Alike before it droop.
Nor adverse winds, nor floods of rain
Might stay the thrice-accursed bane;
And with unsparing hand,
Impartial, cruel and severe
It travelled on allied with fear
And smote the fatherland.
Fair Alsace and forlorn Lorraine,
The cause of bitterness and pain
In many a Gallic breast,
Receive the vile, insatiate scourge,
And from their towns with it emerge
And never stay nor rest.
And now Europe groans aloud,
And 'neath the heavy thunder-cloud
The germs of illness wend their way
Hushed is both song and dance;
To westward each succeeding day
And enter merry France.
Fair land of Gaul, thy patriots brave
Who fear not death and scorn the grave
Cannot this foe oppose,
Whose loathsome hand and cruel sting,
Whose poisonous breath and blighted wing
Full well thy cities know.
In Calais port the illness stays,
As did the French in former days,
To Threaten Freedom's isle;
But now no Nelson could o'erthrow
This cruel, unconquerable foe,
Nor save us from its guile.
Yet Father Neptune strove right well
To moderate this plague of Hell,
And thwart it in its course;
And though it passed the streak of brine
And penetrated this thin line,

It came with broken force.
For though it ravaged far and wide
Both village, town and countryside,
Its power to kill was over;
And with the favouring winds of Spring
(Blest is the time of which I sing)
It left our native shore.
God shield our Empire from the might
Of war or famine, plague or blight
And all the power of Hell,
And keep it ever in the hands
Of those who fought 'gainst other lands,
Who fought and conquered well.

Poesia: "Puggy-wug"*

Oh, o que aconteceu com Puggy-wug?
Afaguem-no, beijem-no, abracem-no.
Corram e consigam um bom remédio para ele,
Enrolem-no todo e gentilmente num tapete,
Aí está o modo de curar Puggy-wug.*

1930s *Mary, a filha mais nova de WSC, tinha um cãozinho "pug" que adoeceu. "Meu pai, muito perturbado com nossa aflição", escreveu a irmã Sarah, "embora realmente pensasse que poesia, se bem que desfrutável, não era coisa relevante – a prosa sendo bem mais importante – compôs essa cantiga para Mary e eu ... que cantamos enquanto Puggy esteve enfermo."*

Pet him and kiss him and give him a hug.
Run and fetch him a suitable drug,
Wrap him up tenderly in a rug,
That is the way to cure Puggy-wug.

Politicamente correto

Espero que todos os senhores tenham dominado o jargão oficial socialista que nossos mestres, como eles se autodeno-

---

* [Tradução livre de: *Oh, what is the matter with poor Puggy-wug?*]

minam, querem que aprendamos. Os senhores não podem usar a palavra "pobre"; eles são descritos como "grupo de baixa renda". Quando se trata de uma questão de congelar salários do trabalhador, o ministro da Fazenda fala de "deter aumentos da renda pessoal". A ideia é que, antes, os contribuintes do imposto de renda eram os bem de vida e, portanto, será popular e seguro atacá-los. Sir Stafford Cripps não gosta de mencionar a palavra "salários", mas é exatamente isso que ele quer dizer. Existe uma outra muito boa sobre casas e lares. Eles deverão ser chamados no futuro de "unidades de acomodação". Não sei como iremos cantar nossa velha canção "Lar doce lar". "Unidade de acomodação, doce unidade de acomodação, não há lugar como nossa unidade de acomodação." Espero viver para ver a democracia inglesa expelir de seu linguajar toda essa porcaria.
1950

Pontuação
Você me parece bastante pródigo com suas vírgulas. Costumo reduzi-las a um mínimo: e uso um "e" ou um "ou" como substitutos, não como adições. Vamos dirimir a questão.
Eddie Marsh: Sempre me considerei figadal inimigo das vírgulas supérfluas e acho que posso justificar qualquer uma delas que empreguei – porém não vou mais fazê-lo!

WSC: Não, continue. Eu já as estou adotando provisoriamente. Mas quero mesmo é discutir com você.
1922[1]

Na arte de minutar [lei do imposto de renda] parece haver completo desdém pelo ponto parágrafo, e até mesmo o humilde dois pontos é um item a ser evitado.
1927[2]

Pot-boilers*

Por que as pessoas continuam fazendo referência àquele maldito *pot-boiler*?

1961 *Observação feita quando sua secretária particular enviou um exemplar da revista* Thoughts and Adventures *contendo seu ensaio "Moisés" para David Ben-Gurion. A secretária Grace Hamblin reportou:* potboilers, *como ele os chamava [eram] artigos para as revistas ou jornais nacionais sobre assuntos pontuais ... muito excitantes porque eram escritos numa só noite, rapidamente datilografados e, em geral, despachados no dia seguinte. Ele também recebia o pagamento rapidamente, o que muito o satisfazia. Todos nós gostávamos de produzir* potboilers.

Pré-fabricada

... temos que ter palavra melhor do que "pré-fabricada" [para casas]. Por que não "pronta para uso"?
1944 *WSC para o ministro das Obras Públicas.*

Prêmio Nobel de Literatura

Estou orgulhoso, mas devo também admitir que apavorado com sua decisão de me indicar. Só espero que o senhor esteja certo. Creio que nós dois estamos correndo considerável risco, e que não mereço. No entanto, não devo sentir qualquer receio caso o senhor não tenha nenhum.
1953

Quantificar ... com suprimento insuficiente

Fiquei chocado ao ouvir [Sir Stafford Cripps usar a palavra *quantify*]. Espero que ele jamais a use de novo ... Outra expressão muito em voga hoje é *in short supply* (com suprimento insuficiente). Por que não se pode dizer *scarce* (escasso)? E ainda existe o *broken down* (dividido em partes). Tudo o que

---

* [A tradução encontrada nos dicionários para *potboiler* é: uma obra literária ou artística de pobre qualidade produzida rapidamente com o objetivo do lucro.]

ele significa é *sifting* (testar) ou, caso se queira ser mais erudito, *analyse* (analisar).
1940s *Churchill foi veemente advogado da compactação e contrário aos substitutos floreados das palavras comuns. Pode-se bem imaginar o que ele diria da prática moderna de construir verbos a partir de substantivos:* We will effort* that today.

Romance Savrola
Tenho consistentemente aconselhado meus amigos a não lê-lo.
1930[1]

Emerson disse: "Jamais leia qualquer livro que não tenha um ano de idade." Pelo menos sou abalizado fiador de tal afirmação, de vez que Savrola foi publicado pela primeira vez na *Macmillan's Magazine* em 1897 [1899] quando eu tinha 23 anos. O prefácio da primeira edição em 1900 [1899] submetia o livro "com considerável temor, ao julgamento ou à clemência do público". Nesses 25 anos que transcorreram, meus sentimentos sobre esse ponto amainaram um pouco, embora seguramente não mudaram.
1956[2] *WSC se enganou a respeito das datas:* Savrola *foi publicado em capítulos de maio a dezembro de 1899, e a edição americana apareceu antes de 1900.*

Screened**
Aí está uma curiosa palavra [*screened*] que se infiltrou sorrateiramente. *Sifted* teria sido um termo mais natural ... *Screened* é uma vulgaridade moderna.
1947

Shakespeare
Milorde Hamlet, posso usar seu banheiro?

---
* [Emprego do substantivo "*effort*" (esforço) como verbo "esforçar".]
** [Ambas as palavras significam testado, analisado, filtrado.]

1950s *Para Richard Burton no camarim do ator, depois de WSC ter assistido à peça sentado na primeira fila e recitando os versos de Hamlet ao mesmo tempo que ele.*

"Snafu"

É verdade, deveria ter sido feito; para ser honesto, era nossa intenção fazê-lo. Foi só em função daquilo que nos Estados Unidos é conhecido como um *snafu* – palavra que acrescentei ao meu vocabulário – que os nobre deputados não foram consultados.

1952 *Um parlamentar havia perguntado por que a Inglaterra não fora consultada sobre as operações de bombardeamento na Coreia. Snafu significa:* situation normal: 'all fouled up'. Sometimes another f-word substituded. *(situação normal: tudo deu errado. Por vezes se emprega um verbo de baixo calão).*

Stand firm

A expressão *stay put* também não se aplica realmente aos distritos onde o combate vem se desenvolvendo. Em primeiro lugar, trata-se de gíria americana; em segundo, ela não expressa o fato. As pessoas não foram *put* (colocadas) em lugar algum. Qual o problema com *stand fast* ou *stand firm* (aguente firme)? Das duas, prefiro a última. É uma expressão inglesa e tem significado exato ...
1941

Trepanação

Disseram-me que existem boas provas que mostram o sucesso do sistema de lidar com bombas de tempo pela trepanação ... Por favor, envie-me um relatório sobre a extensão com que a trepanação vem sendo empregada.

1940 *A trepanação era um antigo processo de abertura do crânio para cirurgia no cérebro, ou para remover o núcleo de um objeto cilíndrico. Aparentemente, WSC foi o primeiro a usar a palavra para a desativação de bombas.*

Unilateral

Se o noivo ou a noiva não comparecem à igreja, o resultado não é, para se usar uma palavra batida, o que se chama de um casamento "unilateral". A absoluta essência da questão é que os dois lados têm que estar lá.

1946

6. Pessoas

A noção de que Churchill não tinha consideração por outras pessoas, com frequência inferida por seus críticos, soa estranha aos que estudam suas palavras. Ao se revisitar o que Churchill disse sobre as pessoas, o que principalmente encontramos no final é entendimento e magnanimidade, mas a seleção de apenas suas tiradas sutis a respeito também de pessoas pode muito bem pintar a imagem de um Churchill propenso a troçar dos outros. As observações jocosas a respeito de Neville Chamberlain reimpressas abaixo acabam não proporcionando uma visão equilibrada da consideração que Churchill dispensava a Chamberlain, consideração cultivada até mesmo nos piores de seus desacordos, que culminou com o pronunciamento por ele feito por ocasião da morte de Chamberlain em novembro de 1940: "O homem só deve ter como guia sua consciência ..."

Portanto, que fique claro desde logo que as citações a seguir são apenas uma indicação parcial de suas opiniões sobre as pessoas nomeadas – selecionadas apenas com base na sutileza e no humor.

Asquith, Margot
Margot foi uma grande mulher, atrevida, audaciosa, uma criatura reluzente. Asquith considerou sua maior conquista fazer essa ave deslumbrante pousar, pegando-a pela asa. Além do mais, ela o levou para um mundo diferente do burguês que ele conhecia, um notável feito para aqueles dias.
1944 *Margot Asquith (1864-1945), mulher sagaz e da alta sociedade, esposa de H.H. Asquith (primeiro-ministro, 1908-16).*

Astor, Nancy

A sensação foi de que você me surpreendeu em pleno banho sem nada a me proteger a não ser a esponja.

1919 *Nancy Witcher Astor, viscondessa Astor CH* (1879-1964), a primeira mulher eleita para o Parlamento, foi representante de Plymouth Sutton de 1919-1945. Churchill se mostrara bastante indiferente em relação a ela, e a parlamentar perguntou por quê.*

Attlee, Clement

Levante-se, levante-se, Lorde do Selo Privado! Não é hora de levitação

1940[1] *Clement Richard Attlee (1881-1967), parlamentar trabalhista, vice-primeiro-ministro na coalizão de tempo de guerra, primeiro-ministro trabalhista 1945-1951. Attlee caíra de seu assento na Câmara dos Comuns.*

Como o verme que se alimenta de geleia real e pensa que é uma abelha rainha.
1946[2]

Ele tem muito boas razões para ser modesto.
1946[3]

Baldwin, Stanley

[Mr. Baldwin] ainda é um pintor de destaque em nossa academia. Se a mim coubesse criticá-lo, tudo o que eu diria é que sua obra ressente-se da falta de um pouco de cor, como também peca pela falta de definição precisa dos objetos em primeiro plano. Ele também modificou não só seu estilo como seus motivos ... Para ser justo na crítica, devo admitir que há algo de repousante nos meios-tons dos estudos de Mr. Baldwin.
1932[1] *Stanley Baldwin, primeiro conde Baldwin of Bewdley (1867-*

---

* [Ordem dos Companions of Honour, criada pelo rei George V em junho 1917, como reconhecimento por destacadas conquistas nos campos das artes, literatura, música, ciência, política, indústria ou religião.]

1947), parlamentar conservador e três vezes primeiro-ministro (1923-1924, 1924-1929, 1935-1937).

Naqueles dias o Lorde Presidente era mais sábio que agora; seguia meus conselhos com bastante frequência.
1935[2]

Ocasionalmente, ele tropeçou na verdade, porém levantou-se e se recompôs rapidamente como se nada tivesse ocorrido.
1936[3]

Baldwin foi um homem admirável. Gosto que as pessoas façam o que eu quero. Baldwin gostava de fazer o que elas queriam. Mas ele foi um bom organizador de partido.
1952[4]

Balfour, Arthur
Esse velho gato cinzento e malhado vai acabar com a Divisão Naval.*
1916 *Arthur James Balfour, primeiro-conde de Balfour (1848-1930), primeiro-ministro (1902-1905).*

Beaverbrook, Lord
Algumas pessoas tomam drogas. Eu tomo Max.
c. 1941 *William Maxwell Aitken, primeiro-barão Beaverbrook (1879-1964), político anglo-canadense e dono de jornais. Primeiro ministro da Produção Aeronáutica de WSC.*

---

* [A (Royal Naval) Division era uma divisão da Primeira Guerra Mundial integrante do New Army. A divisão foi formada (por orientação de Winston Churchill, então Primeiro Lorde do Almirantado) quando o conflito armado teve início e era em grande parte constituída por excedentes da Royal Navy não necessários no mar, com quadros provindos dos Royal Marines.]

Beresford, Lord Charles

Ele é um desses oradores sobre os quais já foi muito bem dito: "Antes de se levantarem, não têm ideia do que vão dizer; enquanto falam, não sabem o que dizem, e quando se sentam, não sabem o que disseram."
1912 *Charles William de La Poer Beresford, primeiro barão Beresford (1846-1919), parlamentar e almirante inglês.*

Bevan, Aneurin

Creio que dificilmente existe melhor maneira de expressar o oposto da verdade com tamanha precisão.
1944[1] *Aneurin ("Nye") Bevan (1897-1960) parlamentar trabalhista galês, fundador do Serviço Nacional de Saúde.*

Referimo-nos ao ministro da Saúde, mas não seria melhor que disséssemos ministro da Doença, pois não é o ódio mórbido uma espécie de enfermidade mental e forma altamente infecciosa? Não consigo ver melhor figura para marcar a inauguração do Serviço Nacional de Saúde do que uma pessoa que, tão obviamente, necessita de cuidados psiquiátricos e precisa estar entre os primeiros atendidos.
1948[2]

Fui, penso eu, o primeiro nesta Casa a sugerir, em novembro de 1949, o reconhecimento da China comunista. O fato de reconhecermos alguém não significa que necessariamente gostemos dele. Por exemplo, todos nós reconhecemos o nobre colega representante de Ebbw Vale.
1952[3]

Bonar Law, Andrew*

Como vai nosso ambicioso inválido: Que foi feito de nosso comerciante dourado?

---

* [Bonar Law, único primeiro-ministro nascido fora das ilhas britânicas e o que ficou menos tempo na função (209 dias), foi bem-sucedido empresário no ramo de financiamento do comércio de ferro, e estava doente.]

1922[1] *Andrew Bonar Law* (1858-1923), parlamentar conservador, primeiro-ministro (1922-1923).*

Você dança como um fogo fátuo tão ágil, mudando a posição instável dos pés com tal rapidez, que meus pesados passos mal podem acompanhá-lo...
c. 1922[2]

Bossom, Alfred
Bossom, Bossom,** que nome bizarro! Nem uma coisa nem outra.
s.d. *Alfred Bossom, barão Bossom (1881-1965), popular parlamentar conservador conhecido por suas generosas recepções.*

Bryan, William Jennings
O que Bryan fez se assemelha a um ébrio regulando um cronômetro com um pé de cabra.
1896 *William Jennings Bryan (1860-1925), político americano, três vezes candidato indicado democrata à presidência dos Estados Unidos.*

Buller, Redvers
Ele foi tropeçando de fracasso em fracasso, de um desastre a outro, sem perder seja a consideração de seu país ou a confiança de sua tropa, à alimentação da qual e de si próprio ele dispensou séria atenção.
1930 *General Sir Redvers Henry Buller (1839-1908), ativo general inglês na Guerra dos Bôers.*

---

* [Político ativo e influente, Bonar Law caracterizou-se pelo apoio a Lloyd George e também pelo movimento parlamentar que derrubou o governo de coalizão deste último; além disso, assumiu posições vigorosas nas questões do autogoverno da Irlanda e na reforma tributária.]
** [Bossom: homófono de *bosom*, peito, seio.]

Butler, R.A.
Está sempre dando palmadinhas nas próprias costas, uma espécie de exercício que deve concorrer para sua excelente forma física.
1954 *Richard Austen Butler, barão Butler of Saffron Walden (1902-1982), parlamentar conservador, apelidado de "Rab", ministro da Fazenda (1951-1955) e controverso, mas duas vezes ultrapassado para a assunção do cargo de primeiro-ministro.*

Cecil, Lord Hugh
Aqui pela primeira vez, e temo que quase pela última, conheci um *tory* genuíno, um ser humano saído do século XVII, mas equipado com todas as utilidades e aptidões modernas.
1931 *Hugh Richard Heathcote Cecil, primeiro barão Quickswood (1869-1956), parlamentar conservador (1895-1906 e 1910-1937), padrinho de casamento de WSC.*

Chamberlain, Austen
... ele ostentava uma orquídea, independentemente do custo, e batalhava com um monóculo,* independentemente do desconforto.
1907[1] *Sir Joseph Austen Chamberlain (1863-1937), parlamentar conservador (1892-1937), filho de Joseph Chamberlain e meio-irmão de Neville.*

Austen sempre jogou – e sempre perdeu.
1945[2]

Chamberley, Joseph
Mr. Chamberlain adora o trabalhador; ou melhor, adora vê-lo trabalhar!
1905[1] *Joseph Chamberlain (1836-1914), o grande estadista liberal, muito admirado pelo jovem Churchill, mas opostos no campo*

---

* [WSC descrevia Chamberlain na Conferência Colonial da primavera de 1925; Austen, imitando seu famoso pai, fazia uso de um monóculo.]

do Livre Comércio (ele era a favor das tarifas protetoras); foi líder dos Unionistas Liberais no Parlamento e pai de Austen e Neville Chamberlain.

Seus mais ferozes oponentes veriam com bons olhos sua volta à arena política ... no lugar das melancólicas marionetes com as quais os manipuladores dos pauzinhos da Liga da Reforma Tarifária estão acostumados a exibir suas plataformas provincianas.
1909²

Chamberlain, Neville
De que vale clamar pela lua quando se tem o sol, quando se conta com a brilhante órbita do dia em cujos fachos refulgentes os corpos celestiais menores ocultam seus brilhos?
1938¹ *Arthur Neville Chamberlain (1869-1940), primeiro-ministro (1937-1940).*

Não importa onde você a coloque [a tribuna], desde que o sol lhe bata nos olhos e o vento nos dentes.
1939² *Churchill para sua amiga de muito tempo Molly, duquesa de Buccleuch, que lhe perguntou onde localizar a tribuna para que Chamberlain fizesse um pronunciamento aos conservadores locais.*

A história, com sua luz trêmula, tropeça ao longo do caminho do passado, tentando reconstruir suas cenas, reviver seus ecos, e ilumina com brilhos pálidos a paixão de dias vividos. Qual o valor de tudo isso? O homem só deve ter como guia sua consciência; o único escudo para sua memória é a retidão e a sinceridade de suas ações ... honraremos a nós mesmos e ao nosso país reverenciando a memória de um homem ao qual Disraeli teria chamado de "valoroso britânico".
1940³

... aquela não foi uma tarefa insuperável, de vez que eu admirava muitas das grandes qualidades de Neville. Mas rogo pela infinita bondade de Deus que eu não me veja obrigado

a fazer semelhante pronunciamento para Baldwin. Isso seria, de fato, difícil de fazer.
1940[4]

Chaplin, Charlie
Ele é um maravilhoso comediante – comuna na política e admirável na conversa.
1929 *Sir Charles Spencer Chaplin (1889-1977), ator comediante inglês e astro cinematográfico em Hollywood.*

Churchill, Lady Randolph
O vinho da vida corria em suas veias. As tristezas e as dificuldades eram vencidas por sua natureza e, no geral, foi uma vida da luz do sol.
1921 *WSC para* Lord *Curzon sobre a morte de sua mãe.*

Churchill, Winston (escritor americano)
Mr. Winston Churchill apresenta seus cumprimentos a Mr. Winston Churchill e solicita que devote sua atenção para um assunto do interesse de ambos ... Mr. Winston Churchill decidiu assinar todos os seus artigos, histórias ou outras obras publicadas como "Winston Spencer Churchill" e não "Winston Churchill", como costumava fazer ... Colhe a oportunidade para cumprimentar Mr. Winston Churchill pelo estilo e sucesso de seu trabalho, sempre levado à sua atenção seja sob a forma de revistas ou livros, e espera que Mr. Winston Churchill aufira igual prazer de qualquer obra sua que possa ter atraído sua atenção.
1899[1] *Winston Churchill, o romancista (1871-1947), respondeu: "Mr. Winston Churchill fica extremamente agradecido a Mr. Winston Churchill por ter trazido à baila um assunto que causa grande ansiedade a Mr. Winston Churchill.*

Por que o senhor não entra na política? Quero dizer, ser primeiro-ministro da Inglaterra: seria uma grande travessura

se o senhor fosse presidente dos Estados Unidos ao mesmo tempo.
1900[2] *O Winston americano ganhou a eleição para a Assembleia Legislativa de New Hampshire (1903, 1905), mas não foi além, sendo derrotado na corrida para governador na chapa do partido Bull Moose,* em 1912.*

Cripps, Stafford
Um lunático num país de lunáticos, e seria uma pena transferi-lo.
1940[1] *Observação de Churchill quando Sir Richard Stafford Cripps (1889-1952), parlamentar trabalhista, foi nomeado embaixador na Rússia durante a Segunda Guerra Mundial. Stafford foi ministro da Fazenda no governo trabalhista do pós-guerra.*

... eis um homem que habitualmente faz suas refeições com um punhado de cereais e quando consegue um punhado de favas acha que é sua ceia de Natal!
1943[2]

Nenhum de seus colegas se compara com ele na agudeza e força espiritual que devota a tantos tópicos prejudiciais à força a ao bem-estar do Estado.
1946[3]

Cromwell, Oliver
Entendo perfeitamente que ele explodiu** toda a sorte de coisas e foi, portanto, um grande homem.
1930 *Oliver Cromwell (1599-1658) foi Lorde Protetor da República Inglesa de 1653 até sua morte.*

---
* [Apelido dado ao Partido Progressista fundado por Theodore Roosevelt em protesto pela não indicação de seu nome para concorrer às eleições presidenciais de 1912 pelo Partido Republicano.]
** [WSC lembrou-se da alta torre branca de pedra existente em Dublin só galgada com considerável esforço. Disseram-lhe que ela havia sido explodida por Cromwell.]

Crossman, R.H.S.
Vossa Excelência jamais tem a felicidade de fazer coincidir seus fatos com a verdade.
1954 *Richard Howard Stafford Crossman (1907-1974), parlamentar trabalhista e editor da revista* New Stateman.

Curzon, George
A manhã tinha sido dourada; o meio-dia fora bronzeado; e a noite, cor de chumbo. Porém todos haviam sido polidos, se bem que não da maneira adequada.
1929 *O político George Nathaniel Curzon, primeiro marquês Curzon of Kedleston KG GCSI GCIE PC* (1859-1925), vice-rei da Índia e secretário conservador do Exterior.*

Dalton, Hugh
O nobre deputado está tentando conseguir destaque pela rudeza.
1926[1] *Edward Hugh John Neale Dalton, barão Dalton (1887-1962), parlamentar trabalhista, 1922-1951, ministro da Fazenda, 1945-1947.*

Dr. Dalton, o médico que jamais curou alguém, em sua *rake's progress*** na Fazenda gastou no seu orçamento para três anos mais de dez bilhões de libras.
1948[2]

de Gaulle, Charles
Não morro mais de amores por ele do que você [Roosevelt], mas é preferível tê-lo no comitê do que deixá-lo se

---

* [Churchill comenta sobre os reveses na carreira de Curzon (cavalheiro da Ordem da Jarreteira, Grande Cavalheiro da Ordem da Estrela da Índia, Grande Cavalheiro da Ordem do Império Indiano, Conselheiro Privado do Rei), recebidos com dignidade e estoicismo, mas que a acabaram levando a um desapontamento final.]
** [*rake's progress*, progressiva deterioração, em especial através da satisfação excessiva dos próprios desejos (título de uma série de gravuras de Hogarth de 1735).]

pavoneando por aí como uma combinação de Joana D'Arc e Clemenceau.
1943[1] *Charles André Joseph Marie de Gaulle (1890-1970), general francês, líder dos Franceses Livres na Segunda Guerra Mundial, presidente da Quinta República (1958-1969).*

Eu o criei como um cãozinho de estimação, mas jamais consegui treiná-lo adequadamente para viver dentro de casa.
1943[2]

de Valera, Eamon
Nem bem saído da arena para a tribuna imperial, e ele já se apressou em apontar o polegar para baixo para o primeiro gladiador prostrado que viu.
1938[1] *Eamon de Valera serviu à Irlanda como presidente e primeiro-ministro, entre outros cargos, no período de 1917 a 1973. Em 1938, instou pelo reconhecimento da conquista italiana na Abissínia.*

Entendo que sua opinião – uma opinião caracteristicamente irlandesa – é que o único caminho para unir as duas ilhas é desmontar todas as possíveis conexões entre elas.
1938[2]

Dulles, John Foster
Não quero ter mais nada a ver com Dulles, de cuja carranca não gosto e desconfio.
1953[1] *Reconstruída a partir das narrativas na terceira pessoa no diário de Colville. John Foster Dulles (1888-1959), secretário de Estado no governo de Eisenhower (1953-1959), assumiu uma linha dura quanto a novas aproximações com a Rússia.*

Dull-duller-Dulles.*
c. 1953[2], *listada como sem autoria no* Churchill by Himself.

---

* [Chato, chatíssimo, Dulles.]

Esse sujeito prega como um ministro metodista, e seu maldito texto é sempre o mesmo ... Há dez anos eu poderia tê-lo administrado. Porém mesmo como está não fui derrotado pelo bastardo. Fui é humilhado por meu próprio declínio.
1953[3]

Mr. Dulles faz um discurso todos os dias; concede uma entrevista coletiva de dois em dois dias; e prega aos domingos. Tudo isso tende a tirar o real significado de suas afirmações.
c. 1954[4]

Ele é o único caso que conheço de touro que carrega sua própria cristaleira.
1954[5] *Não confirmada e erroneamente citada por Manchester (1983, 34). Apresentada apenas como "testemunha auditiva" por Kay Halle.*

Halifax, Earl
... ele é um desses cristãos que deveria ter sido arremessado aos leões.
1931 *Edward F.L. Wood, primeiro-conde de Halifax, antes Lorde Irwin (1881-1959), vice-rei da Índia (1926-1931), secretário do Exterior 1938-1940, embaixador nos Estados Unidos (1941-1946). Em 1931, o devotado anglo-católico, então Lorde Irwin, propôs com sucesso uma conferência de mesa redonda para debater o autogoverno da Índia, produzindo tal exclamação de WSC.*

Hearst, William Randolph
Uma criança séria e simples – sem dúvida de temperamento impetuoso – divertindo-se com os brinquedos mais caros. Uma receita vastíssima gasta com prodigalidade: incessante criação, sem muito discernimento, de coleção de obras de arte: dois magníficos empreendimentos, duas esposas encantadoras; total indiferença pela opinião pública, forte percepção liberal e democrática, uma tiragem diária de 15 milhões de

exemplares, hospitalidades orientais, extrema cortesia pessoal (pelo menos para conosco), a aparência de um ancião Quaker – ou talvez de um ancião Mormon.
1929

Hitler, Adolf
O cavalheiro tirou a roupa, vestiu o traje de banho, mas a água está ficando fria e existe um toque de outono no ar.
1940[1] *WSC para Roosevelt sobre os preparativos de Hitler para invadir a Inglaterra. Adolf Hitler (1889-1945), chanceler alemão (1933-1945) e líder do partido nacional-socialista.*

Hitler se esqueceu do inverno russo. Ele deve ter tido uma educação bastante precária. Todos nós ouvimos sobre tal inverno na escola; mas ele se esqueceu. Jamais cometi erro tão grande quanto esse.
1942[2]

Sempre odiei comparar Napoleão com Hitler, já que me parece um insulto ao grande imperador e guerreiro ligá-lo de alguma forma ao esquálido líder de bancada e carniceiro.
1943[3]

Quando Herr Hitler escapou do atentado à bomba de 20 de julho, ele descreveu sua sobrevivência como providencial; creio que, sob um ponto de vista estritamente militar, podemos todos concordar com ele, pois decerto seria um infortúnio para os Aliados ficarem privados, nos estágios finais do conflito, daquela espécie de gênio guerreiro com a qual o cabo Schicklgruber contribuiu de maneira tão notável para nossa vitória.
1944[4]

Hopkins, Harry
Sancho P. [= Sancho Pança = Harry Hopkins] parecia extremamente bem e duas vezes mais em forma do que antes que

as reconstituintes combinações de transfusões de sangue e matrimônio lhe fossem ministradas.
1943 *WSC para sua esposa. Harry Hopkins (1890-1946), enviado pessoal de Roosevelt à Inglaterra e Rússia e assistente pessoal do presidente. Churchill o apelidou com o nome do fiel escudeiro de Dom Quixote.*

Inönü, Ismet
Você sabe o que me aconteceu hoje? O presidente turco me tascou um beijo. A verdade é que sou mesmo irresistível. Mas não diga nada a Anthony [Eden] — ele é ciumento.
1943 *WSC para sua filha Sarah. Mustafa Ismet Inönü (1884-1973), segundo presidente da Turquia (1938-1950).*

Joynson-Hicks, William
O pior que pode ser dito sobre ele é que corre o risco de ser cômico quando deseja ser mais sério.
1931 *William Joynson-Hicks, primeiro Visconde de Brentford, conhecido como 'Jix', (1865-1932), Membro do Parlamento Conservador.*

Kinna, Patrick
De nada adianta lançá-lo para fora do avião. Você não tem o suficiente para o preparo de um sanduíche de presunto.
c. 1944 *Patrick Kinna (1903-2009) foi um dos secretários de Churchill, do tempo de guerra, presente a muitas conferências de cúpula. Eles retornavam do continente europeu a bordo de um Dakota que, subitamente, começou a perder potência e altitude, e a tripulação contemplou a possibilidade de alijar carga para aliviar o peso.*

Kitchener, Marechal de Campo Lord
Ele manifestou severas reservas a meu respeito durante minha mocidade, esforçou-se para evitar que eu entrasse na Campanha do Sudão e ficou indignado por eu ter conseguido chegar lá. Foi um caso de desamor à primeira vista.
1923 *Horatio Herbert Kitchener, primeiro-conde Kitchener of Khartoum (1850-1916).*

Lênin, Vladimir

Lênin foi enviado para a Rússia pelos alemães do mesmo modo que se pode mandar um tubo de ensaio contendo uma cultura de tifo ou cólera para ser despejada no suprimento de água de uma grande cidade, e tudo funcionou com impressionante precisão.
1919[1] *Vladimir Ilyich Ulyanov, pseudônimo Lênin (1870-1924), revolucionário russo, primeiro chefe da República Socialista Federativa da Rússia Soviética (1917-1922).*

Suas simpatias, amplas e frias como o Oceano Ártico; seus ódios, apertados como o nó da corda do carrasco. Seu propósito para salvar o mundo: seu método para explodi-lo ... Só ele poderia ter conduzido a Rússia ao pântano encantado; só ele poderia ter encontrado o caminho de volta à terra firme. Ele viu; virou as costas; pereceu ... O povo russo foi deixado debatendo-se no lamaçal. O pior infortúnio desse povo, o nascimento dele; o segundo pior, sua morte.
1929[2]

Lloyd George, David

Na sua melhor fase, podia quase convencer um pássaro a sair da árvore.
1931 *Primeiro-conde Lloyd George of Dwyfor (1863-1945), parlamentar liberal galês, primeiro-ministro (1916-1922).*

MacDonald, Ramsay

Sabemos muito bem que ele, mais que qualquer outro, tem o dom de comprimir o maior número possível de palavras na menor quantidade de pensamento...
1933 *James Ramsay MacDonald (1866-1937), primeiro trabalhista a chegar a primeiro-ministro, 1924; formou seu segundo governo em 1929; primeiro-ministro da coalizão (1931-1935).*

Maclean, Fitzroy*
Eis aqui o rapaz que fez a Mãe dos Parlamentos de Comodidade Pública.

1942 *WSC para Jan Smuts, apresentando Fitzroy Maclean, que deixara o Foreign Office para entrar no Exército como representante do Parlamento. Sir Fitzroy Hew Royle Maclean of Duncomel, Cavalheiro da Ordem do Cardo, KT (1911-1996), diplomata, escritor e politico.*

Malenkov, Georgy
Sir Robert Menzies sobre a renúncia de Malenkov: Espero que ele vá para a Sibéria.

WSC: Oh não, é mais provável que ele vá se juntar a Beria.

1955 *Georgy Maximillianovich Malenkov (1902-1988), premier da União Soviética logo após a morte de Stalin, 6 de março de 1953 a 8 de fevereiro de 1955. Lavrenti Beria, chefe da polícia secreta soviética, foi executado por ordem de seus próprios colegas pouco depois da morte de Stalin.*

McCarthy, Senador Joseph
Ele está estragando uma boa causa.

1950s *Joseph Raymond McCarthy (1908-1957), senador dos EUA por Winsconsin (1947-1957), famoso por exageradas perseguições aos comunistas nos governos americanos.*

Monro, General Sir Charles
O general Monro foi um oficial de decisões rápidas. Chegou, viu, capitulou.

1923 *Charles Carmichael Monro (1860-1929) substituiu Ian Hamilton como comandante das forças inglesas em Gallipoli, outubro de 1915, e supervisionou a evacuação.*

---

* [Quando a guerra estourou em 1939, Maclean foi impedido de se juntar ao Exército por causa de sua posição como diplomata. Em consequência, ele ofereceu demissão do serviço diplomático "para entrar na política". Resolvida sua demissão, Maclean pegou um táxi e se alistou como soldado no Regimento Queen's Own 21Cameron Highlanders (sairia do Exército no posto de brigadeiro). Em 1941, tornou-se parlamentar conservador por Lancaster.]

Moran, Lord

... dividimos nossas tarefas; ele me instrui sobre a arte de falar em público, e eu o ensino como curar a pneumonia.
1944 *Charles MacMoran Wilson, primeiro barão Moran (1882-1977), médico pessoal de Churchill (1940-1965).*

Mountbatten, Lord Louis

Você não tem nenhum senso de glória? O que poderia fazer se retornasse ao mar, a não ser naufragar num navio maior e mais caro?
1941 *Almirante de esquadra e conde Mountbatten of Burma. WSC para Mountbatten depois que este último expressou relutância em se tornar Chefe das Operações Combinadas. O contratorpedeiro de Mountbatten,* HMS Kelly, *fora a pique em 23 de maio de 1941.*

Mussolini, Benito

O chacal açoitado, Mussolini, que, para salvar a própria pele, fez da Itália um estado vassalo do império de Hitler, fica saltitando ao lado do tigre alemão e uivando não só de apetite — o que seria até compreensível — mas também com ares de triunfo ... esse absurdo impostor será abandonado à justiça pública e ao menosprezo universal.
1941 *Benito Amilcare Andrea Mussolini (1883-1945) primeiro--ministro e ditador da Itália (1922-1943).*

Peake, Osbert

Peake odeia as pessoas idosas (como tal) por viverem muito tempo e lança um olhar crítico sobre mim ... Sinto-me v[er]y culpado. Mas, em retaliação, levei-o ao meu estúdio e mostrei-lhe quatro pacotes com exemplares do *Uma história dos povos de língua inglesa wh[ich]* carreiam cinquenta mil dólares por ano para a ilha só na minha conta. "Você não me sustenta. Eu o sustento." Ele ficou muito abalado.
1954 *Osbert Peake, mais tarde primeiro-visconde Ingleby (1897-1966), ministro das Pensões e da Seguridade Nacional no governo de Churchill (1954 a 1955).*

Pick, Frank

Aperte firme a mão dele!* Aperte firme a mão dele! Você pode dizer a São Pedro que conheceu o homem perfeito ... Se eu for seriamente golpeado pela ação do inimigo espero que, ao me apresentar diante de meu Criador, seja-me benéfico o fato de ter estado tão recentemente na companhia de um homem sem pecados.

1941[1] *Frank Pick (1878-1941) chairman do Conselho de Transporte de Passageiros de Londres, (1933-1940), rejeitara, por razões éticas, a publicação de um jornal clandestino para subverter o inimigo.*

Jamais me deixem encontrar de novo com *that-that-that* hipócrita motorista de ônibus.
1941[2] *WSC escreveu esta frase (com tinta vermelha) depois de saber que Pick fora destituído do cargo.*

Plastiras, Nikolaos

Não sei coisa alguma a respeito desse Plasterarse.** Confio que ele prove não ter pés de barro.
1945 *A exemplo de tantas palavras estrangeiras, a pronúncia do nome foi literal. O general Nikolaos Plastiras (1883-1953) foi primeiro-ministro grego em 1945, 1950 e no período 1951-1952.*

Pound, Almirante Sir Dudley

O velho Dudley Pound é um sujeito engraçado. As pessoas julgam que ele está sempre cochilando, mas basta ser proposta uma redução de um milhão no orçamento da Marinha para ele despertar como um raio.
1941[1] *Almirante de esquadra Sir Alfred Dudley Pickman Rogers Pound (1877-1943), primeiro-lorde do Mar (1939-1943).*

---

* [Ao ouvir isso, WSC segurou com firmeza a mão de Attlee e disparou tal exclamação.]
** [*plaster* significa "gesso", uma das acepções de *arse* é gíria inglesa para pessoa estúpida; outra é bunda.]

Sua fisionomia estava tranquila. Não podia falar. Mas ele pegou minha mão e quando eu disse coisas agradáveis a ele, apertou-a com força. Sua mente funcionava; sabia o que eu estava dizendo. Morreu no dia da Batalha de Trafalgar. A morte é a maior dádiva que Deus pode nos oferecer.
1943[2]

Rei Edward VII

... estou curioso para saber notícias do rei. Será que ele irá revolucionar totalmente seu estilo de vida? Venderá seus cavalos e dispersará seus judeus, ou Reuben Sassoon* será entronizado entre as joias da coroa e outras prerrogativas? Tornar-se-á ele desesperadamente sério? Continuará a ser amistoso com você? Keppel será nomeada Primeira *Lady* da Alcova? Escreva-me sobre tudo isso.
1901 *WSC para sua mãe. Albert Edward (1841-1910), rei da Grã--Bretanha e Irlanda e imperador da Índia, (1901-1910). Alice Keppel foi sua amante mais famosa.*

Rei Ibn Saud

Eu era o anfitrião e disse que, se sua religião recomendava que ele dissesse tais coisas, a minha prescrevia como ritual absolutamente sagrado fumar charutos e também ingerir álcool antes, depois e, se necessário, durante as refeições e no intervalo entre elas. Rendição completa.
1945 *Abdul Aziz ibn Saud (1876-1953) declarara que sua religião proibia o fumo e a ingestão de álcool.*

Reves, Wendy

Daisy, Wendy é três coisas que você nunca será. Ela é jovem, ela é bela, e ela é gentil.
c. 1959 *Wendy Russell Reves (1916-2007), esposa de Emery Reves,*

---

* [Numa ocasião de alastrado antissemitismo, Edward atraiu críticas por suas amizades com os judeus. Entre eles, manteve vínculos estreitos com a família Sassoon, em especial com os três irmãos Edward Albert, Reuben e Arthur, cujas casas de campo visitava com frequência.]

agente literário de Churchill e frequente anfitrião de WSC no sul da França. Observação para Daisy Fellowes, da alta sociedade.

Savinkov, Boris
Ele foi aquele produto extraordinário – um terrorista com objetivos moderados. Uma política razoável e esclarecida – o sistema parlamentar inglês ... liberdade, tolerância e boa vontade – a ser alcançada sempre que necessário pela dinamite, com o risco de morte.
1929[1] *Boris Victorovich Savinkov (1879-1925), vice-ministro da Guerra no governo Kerensky de 1917, derrubado pelos bolcheviques de Lênin em novembro de 1917.*

Ele foi a essência do bom-senso expressa em termos de nitroglicerina.
1919[2]

Shinwell, Emanuel
Eu não contesto Sua Excelência quando a verdade goteja dele de vez em quando.
1944[1] *Emanuel Shinwell, barão Shinwell (1884-1986), parlamentar trabalhista (1922-1967). Com frequência discutia com Churchill em bancadas opostas, mas cultivavam afeição mútua.*

Devo, é claro, tratar com grande atenção qualquer coisa que ele possa dizer sobre o assunto das declarações contraditórias por parte de políticos e ministros. Ele mesmo foi um mestre dessa arte no passado.
1952[2]

Tenho que agradecer muito a Sua Excelência. Ele esclareceu o dano que qualquer cumprimento meu lhe causa. Preciso garimpar mais alguns elogios.
1953[3]

Smuts, Jan Christian
Smuts e eu parecemos um velho casal de pássaros em plena muda no poleiro, mas ainda capazes de se bicarem.
c. 1944-5 *Jan Christian Smuts (1870-1950) foi primeiro-ministro da África do Sul por duas vezes (1912-1924, 1939-1948). Um dos amigos mais chegados de Churchill desde a Guerra dos Bôers.*

Snowden, Philip
Um destino perverso parece pairar sobre a carreira de Sua Excelência; toda a sua vida tem sido uma tremenda luta para sobrepujar a amabilidade natural de seu caráter.
1925[1] *Philip Snowden, primeiro-visconde Snowden (1864-1937), parlamentar trabalhista e primeiro-ministro da Fazenda de seu partido (1924); Churchill tinha por ele grande consideração.*

A alma do Tesouro e a alma de Snowden se abraçaram com o fervor de dois lagartos aparentados de há muito separados, e começou o reino da alegria ... Ele foi um eremita pregador sem qualquer superior a obedecer que não seu intelecto ...
1931[2]

Spee, Almirante Maximilian von
Navegar a velocidade plena ou a alta velocidade por qualquer período de tempo, fosse qual fosse a perseguição pretendida, só encurtaria seu tempo de vida. Ele era uma flor cortada e enfiada num vaso; bela de ser vista, porém destinada a fenecer, e fenecer muito depressa se a água não fosse constantemente renovada.
1923 *Maximilian* Graf von Spee (1861-1914) comandou o esquadrão alemão do Leste da Ásia a partir de 1912.*

---

* [WSC descrevia as ações do almirante entre o afundamento de dois cruzadores ingleses ao largo da cidade de Coronel, no Chile, em novembro de 1914, e seu próprio naufrágio na Batalha das Ilhas Falklands um mês mais tarde.]

Stalin, Josef

WSC: As duas primeiras horas foram gélidas e sombrias ... Então falei sobre o bombardeamento da Alemanha, e ele pareceu um pouco mais amistoso. Julguei que era a hora de desvendar a TORCH. Stalin passou a ouvir com redobrada atenção. "Que Deus faça prosperar essa empreitada", disse ele.
Lord Moran: Ele disse realmente isso?
WSC: Oh, ele apela para divindades muitas vezes.
1942[1] *Após retornar de seu primeiro encontro com Stalin, onde WSC disse que não haveria "Segunda Frente" na Europa em 1942; TORCH era a invasão do norte da África.*

WSC: A Inglaterra está se tornando um pouco mais cor--de-rosa.
Stalin: Isso é um sinal de boa saúde. Eu desejo chamar Mr. Churchill de meu amigo.
WSC: Chame-me de Winston. Eu o chamarei de Joe pelas costas.
Stalin: Não, quero chamá-lo de meu amigo. Eu gostaria de ter permissão para chamá-lo de meu bom amigo.
1943[2]

Tolas histórias foram contadas sobre como os jantares soviéticos se transformaram em bebedeiras. Não há verdade alguma nisso. O marechal e seus colegas invariavelmente bebiam seus brindes em taças pequenas e bebericavam um pouquinho em cada ocasião. E ei fui apropriadamente criado ... [Então Stalin disse] "Você vai partir ao raiar do dia. Por que não vamos para minha casa e tomamos uns drinques?" Respondi que, em princípio, eu era sempre a favor de tal política.
1950[3] *Josef Vissarionovich Dzhugashvilli, mais tarde Stalin (1878-1953), secretário-geral do Comitê Central do Partido Comunista Soviético (1922-1953).*

Trotsky, Leon

... uma camada de malícia cobriu por algum tempo o litoral do mar Negro e agora desaguou no Golfo do México. Ele possuía em sua natureza todos os requisitos necessários para a arte da destruição civil – o comando organizado de um Carnot, a inteligência fria e distante de um Maquiavel, a oratória para multidões de um Cleon, a ferocidade de Jack, o Estripador, a tenacidade de Titus Oates* ...

1929 *Leon Trotsky (Lev Davidovich Bronstein, 1977-1940), líder comunista após a morte de Lênin; derrotado por Stalin em 1942, pelo controle do Partido Comunista, exilou-se no México e foi assassinado mais tarde por agentes soviéticos.*

Truman, Harry

De qualquer modo, ele é um homem de imensa determinação. Não se preocupa nem um pouco com delicadezas, simplesmente planta os pés no chão e se firma sobre eles.

1945 *Harry S. Truman (1884-1972), 33° presidente dos Estados Unidos (1945-1953). Para dar ênfase à sua opinião, Churchill deu um pequeno salto, batendo com os pés descalços no assoalho.*

Webb, Beatrice

Não desejo ficar trancado numa cozinha pública com Mrs. Sidney Webb.

1908 *Quando WSC recusou a presidência da câmara do governo local. Martha Beatrice Potter Webb (1858-1943), reformadora socialista.*

Welldon, Bispo

Foi de [meus] escassos atributos no aprendizado que Mr. Welldon tirou a conclusão que eu tinha capacidade para

---

* [Titus Oates, controverso religioso inglês que arquitetou a Trama Papal, uma conspiração fictícia segundo a qual o Sumo Pontífice pretendia mandar assassinar o rei Charles II, e desencadeou uma histeria anticatólica na Inglaterra entre 1678 e 1681.]

frequentar Harrow. Muito deve ser creditado a ele. Ficou demonstrado que ele era um homem capaz de investigar por baixo da superfície das coisas: um homem independente das manifestações expressas no papel. Sempre tive por ele grande consideração.
1930 *James Edward Cowell Welldon (1854-1937), diretor de Harrow de 1885 a 1888, mais tarde bispo de Calcutá.*

Wilson, Woodrow
A abrangente filantropia que ele derramava sobre a Europa parava subitamente no litoral de seu próprio país.
1929 *Thomas Woodrow Wilson, 28º presidente dos Estados Unidos (1912-1920).*

Wodehouse, P.G.*
Que ele vá para o inferno – desde que exista uma passagem livre.
1944 *Sir Pelham Grenville Wodehouse (1881-1975), escritor inglês de comédias que, sem qualquer senso de oportunidade, realizou cinco transmissões antibritânicas para a América através da rádio alemã.*

---

* [Embora muito difamado, não foram feitas acusações formais contra Wodehouse. Depois da guerra, ele se mudou para os Estados Unidos.]

7. Inglaterra, império e commonwealth

No período da "desconstrução" (como denominado em flagrante distorção da história), foi comum ouvir-se: "Está certo, Churchill foi indispensável em 1940, mas lembre-se que sua motivação suprema era a defesa dos interesses britânicos." As pessoas mais ilustradas sugeririam que, evidentemente, Churchill batalhou pelos interesses ingleses; mas em harmonia com os de outros, notavelmente os dos Estados Unidos. E é óbvio que não ser derrotado pela Alemanha de Hitler foi o interesse crucial britânico na hora mais sublime de Churchill.

O argumento de que Churchill acelerou o desabamento do Império também pode ser similarmente contestado. Os dias do Império ficaram contados com a emergência da independência dos Domínios, com o Tratado da Irlanda e com a Lei do Governo da Índia, no primeiro terço do século XX. A maioria dos líderes ingleses entendeu – e mesmo esperou – que o Império lideraria a Commonwealth e uma "Comunidade Britânica" independente. Se isso não funcionou, foi por falhas de muitos outros que não Churchill.

Ele acreditava que o governo parlamentar inglês era a forma menos imperfeita de democracia que "poderia salvar e orientar o mundo". Os leitores interessados na gama completa de sua sutileza e sabedoria sobre a Inglaterra e o Império-Commonwealth poderão se debruçar sobre os capítulos relevantes do *Churchill by Himself*.

Classes
Já tivemos uma classe ociosa. Ela desapareceu. Agora temos que pensar nas massas ociosas.
1953

Clima
... o povo inglês sempre foi superior ao clima inglês. Na verdade, mostrou-se capaz de suplantá-lo ...
1948

Commonwealth de Nações
Por alguns anos, a tendência das forças socialistas e da esquerda vem sendo desprezar a palavra "Império" e esposar o termo "Commonwealth" porque Oliver Cromwell decapitou o rei Charles, e tantas outras coisas. Isso se dá também, suponho, porque a palavra "Commonwealth" parece ter alguma associação com – ou sugestão de – abolição do patrimônio privado e propriedade comunitária de todas as formas de riqueza.
1948

Conquistas
Se é verdade, como vem sido dito, que cada país tem a forma de governo que merece, por certo estamos de parabéns.
1945

Crítica, de Churchill
... vejo pouca glória num Império que pode domar as ondas oceânicas, mas é incapaz de tratar seus esgotos.
1901 *Em 1908, o parlamentar liberal Charles Masterman observou com cinismo: "Winston não aguenta mais os pobres, os quais acabou de descobrir."*

Defesa
O terreno de nosso país deve dar a impressão a um paraquedista inimigo de ser um lombo de porco-espinho e não uma barriguinha de coelho.
1951

Definindo o Império
O Império Britânico existiu com base nos princípios de uma família e não nos de um sindicato.
1907

Escócia

Agora que devo comandar um batalhão escocês, eu gostaria que você me remetesse uma cópia em um só volume de Burns. Vou tranquilizar e alegrar os espíritos deles mencionando citações do livro. Devo cuidar para não tentar imitar seu sotaque! Você bem sabe que sou grande admirador dessa raça. Uma esposa, um distrito eleitoral e agora um regimento a atestarem a sinceridade de minha opção!
1916[1]

Eu próprio tenho alguns vínculos com a Escócia que são de grande significação – laços preciosos e duradouros. Em primeiro lugar, decidi nascer no Dia de St. Andrew – e foi para a Escócia que me desloquei a fim de encontrar minha esposa, que lamenta muito não poder estar hoje aqui presente devido a uma indisposição passageira. Comandei por cinco meses um batalhão do famoso 21º Regimento na linha de frente da França na última guerra. Representei por 15 anos Bonnie Dundee,* e ainda hoje representaria se dependesse inteiramente de mim.
1942[2]

Fim do Império

Não me tornei primeiro-ministro do rei para presidir a liquidação do Império Britânico. Para essa missão, se é que ela foi algum dia prescrita, uma outra pessoa vai ter que ser encontrada ...
1942[1]

Sou um pouco pessimista quanto ao sufrágio universal para os hotentotes, ainda que refinado pela representação pro-

---

* [Dundee é a quarta maior cidade da Escócia. Bonnie Dundee é um poema e uma canção sobre John Graham, primeiro-visconde Dundee. A canção foi usada como dobrado oficial por diversos regimentos escoceses e foi adaptada pelas tropas Confederadas durante a Guerra Civil Americana.]

porcional. As democracias americana e inglesa foram lenta e penosamente forjadas e ainda não estão perfeitas.*
1954[2] *Eisenhower não tinha conhecimento dos esforços ingleses para conceder independência a países da África e Ásia. WSC explicou isso com muito tato expressando seu ceticismo quanto à velocidade com que tais esforços eram procedidos.*

Galês
Môr o gân yw Cymru i gyd [Todo o País de Gales é um Mar de Canção].
1951 *WSC havia nomeado o galês David Llewellyn como subsecretário do ministério do Interior encarregado das questões galesas, e anunciou: "Seu nome é bastante conhecido em todo o principado." Um parlamentar galês gritou da bancada: "Então o pronuncie." "Vou fazê-lo", disse Churchill – "Llewellyn." Depois espantou a Casa com a frase acima, que ouvira num Eisteddfod (festival galês) trinta anos antes.*

Geografia
Nossa ilha é cercada pelo mar. Sempre foi, e embora a Casa possa não perceber, o mar constituiu em tempos passados uma grande desvantagem porque um invasor poderia vir navegando e ninguém sabia onde teria condições de desembarcar. Com frequência ele também não sabia.
1933

Gibraltar
O número de macacos em Gibraltar deve ser 24, e todos os esforços precisam ser despendidos para que se chegue a essa quantidade com a maior brevidade possível a fim de que ela seja mantida de então por diante.
1944 *WSC para o secretário das Colônias. Diz a lenda que, se um dia os macacos desaparecerem do Rochedo, terminará o mando britânico sobre Gibraltar. Desde o tempo de Churchill a colônia de macacos vem se desenvolvendo magnificamente.*

---
* [Eisenhower sugerira que Churchill fizesse um pronunciamento em apoio ao autogoverno colonial.]

Ilhas Virgens
[Num debate sobre a Defesa, um dos ministro do Gabinete disse: "Lamento não saber onde ficam as Ilhas Virgens. O senhor primeiro-ministro sabe?"] Não sei com exatidão, mas confio que elas fiquem a respeitável distância da Isle of Man.
1940s

Ingleses e árabes
O árabe foi uma reprodução africana do inglês; o inglês, um *developement* [sic] superior e civilizado do árabe.
1899 *A antiga ortografia de* development *prevalece ao longo de toda a edição do* The River War.

Levante no Império
Na verdade, uma situação terrível. Uma multidão enfurecida, armada com pedras e pedaços de pau, inflamada pelo álcool e inspirada por princípios liberais!
1952 *Depois de um relato sobre levante na Bechuanalândia (hoje República de Botsuana).*

Londres
Londres, como um grande rinoceronte, um grande hipopótamo, dizendo: "Deixem que façam o pior. Londres aguenta."
1945[1]

Tenho que me congratular com os senhores por terem erigido um magnífico novo teto sobre nossas cabeças e, em meio a todos os problemas de habitação para o povo, não terem deixado Gog e Magog expostos ao tempo.
1954[2] *Gog e Magog (nomes das nações da Terra enganadas por Satã em Revelações XX: 7-9) eram um par de estátuas de 1708, com quase três metros de altura, existentes no Guildhall e destruídas na Blitz; elas foram substituídas por réplicas.*

Obrigações
Estamos decididos a tornar esta ilha solvente, capaz de se sustentar e pagar suas obrigações ... precisamos garantir que

ninguém tente transformar o leão britânico em animal de estimação.
1951

Povo
... um bacamarte é a arma tradicional com que o dono de casa inglês se defende contra os que querem saqueá-lo.
1901[1]

... o povo inglês, e a grande nação que herda esta ilha algo nevoenta, provavelmente tem que ser menos agradecido às benesses recebidas do que aos malefícios evitados.
1927[2]

Golding, veja isto: Propostas indecentes ... abaixo de zero ... 76 anos de idade ... Faz-nos orgulhosos de sermos ingleses!
1946[3] *WSC lia uma reportagem de jornal relatando que um senhor idoso fora preso numa noite gelada em Hyde Park "por ter feito propostas indecentes a uma jovem senhora".*

Povo em guerra
O nariz do buldogue* é inclinado para trás de modo que ele possa respirar sem largar a presa.
1914[1]

O povo inglês resolveu adotar para si mesmo o seguinte moto – "Os negócios prosseguem normalmente durante as mudanças no mapa da Europa."
1914[2]

O povo inglês, como por vezes se pensa, não entra em guerra por cálculo, e sim por sentimento.
1945[3] *WSC para o marechal Stalin.*

---

* [O buldogue é uma raça de cão de origem inglesa e considerado símbolo do aguerrimento do país.]

Trapaça
Naqueles dias, eu não tinha ideia do enorme e inquestionavelmente valioso papel que a trapaça desempenha na vida social dos grandes povos.
1930

Uganda
Uganda é defendida por seus insetos.
1908[1] *Uma anotação feita por WSC no seu livro de viagem* My African Journey.

Imagine confundir um hipopótamo – quase o maior mamífero sobrevivente no mundo – com uma vitória-régia. Pois nada é mais fácil.
1908[2]

8. Nações

Churchill admirava os Estados Unidos, mas condicionava tal admiração. Ainda que sua crítica pública mais conhecida fosse "papel higiênico muito fino e jornais grossos demais!", ele usava, em particular, palavras duras quanto a certas instituições e líderes norte-americanos, porém jamais perdeu a fé no destino da América ou na sua capacidade de promover o bem.

Suas opiniões sobre a Alemanha foram um misto de admiração, preocupação, censura e magnanimidade, por vezes todas as quatro a um só tempo. Mesmo assim, ele foi o primeiro a instar pela reaproximação pós-guerra entre França e Alemanha. Nunca foi muito amistoso em relação à Rússia e, antes da Segunda Guerra Mundial, muitas vezes se referiu aos seus líderes como bolcheviques. Depois que eles se tornaram aliados na luta contra Hitler, foram com frequência chamados de russos. E quando a Rússia se tornou detentora da bomba atômica, Churchill dedicou o final de seus anos de vida tentando desesperadamente alcançar um entendimento que evitasse uma catástrofe nuclear.

De antigas possessões britânicas, como o Canadá e a Índia, Churchill jamais alterou seu ponto de vista de que o histórico colonial inglês havia preparado o palco para as democracias que elas se tornariam. Em 1922, ele ajudou a arquitetar um Tratado Irlandês que lá manteve a paz por cerca de cinquenta anos. De um modo geral, ele gostava de países pequenos que batalhavam por seus direitos – Grécia, Iugoslávia, Dinamarca e Noruega –, todos que contribuíram com heroísmos malgrado as cruéis ocupações. E desprezava as nações que se deixavam subjugar sem luta.

África do Sul
... o bôer é uma curiosa combinação do proprietário da terra com o camponês.
1901

Alemanha
... os políticos na Alemanha não são como os daqui. Lá você não pode se demitir de um cargo e entrar na oposição. Não sai dos *frontbenchs** para se sentar além do *gangway**. Lá é possível deixar uma função importante com aviso prévio de quarto de hora e ser levado de carro para a delegacia policial, de onde se pode ser conduzido, muito rapidamente, para um infortúnio ainda mais sério.
1934[1]

Ministro do Gabinete: "O problema dos alemães é que eles são como um rebanho de ovelhas; seguem qualquer um."
Oh, não muito pior que isso, eles são ovelhas carnívoras!
1943[2]

O orgulhoso exército alemão provou com seu colapso [no norte da África] a verdade do ditado, "O huno está sempre ou na sua garganta ou aos seus pés", e este é um ponto que pode influenciar no futuro.
1943[3]

Austrália
O silêncio da savana e a solidão do deserto só são perturbados pela passagem de algum expresso transcontinental, pelo ruído de um bumerangue ou pelo zunir de um míssil não tripulado.
1958

---

* [A explicação sobre *frontbench* está na citação "Homem Borracha" do Capítulo 4, e a sobre *gangway*, na "Historiador imparcial" do Capítulo 1.]

Canadá

Tive uma reunião muito bem-sucedida em Winnipeg. Imagine vinte anos atrás quando só existiam umas poucas casas de barro – barracas ... e, na noite passada, uma plateia magnífica com homens em trajes formais e as senhoras com quase a metade do corpo por fora dos seus ...
1901[1] *Carta para sua mãe durante um* tour *de palestras pelo Canadá.*

Os franco-canadenses demonstraram bem maior satisfação cantando "God Save the King" do que entoando "Rule Britannia".
1904[2]

O Canadá é a cavilha que mantém unido o mundo de língua inglesa.
1941[3]

Coisa engraçada aconteceu comigo quando acordei bem cedo nesta manhã; achei uma pena não ter comigo um daqueles adoráveis chapéus canadenses ... as pessoas com frequência julgam que sou um "cabeça-inchada". O chapéu se ajusta admiravelmente bem à cabeça e tem espaço suficiente para acomodar qualquer inchaço que possa surgir.
1941[4] *Churchill recebera de presente uma espécie de casquete revestido externamente com pele de foca, típico da província canadense da Colúmbia Britânica.*

... já andei por quase todo o Canadá durante minha vida e tenho vívidas lembranças dos muitos lugares de Halifax ao Kicking Horse Valley e, mais além, até Vancouver, onde pesquei um belo salmão, lindo mesmo, logo nos primeiros vinte minutos de pesca no cais. Na realidade, acho que o único lugar importante que jamais visitei no Canadá é Fort Churchill ...
1954[5]

China

A China, com o passar dos anos, vem sendo comida pelo Japão como uma alcachofra, folha a folha.
1937[1]

Há um outro ditado chinês sobre o país que data mais ou menos do século IV: "A cauda da China é grande e não será balançada." Gosto dele. A democracia britânica aprova o princípio das cabeças móveis e das caudas nacionais inamovíveis.
1952[2]

Cuba

O fato mais impressionante parece ser que os dois exércitos [o da Espanha e o dos rebeldes cubanos] atirarão um contra o outro por horas e ninguém será atingido. Creio que as estatísticas sugerem que numa batalha são necessários 2 mil disparos para matar um homem. Quando os cálculos forem revistos acho que se descobrirá que, na guerra cubana, foram disparados 2 mil tiros para errar cada combatente individual.
1895

Dinamarca

Os marinheiros dinamarqueses dos "longos navios", que combateram nas praias como soldados, trouxeram com eles para a Inglaterra novo princípio representado por uma classe – a do camponês pequeno proprietário ... O respeito peculiar com que a lei e a liberdade são encaradas pelos povos de língua inglesa em todos os rincões do globo pode ser, perfeita e justificadamente, vinculado a uma fonte *viking*.
1950

Egito

... o egípcio não é um animal guerreiro ... Ele pode ser cruel. Mas nunca é feroz. Não lhe falta coragem ... É a coragem dos povos pisoteados, aquela que as ditas raças mais fortes podem com frequência invejar, embora dificilmente se possa esperar que admirem.
1899[1]

A atitude do *khedive** [para com o agente britânico] fez-me lembrar a de um estudante levado à presença do diretor da escola para o encontro com um colega. Porém ele me passou a impressão de ser um jovem amável que tenta despertar um interesse inteligente pelas questões do seu reino, interesse que, por tais questões terem fugido inteiramente ao seu controle, é, para dizer o mínimo, muito elogiável.
1899[2]

... eu não podia deixar que ele fosse embora sem ver a Esfinge ... Fomos de carro até o local ... Roosevelt e eu ficamos olhando em silêncio para ela por alguns minutos. Ela não nos disse coisa alguma e manteve seu sorriso inescrutável. Não fazia sentido ficar esperando mais tempo.
1952[3]

Espanha

Os espanhóis, para os quais as instituições democráticas trazem com elas a esperança de novos avanços e melhores dias, encaram [o rei] Alfonso como um obstáculo para seu progresso. As democracias inglesa e francesa veem o rei como justo e generoso; os espanhóis o consideram simples mandante.
1931

Estados Unidos da América

Que povo extraordinário é o americano! Sua hospitalidade é verdadeira revelação para mim, pois ele faz com que você se sinta em casa e à vontade de uma maneira que jamais antes experimentei.
1895[1]

Paguei meu pedágio na ponte de Brooklin com uma nota de dólar, que acredito ser a "moeda" mais desacreditada que o mundo já viu.
1895[2]

---

* [*khedive* é um título quase equivalente ao *viceroy* (vice-rei) inglês.]

... a essência do jornalismo americano é a vulgaridade travestida de verdade.
1895³

A Inglaterra e a América estão separadas por um oceano de água salgada, mas unidas por uma eterna banheira com água doce e sabonete.
1900⁴

Não desejo ter uma agenda muito apertada [para minha jornada americana]. É preciso tempo para se sentir um país e cutucar um pouco de sua grama.
1929⁵

Poucas linhas são traçadas [na Inglaterra] que não resultem manchadas. No outro lado do Atlântico é tudo rápido e certeiro.
1931⁶

Devo confessar que, certa vez, fui levado a um *speakeasy*.* Mas é claro que fui na qualidade de investigador social.
1932⁷

A Lei Seca entrou em vigor em 1920. Muitas pessoas deveriam ter grandes adegas excelentemente supridas naqueles dias distantes, e tais suprimentos duraram por tempo considerável. Na realidade, podia-se até crer que, como o jarro da viúva, eles milagrosamente, tinham a capacidade de se recompletar.
1933⁸ *O jarro da viúva (história bíblica), que jamais esgotava seu óleo, aparece em I Reis XVII 12-16.*

Rogo o favor de entregar isso ao seu pai. Diga-lhe que esta deverá ser a moeda do futuro.
1933⁹ *WSC desenhara os símbolos do dólar e da libra esterlina entrelaçados e chamou o resultado de Sterlling Dollar. James Roosevelt*

---

* [Local onde bebidas alcoólicas são vendidas ilegalmente.]

perguntou o que aconteceria se seu pai quisesse chamar de Dollar Sterlling? WSC replicou com um sorriso: "É a mesma coisa."

O Império Britânico e os Estados Unidos terão que agir, para benefício mútuo e geral, um tanto misturados em algumas de suas questões ... Tal e qual o Mississippi, que persiste seguindo seu curso.
1940[10] *WSC cantarolou Ol' Man River durante todo o caminho de volta ao nº 10 de Downing Street depois da radiodifusão de seu discurso.*

A Lei do Lend-Lease tem que ser encarada, sem qualquer questionamento, como o ato mais *unsordid** em toda a história registrada.
1941[11]

Oh! Essa é a maneira com que falávamos com ela enquanto tentávamos conquistá-la; agora que ela já está no harém, falaremos de modo bem diferente!
1941[12] *Um colega instara por um diálogo polido e prudente com os Estados Unidos depois de Pearl Harbor.*

Não consigo parar de pensar que, se meu pai fosse americano e minha mãe inglesa, e não o contrário, eu poderia ter chegado aqui [no Congresso dos EUA] por méritos próprios. Nesse caso, esta não seria a primeira vez que os senhores teriam ouvido a minha voz. Nesse caso, eu também não precisaria ter sido convidado, mas se tivesse sido, dificilmente o convite seria feito por unanimidade.
1941[13]

WSC: Vi [as Cataratas de Niágara] antes de você nascer. Estive aqui pela primeira vez em 1900.
Repórter: E elas têm o mesmo aspecto?
    WSC: Bem, o princípio parece que continua o mesmo. A água ainda teima em cair.
1943[14]

---

* [Vide Capítulo 4 (Churchillianismos) sobre invenções de palavras.]

Estados Unidos e Grã-Bretanha uma coisa só? Sim, sou francamente favorável, e você aventa a hipótese de eu me candidatar à presidência?
1943[15]

Pode-se sempre confiar em que os americanos farão a coisa certa, uma vez esgotadas todas as outras possibilidades.
c. 1944[16] *Churchill nunca teria dito isso em público, e tal citação não está nas memórias de qualquer de seus companheiros. Eu a incluí na categoria das "possíveis", porque, por certo de vez em quando, ele experimentou tal tipo de sentimento na Segunda Guerra Mundial.*

Papel higiênico muito fino e jornais grossos demais!
1944[17]

Por que não colocar o pescoço da águia sobre uma peça amovível de modo que ela possa se virar para um lado ou para o outro dependendo de como a situação se apresente?
1946[18] *Truman introduzira mudança no selo do presidente a fim de que a águia ficasse voltada para o ramo de oliveira, símbolo da paz, em vez de para as flechas da guerra.*

Existe um país em que o cidadão sabe que tem futuro ilimitado: os EUA, embora eu deplore alguns de seus hábitos ... Vocês pararam de beber às refeições.
1946[19]

Eu jamais poderia concorrer à presidência dos Estados Unidos. Aquela enxurrada de apertos de mãos em pessoas que para mim nada significam acabaria me matando. Dez minutos aqui. Dez minutos acolá ... Não é comigo.
c. 1949[20]

Aconselharam-me optar por uma reunião de almoço em Boston em vez de um Boston Tea Party.*
1949[21]

Sua psicologia nacional é tal que quanto maior a Ideia, com mais fervor e obstinação eles se lançam a ela a fim de que se torne um sucesso. É uma característica admirável, desde que a Ideia seja boa.
1952[22]

[Debatendo sua ancestralidade americana:] Fiquei entre os dois lados da guerra entre nós e nós mesmos.
1952[23]

Temos que ser muito cuidadosos hoje – eu talvez ainda mais por causa de minhas origens norte-americanas – a respeito daquilo que dizemos sobre a Constituição americana. Portanto vou me contentar com a observação de que não há Constituição escrita em melhor inglês.
1953[24] *A constituição inglesa não é, evidentemente, escrita...!*

Não quero críticas aos americanos à minha mesa. Os americanos já se criticam o bastante.
1950s[25]

Eu não vou escolher entre os Republicanos e os Democratas. Quero todos!
1954[26]

---

* [O Boston Tea Party foi uma ação rebelde direta dos colonos americanos de Massachusetts contra o governo britânico e contra a monopolista Companhia das Índias Ocidentais, executada em 16 de dezembro de 1773; ela se tornou um ícone para a história americana e para outros movimentos políticos de protesto.]

França

Os ingleses não se incomodam em pagar impostos, mas detestam os exercícios militares. Os franceses não reclamam desses exercícios, mas evitam os impostos. As duas nações ainda têm condições de combater, caso se convençam de que não existe outra maneira de sobreviverem; contudo, nesse caso, a França se apresentará com um pequeno superávit e a Inglaterra com um pequeno exército.
1937[1]

Franceses! Por mais de trinta anos marchei com vocês na paz e na guerra. Ainda palmilho a mesma estrada ... Aqui em casa, na Inglaterra, sob o fogo dos boches, não esquecemos os laços que nos unem à França ... nossa Força Aérea se superou no controle da situação. Estamos esperando pela invasão há muito tempo prometida. Os peixes também.
1940[2]

O Todo-Poderoso, na Sua infinita sabedoria, não julgou conveniente criar os franceses à imagem dos ingleses.
1942[3]

Vou lhes dar um alerta: estejam em guarda porque vou falar, ou tentar falar, em francês, uma empreitada formidável que muito ameaçará a amizade de vocês pela Grã-Bretanha.
1944[4]

Grécia

Hitler nos disse que era um crime de nossa parte ir em auxílio da Grécia em tais circunstâncias. Não quero entrar em discussão com especialistas.
1941[1]

Os gregos rivalizam com os judeus quanto ao fato de serem o povo mais politizado do mundo ... Não houve cidade mais importante para a humanidade que Atenas e Jerusalém.
1952[2]

Índia
O *sikh* é o guardião da fronteira. Ele foi originalmente inventado para combater os pathanes.*
1898[1]

Fico indignado quando ouço o secretário de Estado falando sobre a Índia, "Ela fará isso", e "ela fará aquilo". A Índia é uma abstração ... A Índia não é, tanto quanto a Europa, uma personalidade política. Índia é um termo geográfico. Ela é tanto nação unificada quanto a linha do Equador.
1911[2]

Irlanda
Se a Irlanda fosse mais próspera seria mais leal, e se mais leal, mais livre.
1904[1]

A Irlanda não é um Estado-filho. É uma Nação-mãe.
1921[2]

Lembro-me de que, às vésperas da Grande Guerra ... discutimos sobre as fronteiras dos distritos de Fermanagh e Tyrone. Os dois maiores partidos políticos se engalfinharam quanto ao assunto. A atmosfera se encheu de rumores a respeito de guerra civil ... Então veio a Grande Guerra ... Quase todas as instituições mundiais experimentaram enorme tensão. Grandes impérios foram derrubados. Mudou todo o mapa da Europa. A posição dos países foi violentamente alterada. O modo de pensar dos homens, todo o enfoque das questões, a organização dos partidos, tudo passou por violentas e tremendas mudanças no dilúvio que assaltou o globo terrestre, porém quando a tormenta passou e as águas baixaram, as sombrias escarpas de Fermanagh e Tyrone emer-

---

* [Parcela dominante da sociedade afegã concentrada primordialmente no leste do país.]

giram de novo. A integridade dessa disputa é uma das poucas instituições que não se modificaram com o cataclismo que varreu o mundo.
1922[3]

... na Irlanda, quase tudo acontece quando não se espera, e tudo o que grande número de pessoas espera jamais ocorre.
1922[4]

Minha ama, Mrs. Everest, vivia muito nervosa com os fenianos.* Donde concluí que eram pessoas muito más, capazes de tudo se os deixassem à vontade. Uma vez, eu passeava no meu burrico, julgamos ver aproximar-se extensa e sombria fila de fenianos. Hoje estou certo de que era a brigada de carabineiros seguindo para manobras. Mas ficamos todos apavorados, principalmente o burrico, que exprimiu sua angústia em corcovos. Atirado ao solo, tive uma comoção cerebral. Foi a minha iniciação na política irlandesa!
1930[5]

Ninguém sabe o que eles são. Não estão nem dentro nem fora do Império. Mas são mais amistosos em realação a nós do que costumavam ser. Eles erigiram no sul um elaborado sistema católico-romano. Não tem havido anarquia ou confusão. O amargo passado está se dissipando.
1947[6]

Israel
Mas vocês precisam deixar que os judeus fiquem com Jerusalém; foram eles que a tornaram famosa.
1955 *WSC para Evelyn Shuckburgh, secretária particular de Eden.*

---

* [Movimento político pró-separação da Irlanda surgido no século XIX. Fenianos também eram chamados os guerreiros irlandeses antibritânicos.]

Itália

Jamais eu soube de caso de um grande atleta que fosse um grande general – nenhum lutador laureado foi um bom general. A única exceção talvez esteja no Exército Italiano, onde um general pode julgar útil ser bom corredor.
1941[1]

A hiena [Mussolini], em função de sua natureza, estilhaçou todos os limites da decência e mesmo do bom-senso ...
1942[2]

Iugoslávia

Você pretende viver na Iugoslávia depois da guerra? [Fitzroy Maclean: "Não."] Nem eu. Sendo assim, você não acha que devemos deixar que os iugoslavos decidam sobre sua forma de governo? Precisamos nos preocupar agora com quem causa maiores danos aos alemães.
1943 *WSC para Fitzroy Maclean (vide Capítulo 6 sobre "Pessoas"), que o havia alertado de que os partisans de Tito, apoiados por Churchill, eram liderados por comunistas.*

Japão

"Senhor ... Em vista desses atos vândalos de agressão não provocada, cometidos em flagrante violação da lei internacional ... o embaixador de Sua Majestade em Tóquio foi instruído a informar ao Governo Imperial Japonês, em nome do Governo de Sua Majestade no Reino Unido, que um estado de guerra existe entre os dois países. Tenho a honra de ser, com elevada consideração, Senhor, Seu obediente servidor, Winston Churchill." Algumas pessoas não gostaram desse estilo cerimonioso. Porém, afinal de contas, quando você tem que matar um homem, não custa nada ser polido.
1941[1] *Mamoru Shigemitsu (1887-1957), Embaixador na Grã--Bretanha (1938-41), recebeu perdão de uma sentença de Guerra em 1950 e serviu como Ministro do Exterior (1954-66).*

[Os líderes japoneses] embarcaram numa tarefa considerável. [Risos] ... Que tipo de gente eles pensam que nós somos?
1941[2] *Esta manifestação de WSC no seu primeiro discurso para o Congresso desencadeou uma ovação de pé, com até mesmo os aplausos de prévios deputados e senadores isolacionistas.*

Jordânia
O emir Abdullah está na Transjordânia, onde eu o coloquei, em Jerusalém, num domingo à tarde.
1936

Marrocos
[Marrakesh] é a Paris do Saara, para onde todas as caravanas, por séculos, convergem vindas da África Central, pesadamente taxadas ao longo das rotas pelas tribos das montanhas, para serem depois despojadas nos mercados de Marrakesh, recebendo em troca, o que é por elas muito valorizada, a alegria da cidade, inclusive as previsões dos videntes e a arte dos encantadores de serpentes, montanhas de alimentos e bebidas, e, no cômputo final, os serviços dos maiores e mais elaboradamente organizados bordéis do continente africano. Todas essas instituições gozam de merecida e antiga reputação.
1950[1]

Todos gostam de enfiar as mãos no prato e de lembrar com satisfação que os dedos foram feitos antes dos garfos. O Glaoui é tão idoso quanto eu, mas bastante espirituoso. Finge não saber nem francês nem inglês, porém creio que entende tudo o que é dito, pelo menos em francês ... A música zune e guincha, e os atabaques e os cantos, que não param um só segundo, são compêndios perfeitos de dissonâncias ...
1950[2] *Sobre uma visita a El Hadji Thami El Glaoui, paxá de Marrakesh e sultão hereditário do Atlas.*

Palestina
Sua Excelência, o nobre e erudito Ministro do Comércio [Sir Stafford Cripps] referiu-se aos últimos 25 anos como os mais cruéis e infelizes que a Palestina jamais conheceu. Imagino que seria quase impossível expor o oposto da verdade com tamanha sapiência ...
1946

Polônia
Seria uma grande pena empanturrar o ganso polonês com tanto alimento alemão que ele viesse a morrer de indigestão.
1945 *WSC para Stalin mencionando a compensação da Polônia pelas perdas de território ao leste deslocando-se suas fronteiras a oeste bem para dentro do território germânico.*

Rússia
Se reconhecermos os bolcheviques poderemos muito bem legalizar também a sodomia.
1919[1]

Depois de derrotar todos os tigres e leões, eu não gostaria de ser batido por babuínos.
1919[2]

... na Rússia um homem é tachado de reacionário se faz oposição ao roubo de sua propriedade e ao fato de sua esposa e filhos serem assassinados.
1919[3]

Não existe um só princípio econômico e social ou qualquer conceito filosófico na Rússia bolchevique que já não tenha sido concebido, posto em prática e sacramentado em leis pétreas há um milhão de anos nos cupinzeiros.
1927[4]

Estavam [Inglaterra, França e América em 1919] em guerra com a União Soviética? Seguramente não ... Foi-lhes indiferente, repetiram elas, a maneira pela qual os russos acertaram seus próprios problemas internos. Eles eram imparciais – Bang!
1929[5]

Todos os tipos de russos fizeram a revolução. Nenhum tipo de russo desfrutou de seus benefícios.
1931[6]

Não posso prever para você a ação da Rússia. É uma charada enrolada em um mistério e dentro de um enigma: mas talvez exista uma chave. E essa chave é o interesse nacional russo.
1939[7]

Todos têm sempre subestimado os russos. Eles não revelam seus segredos tanto para os inimigos quanto para os amigos.
1942[8]

O fantasma de seu pai: "Ainda existe um czar?"
WSC: Sim, mas não é um Romanoff. É uma outra família.
1947[9]

... chegará ainda o dia em que será sem sombra de dúvida reconhecido ... que o estrangulamento do bolchevismo no seu berço teria sido uma dádiva enorme para a humanidade.
1949[10]

Sudão
A um só tempo desenquadrado e excessivamente dedicado ao matrimônio, [o soldado sudanês] detesta os exercícios militares e ama suas esposas com igual intensidade.
1899[1]

Das numerosas e sempre crescentes oficinas de Wady Halfa o continuado retinir e clangor dos martelos e a fumaça

negra da manufatura enchiam o céu africano. O fedorento incenso da civilização era oferecido aos assustados deuses do Egito.
1899[2] *WSC tinha dúvidas a respeito da industrialização de locais ainda não agredidos.*

"Fanatismo enlouquecido" é o comentário depreciativo a respeito dos conquistadores dervixes ... Por que considerar loucura dos selvagens aquilo que seria sublime no homem civilizado?
1899[3]

Tchecoslováquia
Lá estava o estado democrático modelo da Europa Central, um país onde as minorias eram melhor tratadas do que em qualquer outro local. Ele foi abandonado, destruído e devorado. Agora está sendo digerido.
1938

9. Guerra

Churchill observou guerras ou nelas combateu desde a rebelião cubana de 1895 até a Segunda Guerra Mundial. A restrição desta coleção às citações "bem-humoradas" pode tender a minimizar sua profunda aversão pela guerra e seus esforços de vida inteira para evitá-la; ainda assim, ao mesmo tempo, até sua sutileza transmite profundas observações.

Com tristeza ele concluiu que "a história da raça humana era a guerra" e, pelo menos antes do advento dos apocalípticos artefatos nucleares, a encarava como fenômeno recorrente. Suas prescrições eram simples: assuma a iniciativa, aceite riscos, prefira a ação à inação, jamais desista até que a vitória seja alcançada. Contudo, a vitória deveria ser seguida pela magnanimidade. Ele respeitava os inimigos nobres, dos bôeres na África do Sul a Rommel no norte da África, mas desprezava os traiçoeiros, entre os quais Hitler era visto como o pior de todos.

Numa época em que declarar guerra ficou fora de moda, mas os conflitos armados espocam por todo o mundo, Churchill tem muito a nos dizer sobre a direção dos departamentos militares, sobre a influência do acaso, a inevitabilidade dos erros e a certeza dos desapontamentos antes que o triunfo seja conseguido.

Aliados
No trabalho conjunto com aliados acontece que de vez em quando que eles desenvolvem opiniões próprias.
1942

Almirantes
É sempre perigoso discutir com os almirantes quando dizem

que não podem fazer coisas. Eles sempre têm o tempo, ou o combustível ou alguma outra coisa para argumentar.
1941

Artilharia
Agora preciso dizer algo a respeito da artilharia. Tenho recebido muito pouca ajuda de nosso chairman [Alan Brooke] porque ele foi, na maior parte do seu tempo, do arco e flecha; depois nós passamos para o mosquetão e o tripé ...
1953

Batalha naval
De fato, quanto mais nos esforçamos para imaginar o terrível curso de um moderno engajamento naval, mais nos inclinamos por acreditar que ele se assemelha a uma disputa entre Mamilius e Herminius na batalha do lago Regillus, ou à ainda mais horrenda luta entre os gatos Kikenny.
1912[1] *No lago Regillus houve uma suposta vitória romana, liderada por Mamilius, sobre Herminius e os etruscos, possivelmente entre 509 e 493 d.C. Há uma fábula sobre os gatos Kikenny segundo a qual eles lutaram até que só restaram seus rabos.*

Caso se deseje criar na mente a verdadeira imagem de uma batalha entre os modernos navios de cascos metálicos, não se deve imaginar dois homens vestindo armaduras e se atacando mutuamente com pesadas espadas. Ela é mais parecida com uma luta entre duas cascas de ovos se engalfinhando com martelos.
1914[2]

Caça ao submarino
Sabe-se que, para se conseguir boa quantidade de faisões, é preciso espantá-los de seus abrigos em grupos de dois ou três, ao passo que, case se tencione atirar de novo na direção do mesmo abrigo, todo o bando, ou grande parte dele, deve ser espantado com a maior rapidez possível. Agora, se um bando de lebres atravessa uma trilha diante de número

limitado de armas, sua melhor chance é correr de surpresa e todas ao mesmo tempo.
1917[1]

Existem duas pessoas que põem *U-boats* a pique nesta guerra, Talbot. Você os afunda no Atlântico e eu, na Câmara dos Comuns. O problema é que você o está fazendo a uma taxa que é metade da minha.
c. 1941[2]

Cavalaria
É uma vergonha que a Guerra tenha colocado tudo isso de lado em sua marcha voraz, vil e oportunista, e tenha se voltado para os químicos de óculos de lentes grossas e motoristas que acionam alavancas de aviões ou metralhadoras.
1930

Democracia em tempo de guerra
O dever de uma democracia em tempo de guerra não é esconder, mas confundir, "não o silêncio da serena ostra agarrada à grota, mas as manchas e a sujeira provocadas pela lula".
1941

Dissuasão
Todas as tentativas para construir uma ponte sobre córrego com 12 pés de largura com uma prancha de 8 pés estão fadadas ao fracasso, e se perde a prancha. Sem dúvida é um avanço, tentar com uma prancha de 9 pés, mas ela será de novo perdida.
1938

Dissuasão nuclear
Argumenta-se atualmente que nunca devemos empregar a bomba atômica, ou somente se ela for usada primeiro contra nós. Em outras palavras, você jamais deve atirar, a menos que antes tenha sido morto por um disparo.
1950

Dormindo em campanha

Logo fui acordado pelo tiroteio ... Busquei coragem repetindo para mim mesmo o fato de que o oficial espanhol cuja rede estava pendurada entre mim e o fogo inimigo era um homem de compleição física avantajada ... Nunca tive preconceito algum contra os gordos ... Gradualmente, peguei no sono.
1930[1]

O coronel Byng e eu dividíamos o mesmo cobertor. Quando ele se virava, eu ficava no frio. Quando eu virava, puxava o cobertor e ele reclamava. Ele era o coronel. O arranjo não era nada agradável. Fiquei feliz quando amanheceu.
1930[2] *O coronel tornou-se mais tarde* Lord *Byng of Vimy, que comandou o Corpo de Cavalaria Canadense no Front Ocidental (1916-17) e foi Governador-Geral do Canadá (1921-26).*

Exército

O exército não é uma substância inanimada, é um ser vivo. Regimentos não são como casas ... Estão mais para plantas: eles crescem lentamente, caso queiram se desenvolver fortes; são facilmente afetados pelas condições climáticas e pelo solo; se forem podados em excesso ou transplantados, correm o risco de secar, e então só são revigorados com copiosas injeções de dinheiro público.
1904

Forças militares

Pode-se pegar o mais valente marinheiro, o mais intrépido aviador e o mais audacioso soldado, reuni-los em torno de uma mesa – e o que se consegue? A soma de seus receios.
1943[1]

"Parecerá", como escrevi, "que a soma de todos os medos americanos será multiplicada pela soma de todos os medos ingleses, com a contribuição adequada de cada força singular".
1951[2]

Generais

Disseram-me que existem menos baionetas e menos sabres por general no exército inglês do que em qualquer outro exército do mundo, salvo no venezuelano.
1903[1]

Aqueles funcionários dourados e vistosos com quepes ornamentados e missões supérfluas, que proliferam exuberantemente nas planuras de Aldershot e Salisbury.*
1905[2]

Guerra dos Bôers

Fiquem calmos, homens! Isso vai ser bastante interessante para meu jornal.
1899[1]

Senhor – tenho a honra de informar-lhe que, como não considero que seu Governo tem qualquer direito de me manter detido como prisioneiro militar, decidi fugir de sua custódia ... Lamentando a impossibilidade de me despedir do senhor pessoalmente e com mais cerimônia, registro a satisfação de ser, Senhor, Seu mais obediente servidor, Winston Churchill.
1899[2] *WSC para M. de Souza, secretário da Guerra da República Sul-Africana, antes de escapar das garras bôers em Pretória.*

Minha única companhia era uma imensa ave de rapina, que manifestava extravagante interesse por minha condição física e emitia, vez por outra, medonhos e sinistros gorgolejos.
1899[3]

Infantaria

No meu tempo de militar, a infantaria se deslocava a pé e a cavalaria a cavalo. Mas agora a infantaria requer viaturas e

---

* [Regiões onde estão sediadas as principais escolas militares inglesas.]

até os tanques precisam ser levados em reboques especiais para o combate.
1943

Lidando com o inimigo
Lord Birkenhead mencionou para mim uma citação em latim que parece incorporar extremamente bem essa ideia. *Parcere subjectis et debellare superbos*, que pode ser muito bem assim traduzida, "Poupe o conquistado e aniquile o orgulhoso". Creio que cheguei muito perto desse pensamento com minhas reflexões pouco elaboradas. Os romanos com frequência se anteciparam a muitas de minhas melhores ideias, e devo a eles conceder direitos autorais por essa máxima.
1930[1]

Que eles aguentem. Lembrem-se disso. Nunca maltrate sem entusiasmo o inimigo.
1940[2]

Marinha americana
Quem disse que a vespa [Wasp] não ferroa duas vezes?
1942 *O porta-aviões USS Wasp fez duas viagens para Malta, carregado de Spitfires, para a defesa da ilha. O Wasp foi posto a pique por torpedos japoneses em 15 de setembro de 1942.*

Morte por bombardeio
Os convidados devem vir preparados para o encontro com seu Criador, tendo em mente os severos riscos de tal reunião.
1944 *WSC convidara o rei e membros do Gabinete para jantar na véspera de nova sessão do Parlamento. Ele pedira a Lord Cherwell que calculasse as chances de serem bombardeados. Cherwell chegou à probabilidade de 648 mil para um.*

Oficiais
Congratulações por ter se tornado um oficial e um cavalheiro. Não deixe que essa dupla promoção lhe suba à cabeça.

1895[1] *WSC para Charles Maclean que, como WSC, foi comissionado oficial em 1895.*

Sorria um pouco, e ensine seus homens a sorrir – o salutar bom humor em combate –, porque a guerra é um jogo praticado com sorriso. Se você não souber sorrir, faça uma careta. Se não puder fazer careta, saia do caminho até que possa.
1916[2]

Poder aéreo
O perigo aéreo não é um perigo do qual se possa voar. É necessário enfrentá-lo onde ocorrer. Não há a possibilidade de fugir. Não podemos deslocar Londres.
1934[1]

Hitler fez um contrato com o demônio no ar, mas o contrato expirou antes que o trabalho ficasse pronto, e o demônio assumiu compromisso com uma empresa rival.
1942[2]

O homem acabou a parceria com o velho amigo cavalo e passou a voar no azul-celeste com as águias, sendo as águias representadas pelo infernal [risadas altas] – quero dizer, internal – motor à combustão, ah, o tal do engine ... Até mesmo os parlamentares idosos como eu são forçados a adquirir alto grau de mobilidade.
1943[3]

Primeira Guerra Mundial
No início desta guerra a megalomania era a única forma de sanidade.
1915[1]

A guerra foi declarada, senhores, aos piolhos.
1916[2] *Primeiras palavras de WSC ao Sexto Batalhão de Fuzileiros Reais Escoceses, quando assumiu o comando da unidade na França. Um de seus oficiais, Andrew Dewar Gibb, acrescentou: "Com essas palavras*

teve início tal discurso sobre o piolho Europaeus, sua origem, crescimento e natureza, seu habitat e sua importância como fator nas guerras antigas e modernas, que deixou todos boquiabertos com a capacidade de seu autor.

Meu reino por um mês de poder, por um bom taquígrafo.
1916[3]

.. toda ofensiva perdia a impulsão no prosseguimento. Era como lançar a água de um balde sobre o assoalho. De início, ela se projetava à frente, depois ia encharcando e, finalmente, parava de todo até que a água de outro balde fosse jogada.
1918[4]

Os frascos de ódio estavam cheios: mas também o estavam os reservatórios de poder.
1923[5]

Lembro-me de dizerem ao ministro do Material Bélico que estávamos ficando carentes de ... bauxita e aço, e de coisas assim, mas, no fim, tivemos falta foi de hunos.
1941[6]

Reflexões sobre a guerra
Quão fácil é não fazer coisa alguma. Quão duro é conseguir alguma coisa. Guerra é ação, energia e risco. Esses cordeiros só querem ficar pastando em meio às margaridas.
1916[1] *WSC para a esposa, referindo-se ao governo inglês de coalizão de tempo de guerra, que o havia excluído.*

A guerra, que antes era cruel e magnífica, agora é cruel e asquerosa.
1930[2]

Não tivemos nada além de guerras desde que a democracia se instalou.
1947[3]

... pouco antevimos que o chamado *The Century of the Common Man** (Século do Homem Comum) iria se caracterizar com ênfase por mais homens comuns se matando mutuamente e com maior facilidade do que em quaisquer outros cinco séculos seguidos da história do mundo.
1949[4]

Royal Naval College (Real Escola de Guerra Naval)

WCS: Alô, Dickie, gostando do jantar? Alguma queixa?
Dickie, mais tarde *Lord* Mountbatten: "Bem, estou senhor. Aos domingos só nos servem duas sardinhas no jantar, deveríamos receber três o quanto antes." Almirante, anote. Estes jovens cavalheiros querem três sardinhas ao jantar, e não duas!
1913[1]

Você não percebe que está metendo suas mãos hereges na *Ark of the Covenant*** (Arca da Aliança)? Você não sabe que o sistema naval existe desde Nelson?
1941[2] *Robert Menzies expressou desapontamento com a administração do Royal Naval College.*

Segunda Guerra Mundial (Prelúdio)

Os romanos tinham uma máxima: "Encurtem suas armas e alonguem suas fronteiras." Mas nossa máxima parece ser: "Reduzam suas armas e aumentem suas obrigações." E mais, "reduzam as armas de seus amigos".
1934[1]

---

* [Como ficou conhecido o discurso de Henry A. Wallace, vice-presidente dos Estados Unidos (1941-1945), declaradamente simpático à União Soviética, proferido na Free World Association (Nova York) em maio de 1942. O discurso e o livro com o mesmo título publicado no ano seguinte angariaram inimigos entre os líderes democráticos, entre os quais WSC.]
** [Arca que segundo o Êxodo contém apenas as duas pedras com os Dez Mandamentos inscritos.]

Com nossa enorme metrópole aqui, o maior alvo no mundo, uma espécie de vaca muito grande, gorda e valiosa, amarrada para atrair o predador, estamos numa posição em que nunca antes estivemos, e na qual nenhum outro país do planeta se encontra no momento.
1934[2]

[O ministro francês do Exterior] Laval disse: "Não poderia o senhor fazer alguma coisa para encorajar a religião e os católicos na Rússia? Isso me ajudaria muito com o papa." "Oh!" disse Stalin. "O papa! Quantas divisões ele tem?" Não tive conhecimento da resposta de Laval; porém por certo ele mencionou algumas legiões nem sempre visíveis desfilando.
1935[3]

O mundo parece estar dividido entre nações confiantes, que agem com grosseria, e nações que perderam a confiança em si mesmas, e se comportam estupidamente.
1936[4]

Um amigo meu viu certo dia um grupo de pessoas engajadas em evoluções, genuflexões e gestos muito peculiares ... Ele ficou em dúvida se se tratava de nova forma de ginástica ou de nova religião ... ou se era um grupo de lunáticos pegando um pouco de ar ... Na verdade era a Companhia de Projetores do Exército Territorial fazendo exercícios da maneira que podiam sem ter os holofotes.
1936[5]

Bem, suponho que me pediram para mostrar-lhe [Ribbentrop] que, se eles não tinham capacidade para morder, pelo menos mantinham um cão que podia ladrar e talvez morder.
1938[6] *O Gabinete solicitara que WSC participasse do almoço de despedida do embaixador de Hitler, Joachim von Ribbentrop, enquanto a Áustria era anexada pela Alemanha.*

... este grande país [está] batendo com o nariz de porta em porta como uma vaca que perdeu seu bezerro, mugindo tristemente ora em Berlim ora em Roma – enquanto, durante todo o tempo, o tigre e o crocodilo estão à espreita para destruí-la.
1938[7]

... parecemos estar muito próximos da deprimente escolha entre a Guerra e a Vergonha. Minha sensação é que optaremos pela Vergonha, e então teremos a Guerra, arremessada pouco depois sobre nós em termos ainda mais adversos que os presentes.
1938[8] *WSC para* Lord *Moyne (e não, como frequentemente citado, para Chamberlain no Parlamento).*

Sinto ter ouvido algo ... o pisar de dois milhões de soldados alemães e de mais de um milhão italianos – deslocando-se para manobras – sim, só para manobras ... exatamente como no ano passado. Afinal de contas, os ditadores precisam treinar seus militares. Dificilmente eles poderiam fazê-lo motivados por maior prudência, quando os dinamarqueses, os holandeses, os suíços, os albaneses – e, é claro, os judeus – podem a qualquer momento se lançar sobre eles e privá-los de seus espaços vitais.
1939[9]

Segunda Guerra Mundial
... um som estranho, prolongado e penetrante, que mais tarde se tornaria familiar, atingiu nossos ouvidos ... Fizemos o deslocamento para o abrigo que nos fora designado, armados com uma garrafa de *brandy* e outras adequadas conveniências médicas.
1939[1]

Assim é a guerra dos *U-boats* – dura, espraiada e amarga, uma guerra de tatear e afogar, uma guerra de emboscada e estratagema, uma guerra de ciência e marinharia.
1939[2]

... a Royal Navy atacou imediatamente os *U-boats* e os está caçando dia e noite – eu não diria sem contemplação porque Deus não nos perdoaria se assim procedêssemos, porém, de qualquer forma, com muito zelo e não sem alguma satisfação.
1939[3]

... amadores que não raciocinam e mundanos ignorantes às vezes nos perguntam: "Pelo quê lutam a Inglaterra e a França?" A isto, respondo: "Se parássemos de lutar, você logo descobriria."
1940[4]

Pensei no estado de espírito de Wellington na tarde da Batalha de Waterloo: "Quem virá nesta noite, Deus ou Blücher?" Desta vez não queremos Blücher.*
1940[5]

Não faz realmente nenhum sentido termos esses prolongados uivos demoníacos de sirenes duas ou três vezes por dia, em grandes áreas, simplesmente porque aviões hostis voam para ou de algum alvo que ninguém conhece ou desconfia ... a maior parte das pessoas percebe agora quão inteligente foi Ulisses ao tapar os ouvidos de seus marinheiros para que não escutassem os cantos das sereias, e ele mesmo ter ordenado que fosse firmemente amarrado ao mastro do dever.
1940[6]

O curioso é que nesta guerra não obtive triunfos, mas só recebi elogios, ao passo que, na última, fiz muitas coisas que julguei boas e só consegui amealhar ofensas.
1940[7] *Reformulada para a primeira pessoa no registro de 31 de agosto de 1940 no diário de John Colville. Entre as ofensas para as coisas que julgou boas na Primeira Guerra Mundial estão a ordem que deu para a defesa da Antuérpia e o apoio à campanha nos Dardanelos em 1915.*

---

* [O aliado de Wellington em Waterloo foi o marechal de campo prussiano Gebhard Leberecht von Blücher.]

Uma esquadra [de bombas] era formada pelo conde de Suffolk, a *lady* que funcionava como secretária particular e seu já idoso motorista. Eles se autodenominavam "a Santíssima Trindade" ... Trinta e quatro bombas que não explodiram foram por eles desativadas com eficiência afável e sorridente. Mas a 34ª cobrou seu preço. E lá se foi o conde de Suffolk com sua Santíssima Trindade ... No entanto, podemos ter certeza de que todas as trombetas estão soando por eles lá no outro lado.
1940[8]

[Graziani] ficou indignado por ter sido forçado a fazer tão arriscado avanço na direção do Egito em função da indevida influência de Rommel sobre Mussolini. Queixou-se de que tinha sido obrigado a travar uma luta entre "uma pulga e um elefante". Aparentemente, a pulga devorou considerável porção do elefante.
1940[9] *O avanço do general Rodolfo Graziani na direção do Cairo foi barrado pela Força do Deserto Ocidental do general Richard O'Connor, com a perda de cinco divisões italianas.*

É claro que sei que um exército mecanizado representa um enorme e adicional dreno ... No entanto, venho por algum tempo achando que o Exército e a Força Aérea – a Marinha nem tanto – precisam muito aparar suas caudas para fortalecer suas garras.*
1941[10]

Devo dizer algumas palavras sobre a função do ministro encarregado do estudo dos problemas do pós-guerra e da reconstrução. Não é sua missão construir um mundo novo, que tenha um novo céu, uma nova terra e, sem dúvida, um

---

* [WSC se referia aos cortes que as forças terrestres e aéreas inglesas deveriam fazer nas zonas de retaguarda em benefício do poder na frente de combate.]

novo inferno (como tenho certeza de que seria necessário em qualquer sistema balanceado).
1941[11]

Creio que teríamos que deter certa quantidade de poder quanto à seleção das músicas. Execuções muito fogosas da "Deutschland Über Alles" dificilmente deveriam ser permitidas.
1941[12]

Esta guerra jamais teria ocorrido se não tivéssemos, por pressão americana e dos tempos modernos, tirado os Habsburgos da Áustria e da Hungria, e os Hohenzollerns da Alemanha. Ao criarmos esses vácuos, demos oportunidade para que o monstro hitlerita rastejasse de seu esgoto para os tronos vazios. Não há dúvida de que essas opiniões estão muito fora de moda.
1941[13]

Eles têm que flutuar para cima e para baixo de acordo com a maré ... Vamos buscar a melhor solução. Não complique o assunto. As dificuldades falarão por elas mesmas.
1941[14] *O primeiro-ministro para o chefe das Operações Combinadas sobre aqueles que seriam os futuros portos artificiais Mulberry empregados na invasão da Normandia em 1944 – mas Churchill havia proposto a mesma ideia para a invasão da Alemanha em 1917.*

Eu só tenho um objetivo – a destruição de Hitler – e por isso minha missão é bastante simplificada. Se Hitler invadisse o Inferno eu, pelo menos, faria uma referência favorável ao Diabo na Câmara dos Comuns.
1941[15] *Hitler havia invadido a Rússia. Reformulada para a primeira pessoa nos diários de Sir John Colville.*

Não faremos trégua ou entraremos em negociação com o senhor, ou com a medonha gangue que concretiza seu abo-

minável desejo. Faça o seu pior – que daremos nosso melhor. Talvez em breve chegue nossa vez; talvez chegue agora.
1941[16]

Um punhado de membros do Parlamento pode preencher uns dias de debates com acusações pejorativas contra nosso esforço de guerra, e aquelas parcelas mais ardorosas e desafeiçoadas da imprensa podem dar difusão a elas, assim como pode surgir um lúgubre e cacofônico coro de peixes apodrecidos em todo o mundo.
1941[17]

Há 27 anos os hunos começaram sua última guerra. Temos que fazer agora um bom trabalho. Duas vezes deve ser o bastante.
1941[18] *WSC para Roosevelt, ao partir para a reunião no Atlântico, em Placentia Bay, na Terra Nova.*

Faz um mês que fiz uma observação sobre o longo silêncio de Herr Hitler, uma observação que, aparentemente, provocou-o a fazer um discurso no qual disse ao povo alemão que Moscou cairá em alguns dias. Isso mostra, como creio que todos concordarão, quão mais inteligente seria se ele tivesse mantido a boca fechada.
1941[19]

Sou o mais acabrunhado inglês na América – desde Burgoyne.
1942[20] *Churchill fora informado sobre a rendição de Tobruk. O general John Burgoyne (1722-1792) rendeu-se aos americanos em Saratoga, em 17 de outubro de 1777.*

A galinha tem sido parte da dieta do trabalhador do campo desde o início da história. O pessoal da cidade pode incrementar suas rações com alimentos comprados.
1942[21]

Visitei as posições em Alamein ... De lá prosseguimos ao longo do front para seu quartel-general por trás das Elevações

Ruweisat, onde nos foi servido café da manhã, num cubo cercado de arame farpado, repleto de moscas e de importantes personagens militares.
1942[22]

1. Sua missão principal e mais importante será conquistar ou destruir, na primeira oportunidade que se apresentar, o exército teuto-italiano comandado pelo marechal de campo Rommel, juntamente com todos os seus suprimentos e instalações no Egito e na Líbia. 2. O senhor descartará ou ordenará o descarte de todas as outras obrigações referentes ao seu comando sem prejuízo da missão descrita no parágrafo 1, que tem que ser considerada como imprescindível para os interesses de Sua Majestade.
1942[23] *O primeiro-ministro para o general Alexander, comandante em chefe no Oriente Médio. Em fevereiro de 1943, o marechal de campo Alexander respondeu. Ver abaixo.*

General Alexander para o primeiro-ministro, fevereiro de 1943: "Senhor: As ordens que o senhor me deu em agosto [10] de 1942 foram totalmente cumpridas. Os inimigos de Sua Majestade, juntamente com seu material, foram completamente eliminados do Egito, Cirenaica, Líbia e Tripolitânia. Aguardo agora instruções adicionais.

WSC: Bem, obviamente, teremos que pensar em alguma outra coisa.
1943[24]

... nossas galinhas ainda não foram incubadas, embora se possa ouvi-las bicando seus ovos.
1943[25]

Bebo em homenagem às massas proletárias.
Stalin: "Saúdo o Partido Conservador."
1943[26] *Brindes no jantar oferecido por WSC a FDR e Stalin por ocasião do aniversário do anfitrião.*

Lá estava eu sentado tendo em um dos lados o grande urso russo com suas patas bem estendidas à frente, do outro, o grande búfalo americano; entre os dois se colocava o pobre e pequeno jumento inglês, que era o único, o único dos três, que conhecia o caminho certo de volta para casa.
1944[27]

... Eu esperava que estivéssemos arremessando um tigre selvagem na praia [em Anzio], mas tudo o que conseguimos foi uma baleia encalhada.
1944[28]

Um pequeno leão passeava entre um enorme urso russo e um grande elefante americano, porém talvez fique provado que só o leão sabia o caminho certo.
1945[29] *Descrevendo a Conferência de Yalta para John Colville, para o presidente tcheco e para o secretário do Exterior Masaryk.*

Hitler, saudações pessoais.
1945[30] *WSC escreveu essa mensagem numa granada de 240 mm. durante sua visita ao front do Reno.*

Considero altamente importante que troquemos apertos de mãos com os russos o mais possível para o leste.
1945[31]

... portanto imploro, Sir, que votemos o moção "que esta Casa se desloque agora para a igreja de St. Margareth, Westminster, para dar humildes e reverentes graças ao Senhor Todo-Poderoso por nos livrarmos da ameaça da dominação alemã". Esta moção é idêntica à que foi proposta tempos atrás.
1945[32]

Isso demonstra que, quando se trava uma guerra, é supremamente importante vencê-la. Você e eu estaríamos numa grande enrascada se tivéssemos perdido a guerra.

1946[33] *WSC para o general Ismay referindo-se aos resultados dos julgamentos de Nuremberg.*

Eles [os decodificadores ingleses] foram os gansos que botaram os ovos de ouro e jamais cacarejaram.
1940s[34]

Um cavalheiro, Mr. Thomson, gentilmente presenteou-me com um leão ... "Rota" ... era um leão macho de excelente forma física que, em oito anos, tornou-se pai de muitos leõezinhos. O secretário-assistente, que viajava comigo no avião, surgiu trazendo para minha apreciação alguns documentos. Um homem encantador, muito competente, porém fisicamente do tipo miúdo. Querendo fazer uma brincadeira, mostrei-lhe uma impressionante foto de Rota com a boca aberta e disse: "Caso existam alguns erros em seu trabalho, vou entregá-lo a ele. A carne anda muito em falta atualmente." O assistente levou a observação a sério. Informou à repartição que eu estava delirando.
1951[35]

Sob tiroteio
Fique calmo! Ninguém jamais foi atingido duas vezes no mesmo dia.
1899[1] *Conselho de WSC para o maquinista durante a emboscada ao seu trem blindado.*

... a bala age com indiscriminação brutal, e diante dela o cérebro de um herói ou o quarto de um cavalo têm exatamente a mesma chance por polegada quadrada na vertical.
1900[2]

Tanques
Como podia ser esperado, [o tanque A.22] apresentou muitos defeitos e problemas de monta, e quando esses problemas se tornaram evidentes, ele foi convenientemente rebatizado

como "Churchill". Os defeitos foram agora em grande parte sanados.
1942[1]

O que aconteceu com o tanque anfíbio? Por certo uma prancha flutuante ou uma galocha podem ser fabricados para atravessar o Canal em boas condições com um tanque até maior, desde que uma cabeça de praia esteja conquistada.
1943[2]

10. Política e governo

Neste capítulo, Churchill aplica sua sutileza bem-humorada à conduta dos governos, dos bolcheviques aos nazis, das ditaduras às democracias. Bem sabemos como ele tinha em elevada conta a democracia parlamentar inglesa. Ainda rapaz, leu os debates parlamentares dos cinquenta anos anteriores para se familiarizar com a linguagem, procedimentos e formas de cortesia nos tratamentos praticados na Câmara dos Comuns: um membro do Conselho Privado era "Rt. Hon." (Right Honourable – Muito Honorável), um parlamentar do próprio partido era "Hon. Friend" (Honorável Colega), um Membro do Parlamento que tivesse servido nas forças singulares era "Hon. and Gallant" (Honorável e Valoroso), um acadêmico de Direito era "Hon. and Learned" (Honorável e Erudito). Raramente, se é que alguma vez o fez, Churchill enganou-se no protocolo tradicional de sua "casa natural".

Churchill não dizia o que as pessoas queriam ouvir, mas o que ele achava que elas deviam escutar. Sua abordagem tanto para as questões domésticas quando para as internacionais foi imutável: combater com todo o ardor e força enquanto era travada a batalha, mas ser magnânimo na vitória.

Embora empregasse palavras ácidas contra os oponentes políticos, ele acreditava na cortesia fora dos debates – e nas coalizões em tempos de extremo perigo (mas não nos tempos de paz dos anos 1930, quando julgou que a coalizão esterilizava as discussões e destruía a política consistente). Ele foi a favor da taxação moderada, uma média entre os extremos da esquerda e da direita, crendo piamente que a democracia inglesa garantiria uma vida igualitária e decente para todos. Churchill foi um aristocrata, mas jamais um esnobe; gostava dos luxos da vida, mas achava que eles deveriam ter um preço em impostos; apesar de reconhecer erros na democracia, sempre respeitou o "homem das classes menos favorecidas". A justiça e a igualdade invariavelmente tiveram destaque entre seus princípios.

Banco da Inglaterra
Mon Général, devant la vieille dame de Threadneedle Street je suis impotent.

1940 *Desmond Morton para John Colville, lembrando-se da resposta dada por WSC ao general Sikorski quanto à solicitação de suprimentos em moeda estrangeira para as forças polonesas.* "The Old Lady of Threadneedle Street" *(A Velha Senhora de Threadstreet Street) é antiga alcunha do Banco da Inglaterra.*

Bolchevismo e Comunismo
A doutrina comunista objetiva a padronização universal ... Uma colmeia? Não, porque não deve haver rainha ou mel, ou pelo menos mel para os outros.
1931[1]

Manter boas relações com um comunista é como tentar fazer festas a um crocodilo; nunca se sabe se é melhor afagá-lo debaixo do queixo ou dar-lhe tapinhas em cima da cabeça; quando abre a boca, pode ser uma tentativa de sorriso, mas pode ser também que esteja se preparando para nos devorar.
1944[2]

Se eu tivesse sido adequadamente apoiado em 1919, acho que teríamos estrangulado o bolchevismo em seu berço, mas todos ergueram as mãos para o alto e exclamaram: "Que coisa chocante!"
1954[3]

Câmara dos Comuns
O sistema [de partidos] é muito favorecido pela forma longitudinal da Câmara. É fácil para um indivíduo des-

locar-se através dessas quase imperceptíveis gradações da Esquerda para a Direita, mas o ato de atravessar o corredor* requer séria consideração. Eu que o diga, que já passei duas vezes por esse difícil processo. A lógica não é a melhor orientadora quando comparada com a prática. A lógica, que fez com que fossem criadas em tantos países as assembleias semicirculares em edifícios que proporcionam a cada parlamentar não só um assento como uma tampa de mesa para socar, provou-se fatal para os governos parlamentares, como bem o sabemos aqui, onde está instalado e foi a terra de seu nascimento.
1943

Câmara dos Lordes
[Os conservadores] vão ter que defender essa Segunda Câmara como ela é: unilateral, hereditária, não purificada, não representativa, irresponsável e ausente.
1907[1]

[Os pares] têm sido extremamente malhados no [debate sobre os Lordes]. Não sejamos muito duros com eles. É um esporte tão sem graça quanto ficar brincando com peixinhos dourados ... Essas criaturas ornamentais cometem erros crassos em cada anzol que veem, e não há mesmo diversão alguma em fisgá-los. Seria uma coisa bárbara permitir que ficassem lutando por respirar na margem do ridículo público aonde se deixaram jogar. Vamos colocá-los, gentilmente e com ternura, de volta nas fontes e se algumas escamas brilhantes e douradas ficarem arranhadas por aquilo que o primeiro-ministro chama de tratamento diversificado recebido, em breve eles se recuperarão.
1909[2]

---

* [Cruzar o corredor da Câmara dos Comuns significa mudar de partido, quase sempre indo da situação para a oposição, ou vice-versa.]

Caricaturas

Da mesma forma que as enguias, supostamente, se habituaram a ser esfoladas, também os políticos estão acostumados a ser caricaturados ... Para falar a verdade, eles ficariam bastante desapontados e ofendidos se as caricaturas cessassem. Temem que a idade avançada e a obsolescência os venham atingindo sorrateiramente, e então murmuram: "Não estamos mais sendo malhados e maltratados como antes. Os bons dias terminaram."
1931

Causa e efeito políticos

O militarismo degenera em brutalidade. A lealdade promove a tirania e a bajulação. O humanitarismo se torna sentimental e ridículo. O patriotismo esconde hipocrisia. O imperialismo mergulha no nacionalismo exacerbado.
1898

Cimeiras

... quando tenho a rara e afortunada oportunidade de me reunir com o presidente dos Estados Unidos, não limitamos nossas conversas a qualquer campo. Falamos sobre toda a situação abarcando a totalidade das esferas – militar, econômica, diplomática, financeira. Tudo é examinado. E, obviamente, deveria ser mesmo assim. O fato de virmos trabalhando juntos por tanto tempo e o de nos conhecermos mutuamente muito bem sob as duras tensões da guerra, tornam as soluções dos problemas bem mais simples e rápidas. Que método ineficaz de transmitir o pensamento humano é a troca de correspondência – mesmo quando telegrafada com toda a rapidez e conveniências proporcionadas pelas modernas telecomunicações! Tal troca corresponde simplesmente a paredes brancas e mortas quando comparada com os contatos pessoais.
1944 *Churchill, o primeiro a se referir a um "encontro de cúpula". Ele aqui proporciona uma esplêndida argumentação.*

Comunismo versus Fascismo

[Eles me fazem lembrar] dos Polos Norte e Sul. Estão em lados opostos da terra, porém se você acordasse em qualquer um dos polos amanhã de manhã não saberia dizer em qual deles estaria.
1937[1]

Não vou fingir que, se tivesse que escolher entre o Comunismo e o Fascismo, optaria pelo primeiro. Espero que não me esteja reservado sobreviver num mundo sob o mando de qualquer uma dessas duas formas reveladas de governo.
1937[2]

Debate

... a ideia que algumas pessoas têm sobre ele [o debate] é que, nele, estão livres para dizerem o que quiserem, mas que se alguém contestar, isso é um desacato.
1943[1]

O desacordo é muito mais fácil de expressar, e com frequência muito mais excitante para o leitor, que a concordância.
1954[2]

Democracia

A democracia não é uma prostituta a ser apanhada na rua por um homem armado com metralhadora.
1944

Despesas

As despesas são sempre populares; a única parte impopular a respeito delas é a aquisição de numerário para pagá-las.
1901

Diplomacia

[Insisto] em ser o anfitrião do jantar programado para a noite de amanhã. Creio que tenho uma ou duas reivindicações quanto à precedência protocolar. Para início de conversa,

sou o mais antigo e o primeiro na ordem alfabética. Em segundo lugar, represento o mais longo dos três governos estabelecidos. E, em terceiro lugar, acontece que amanhã é o dia de meu aniversário.
1943 *WSC para W. Averell Harriman, embaixador dos Estados Unidos na Rússia, (1943-46). WSC foi bastante diplomático para não acrescentar que a Inglaterra também vinha combatendo havia mais tempo.*

Eleição de 1945
Pode ser que o resultado seja uma lavada e o [Partido Trabalhista] tem todo o direito de nos dar um bom chute no traseiro. Isto é democracia. É por isso que temos lutado. Passe-me a toalha.
1945[1] *WSC para o comandante Richard Pim, encarregado da Sala da Situação do primeiro-ministro durante a guerra, quando as primeiras apurações da eleição começaram a chegar, claramente desfavoráveis ao Partido Conservador.*

Um amigo meu, um oficial, estava em Zagreb, quando chegaram os resultados das últimas Eleições Gerais. Uma senhora bem idosa disse-lhe: "Pobre Mr. Churchill! Suponho que ele agora será fuzilado." Meu amigo conseguiu acalmá-la. Ele declarou que a sentença poderia ser abrandada para uma das diversas formas de trabalhos forçados sempre abertas aos súditos de Sua Majestade.
1945[2] *O oficial era Bill Deakin, assistente literário de WSC, mais tarde Cel. Deakin.*

Eleições
Bem no fundo de todos os tributos pagos à democracia está o cidadão comum, que entra na pequena cabine de votação com um pequeno lápis e faz uma pequena cruz num pequeno pedaço de papel – não há retórica rebuscada ou discussão acalorada que possam diminuir a avassaladora importância desse pequeno ato.
1944

Excessos no orçamento
Mania do desperdício ... é a política que costumava ser estigmatizada pelo falecido Mr. Thomas Gibson Bowles por ser comparada com adquirir um biscoito pela manhã bem cedo e andar o dia todo à procura de um cão para lhe oferecer.
1929

Governo, Segunda Guerra Mundial
Salvo eu e você, este é o pior governo que a Inglaterra jamais teve.
1943 *WSC para Anthony Eden.*

Greve Geral, 1926
... que fique bem claro em suas cabeças que, se vocês despejarem de novo uma Greve Geral sobre nós, jogaremos novamente sobre vocês [vaias e gritos] – outra *British Gazette*!
1926[1] *Quando WSC chegou nessa frase gozada, referindo-se ao jornal que o governo passara a publicar quando uma greve fechou os jornais regulares, os apupos se dissolveram em risadas.*

Recuso-me terminantemente em ser imparcial entre os bombeiros e o incêndio.
1926[2]

Habitação e parques
... eu gostaria que as casas das pessoas pobres ao sul do rio [Tâmisa] fossem reformadas e um grande parque, como o Battersea Park, fosse preparado para a criançada, com muitos lagos repletos de esgana-gatas* e muitas fontes.
1944

---

* [O esgana-gatas é um tipo de peixe apropriado para viver em aquários ou locais confinados, porém de temperamento muito agressivo.]

Iniciativa privada

Entre nossos oponentes socialistas grassa grande confusão. Alguns deles encaram a iniciativa privada como um tigre predador a ser liquidado. Outros a veem como vaca a ser ordenhada. [Nesse ponto, WSC imita com as mãos os movimentos da ordenha de uma vaca]. Só uns poucos a entendem como ela realmente é – o forte e voluntarioso cavalo que traciona toda a carroça.
1959

Instigador de guerras

Lamento saber que Mr. Stalin tachou [Mr. Attlee] de instigador de guerras. Acho isso completa inverdade. Também não é justo, pois o rótulo *warmonger* era, como os senhores sem dúvida ouviram, aquele que muitos amigos e seguidores de Mr. Attlee estavam esperando colar em mim quando uma eleição se aproximar ... Stalin, portanto, não só é culpado por difundir uma inverdade como também por infringir direitos autorais.
1951

Interrupções

Vossa Excelência [Mr. Logan]... arrogou-se o direito de assumir uma função que não lhe é devida, isto é, a de fazer o meu discurso em vez de deixar que eu o faça.
1933

Juízes

O que se poderia pensar se o juiz chefe do Poder Judiciário ganhasse o Derby? [Gargalhadas] Ainda assim eu poderia mencionar um sólido precedente pelo qual tal ato foi perpetrado por um primeiro-ministro, o qual, no cômputo geral, conseguiu sair incólume da situação. [Gargalhadas.]
1954 *Embora as gargalhadas ocorressem pelo fato de ele próprio ser proprietário de um haras de cavalos de corrida, WSC se referia a* Lord *Rosebery (primeiro-ministro, 1894-95), cujos cavalos,* Ladas *e* Sir Visto, *ganharam o Derby em 1894 e 1895.*

Ministério da Guerra
O Ministério da Guerra está sempre se preparando para a última guerra. Por certo entrei nesta guerra com a mentalidade criada no último conflito armado.
1942[1]

... vou fazer alguma coisa nunca antes feita e espero que a Casa não se choque com essa quebra de precedente. Vou tornar público um elogio ao Ministério da Guerra. Em todos os quarenta anos que servi nesta Câmara sempre ouvi o Ministério ser constantemente censurado antes, durante e depois de nossos diversos conflitos armados. E se a memória não me falha, com frequência compartilhei as merecidas críticas a ele endereçadas.
1944[2]

Moderados
Eles constituem uma classe de nobres deputados – todos bons homens, todos homens honestos – prontos a fazer grandes sacrifícios por suas opiniões, mas eles não têm opiniões. Prontos para morrer pela verdade, se soubessem qual é a verdade.
1903

Monarquia
Os socialistas são muito favoráveis à monarquia, e dão generosas provas disso ... Chegam a comparecer às reuniões festivas do Palácio de Buckingham. Os que têm princípios mais extremados vestem suéteres.
1947

Mulheres na política
Até as mulheres recebem votos ... Elas são forte sustentáculo para os *tories* ... O resultado não foi tão ruim quanto eu esperava ... Algumas delas foram até nomeadas ministras. Não são muitas. Acho que chegaram ao nível adequado ... isso tornou mais disfarçado e indireto o linguajar dos políticos do que no

seu tempo. E as sessões públicas são muito menos divertidas. Você não pode dizer as coisas que estava acostumado.
1947 *Para o pano de fundo dessa tirada*, vide Stories and Jokes (Histórias e Piadas) *em* The Dream.

Oposição
Não a chamem de "partido do lado oposto", mas de "partido daquele canto!"
1906[1]

Na Inglaterra, chegamos a pagar ao líder da oposição um salário de 2 mil libras por ano para assegurar que o Governo procede corretamente. Não tenho dúvida de que Mr. Attlee ... se devotará à sua missão constitucional com o zelo que, sob governos totalitários, poderia muito bem levá-lo à Sibéria ou a destinos ainda piores.
1952[2]

Padrão Ouro
... quando converso com banqueiros e economistas, após algum tempo eles começam a falar em persa, e aí eu me perco totalmente.
1924[1]

O Padrão Ouro é tão responsável pela situação das questões da indústria do carvão quanto a Corrente do Golfo.
1925[2]

Parlamento
É verdade que nada pode atar as mãos de um Parlamento. Todo Parlamento é totalmente livre para se comportar como um cavalheiro ou como um irresponsável. Todo Parlamento é totalmente livre para agir honestamente ou como um escroque. Esses são os direitos soberanos desta augusta Casa.
1948

Partidos políticos
A alternância dos partidos do poder, tal qual a rotação das safras, dá resultados benéficos.
1907

Pesquisas de opiniões
Diz-se por aí que os líderes deveriam manter seus ouvidos colados no chão.* Tudo o que posso afirmar é que a nação inglesa teria muitas dificuldades para respeitar seus líderes, caso eles fossem encontrados em posição tão comprometedora.
1941

Planejamento
Ah! Sim! Já sei; planejamento urbano – densidades populacionais, horizontes amplos, grandes espaços. Dê-me as vielas dos romances do século XVIII com seus cantos sombrios, onde espreitam às escondidas os assaltantes.
1942

Pobreza
Imagine viver numa dessas ruas – sem jamais ver uma coisa bonita – jamais comer alguma coisa saborosa – nunca dizer algo inteligente!
1908 *WSC para o secretário particular Eddie Marsh enquanto caminhavam por um bairro pobre de Manchester, pelo qual se candidatava ao Parlamento.*

Política Externa: Oriente Médio e África
No Oriente Médio, os países são áridos. Na África Oriental, eles gotejam de umidade. Existe a maior dificuldade para fazer com que alguma coisa cresça nos primeiros, e enorme dificuldade também para evitar, nos segundos, que as coisas oprimam e sufoquem em função de seu crescimento apressado. Nas colônias

---

* [Tradução literal da expressão idiomática *keep (one's) ears to the ground*, que significa ficar, como os índios, alerta ou atento, em especial quanto a rumores, tendências etc.]

africanas, a população é dócil e afável, que só requer ser bem e inteligentemente tratada para desenvolver grande capacidade econômica e produtiva; enquanto regiões do Oriente Médio se encontram indevidamente apinhadas de políticos e teólogos de caráter raivoso e combativo, que acontecem estar, ao mesmo tempo, extremamente bem armados e são extremamente calejados.
1921

Políticos
[Ao político] é solicitado que se levante (*to stand*), ele quer sentar-se (*to sit*), e todos esperam que se deite (*to lie*).*
1902[1]

De minha parte, sempre achei que um político deve ser julgado pelas animosidades que provoca entre seus oponentes. Sempre me posicionei não apenas para me deliciar com a situação, mas para merecer por completo a censura deles.
1906[2]

Primeiro-ministro
A dignidade de um primeiro-ministro, como a de uma dama, não é suscetível de diminuição parcial.
1905

Racha em partido
Intercalar um infinitivo** não é ruim – ou não tão ruim – hum, quanto rachar um partido; isto sempre é considerado o maior dos pecados.
1946

---

* [Jogo de palavras com os verbos *to stand* (levantar-se), *to sit* (sentar-se) e *to lie* (deitar-se), que também podem significar, respectivamente, candidatar-se, ocupar um cargo e mentir.]
** [Intercalar um infinitivo na construção da língua inglesa significa enfiar normalmente um advérbio ou locução adverbial entre o *to* e o infinitivo não flexionado. Por exemplo, na abertura da série para a televisão do Guerra nas Estrelas aparece: *to boldly go where no man has gone before*, onde o advérbio *boldly* se intromete entre o infinitivo *to go*.]

Reuniões, condução das
Uma bexiga vazia é prelúdio indispensável para debates frutíferos.

1950 *Depois que diversos cavalheiros de mais idade se desculparam por terem que ir ao banheiro, WSC suspendeu a reunião por cinco minutos com essa observação. O então Michael Fraser, mais tarde Lord Fraser, era um jovem que fazia anotações sobre o encontro.*

Revolução
Os que falam de revolução têm que estar preparados para a guilhotina.
1912

Sabedoria e disparate
... a grande reforma política seria conseguir alastrar com tanta facilidade e rapidez a sabedoria em vez do disparate.
1947

Socialistas
Quantos políticos volúveis não estão agora correndo o país para cima e para baixo se autodenominando verdadeiros cidadãos da Grã-Bretanha, da social democracia e das massas da nação!
1906[1]

Eles mantêm o buldogue inglês correndo atrás do próprio rabo até deixá-lo zonzo, e depois se surpreendem com o fato de o cão não conseguir afugentar o lobo da porta.
1948[2]

Nunca antes na história do governo humano um caos desses foi provocado por homens tão menores.
1949[3]

Taxação
É curiosa característica de nosso sistema de taxação como é muito mais fácil reativar um imposto antigo do que impor um novo.
1902[1]

Talvez a Casa se lembre de que há apenas sete ou oito anos enfrentei grandes dificuldades quanto ao imposto do querosene. Tratava-se de taxação importante e eu estava certo em relação a ela. Meu nobre companheiro de partido [Neville Chamberlain], um ou dois anos mais tarde, fez com que ela fosse aprovada sem incorrer em problemas de vulto e o imposto jamais arruinou em absoluto os lares ingleses ... Tentei agir com igual agilidade. Não tardou para que Mr. Snowden [ministro da Fazenda do governo trabalhista em 1929] se revoltasse com fúria avassaladora; levantei-me e retirei a proposta [do imposto do querosene]. Teria sido eu humilhado? Teria sido acusado de abandonar o combate? Não! Todos falaram: "Quão inteligente! Que rapidez de raciocínio! Que correção!" Perdoem minha referência ao fato. Eu estava em um de meus melhores dias.
1937[2] *Chamberlain tinha acabado de se tornar primeiro-ministro; no seu último orçamento como ministro da Fazenda ele propusera um imposto que estava sendo severamente criticado. A esperta intervenção de Churchill ajudou Chamberlain a retirar a proposta.*

Voto de Confiança
O Governo solicita um Voto de Confiança*, mas espero que ele não cometa o erro de pensar que se trata de uma carta de recomendação, ou um elogio, ou que ele represente espontâneos sentimentos de entusiasmo, longamente reprimidos e que não podem mais ser contidos.
1936[1]

H – é um bastardo idiota. Há cerca de meia dúzia deles por aí fazendo um estardalhaço desproporcional à sua importância. A Casa sabe disso, porém, infelizmente, as pessoas no estrangeiro os levam a sério demais; eles causam muitos estragos. Você sabe como eles votaram? Quatrocentos e sessenta e quatro a um.
1942[2]

---

* [A derrota num Voto de Confiança requer uma das duas ações seguintes: renúncia do governo ou solicitação ao monarca (ou presidente) para a dissolução do Parlamento e a convocação de eleições gerais.]

11. Educação, artes e ciência

Muitas vezes Churchill lamentou não ter feito estudos universitários, e sempre demonstrou reverente respeito pelos que o fizeram. Só quando se aproximou dos 22 anos, "o desejo de aprender", escreveu ele, "começou a me pressionar com insistência ... Então resolvi me instruir em história, filosofia, economia, e disciplinas assim; escrevi para minha mãe solicitando livros sobre os quais ouvira falar a respeito desses assuntos".

Churchill tinha acentuado interesse pela ciência, tanto militar quanto civil. O que ele disse quanto à independência energética, à tinta tendo o chumbo como pigmento e à erradicação do mosquito, por exemplo, é impressionantemente próximo das opiniões modernas. Para tanto, ele contou bastante com a assistência do professor Lindemann, o qual era capaz "de decifrar os sinais dos especialistas nos horizontes distantes e explicar-me de forma lúcida o que significavam as palavras complicadas e grotescas das matérias envolvidas."

Como político, convence-se da importância da educação, e muito se preocupou com a "revolução da informação" antes que a expressão fosse cunhada. Lia e devorava jornais, mas os considerava "uma educação a um só tempo universal e superficial".

Artes
[O diretor da Galeria Nacional, Kenneth Clark, sugeriu que os quadros da valiosa coleção de arte, por questões de segurança, fossem mandados de Londres para o Canadá.]
Não – enterre-os em cavernas e porões. Nenhum deles deve ir embora. Nós vamos vencê-los.
1940[1]

A arte está para a beleza como a honra para a honestidade, uma forma alotrópica incomum.
1899[2]

Câncer
Não se pode vencer o câncer com uma maioria. É necessário um remédio.
1930

Clássicos
Não se estudam mais os clássicos. Era uma vantagem quando existia uma disciplina comum e todas as nações estudavam os feitos dos dois Estados [Grécia e Roma, presume-se]. Agora se aprende como consertar carros.
1945[1]

Existe um ditado que diz que quando surge um novo livro deve-se ler um antigo. Como autor, não recomendo seguir tal ditado com adesão muito estrita.
1948[2]

Doença
O homem é um animal gregário e, aparentemente, os malignos micróbios que exala entram em combate e se neutralizam mutuamente. Devoram-se uns aos outros, e o homem segue incólume pela vida. Se isso não for cientificamente correto, deveria ser.
1948

Escolas públicas
Sou totalmente favorável às escolas públicas, mas não gostaria de frequentá-las de novo.
1930[1]

Hitler, num recente pronunciamento, declarou que a luta era entre os que haviam frequentado as Escolas Adolf Hitler e os que passaram por Eton. O Führer esqueceu-se de Harrow.
1940[2]

Explosivos
Essas são felizes e raras oportunidades em que pessoas respeitáveis como você e eu podemos desfrutar dos prazeres normalmente reservados ao Exército Republicano Irlandês (IRA).
1940 *Churchill para o marechal do ar, comodoro John Slessor, enquanto se encantavam com as possibilidades de um modelo de bomba julgado útil para minar o Reno a fim de prejudicar o tráfego hidroviário.*

Inglês
... por ficar mais tempo que o normal repetindo o ensino básico [em Harrow], usufruí de imensa vantagem sobre os meninos mais inteligentes ... a estrutura essencial da frase comum inglesa entranhou-se em meu ser — o que não deixa de ser muito nobre ... É natural que eu me incline por achar que os meninos devem aprender o bom inglês ... Por mim, os mais inteligentes poderiam aprender latim como um prêmio, e grego, como um deleite. Mas eu os castigaria por não saberem inglês, e os castigaria severamente.
1930

Latim
Jamais tive certeza se o ablativo absoluto deveria terminar em "e", "i", "o", "is" ou "ibus". ... Mr. Welldon parecia sofrer fisicamente quando um erro era cometido com qualquer uma dessas letras. Lembro-me de que, mais tarde, Mr. Asquith demonstrava em sua fisionomia padecer da mesma aflição quando eu, por vezes, adornava o debate no Gabinete trazendo à baila uma de minhas poucas, porém fiéis, citações em latim.
1930 *O bispo Welldon era o diretor de Harrow onde WSC estudou; H.H. Asquith foi o líder do primeiro Gabinete em que Churchill serviu.*

Metafísica
Nessa altura da vida, estou a afirmar enfaticamente minha convicção de que o sol é real e quente, quente como o inferno, e, se os metafísicos duvidam, que procurem vê-lo de perto.
1930

Míssil teleguiado
Entende, minha querida? O artefato procura o inimigo. Fareja-o. E sem qualquer interferência humana providencia sua destruição.
1952 *WSC para sua esposa.*

RMS Queen Mary
Nunca, em toda a história das travessias do Atlântico, tamanho luxo foi proporcionado àqueles que viajam como "turistas".
1936

Sócrates
Afinal, quem foi Sócrates? Um grego cheio de pontos de vista, casado com uma megera, compelido finalmente ao suicídio de tão aborrecido que era. Mas devia ser, evidentemente, personagem importante.
1896

Tecnologia
Precisamos de muitos engenheiros no mundo moderno, mas não queremos um mundo de engenheiros modernos. Necessitamos de alguns cientistas, mas temos que mantê-los em seus devidos lugares.
1948

Televisão
A televisão chegou para ocupar o lugar que merece no mundo; mas como pessoa bastante fora de moda que sou, não tenho sido um de seus principais defensores ...
1952[1]

Apesar de sermos levados a afundar a este nível, temos que nos manter atualizados em relação às conquistas modernas.
1955[2] *Declaração de Churchill enquanto era submetido a um teste para transmissão pela televisão.*

12. Pessoal

Embora Churchill gostasse de fazer pouco caso dos exercícios físicos, ele foi bastante ativo até período avançado de sua vida, jogando polo mesmo aos cinquenta anos de idade e participando de caçadas equestres até os setenta. Suas caminhadas por Chartwell foram tão bons exercícios aeróbicos quanto os que qualquer doutor poderia prescrever para um homem em idade madura.

Apesar de ele se referir modestamente ao que chamava de "minhas pinceladas", seu amigo Sir John Lavery, respeitado artista oficial da Primeira Guerra Mundial, disse: "Se ele tivesse optado pela pintura em vez de ser estadista, acredito que teria se tornado um grande mestre com os pincéis."

Churchill não frequentava igrejas com regularidade, porém não era um agnóstico (ver a última citação do subtítulo "Religião" deste capítulo). Muito cedo a diversidade religiosa foi-lhe apresentada sob a forma de "Igreja Elevada", mas por uma ama que apreciava a forma de piedade mais liberal praticada pela "Baixa Igreja". Quando se enfurecia, ele podia despejar sobre a ama Everest "as piores coisas sobre as quais podia pensar ... que iria sair para venerar ídolos".

Álcool

Tudo que posso dizer é que já tirei mais do álcool do que o álcool tirou de mim.[1]

Até aquela ocasião [1899], nunca conseguira tomar uísque. Detestava o sabor dessa bebida... Naqueles dias, o calor, embora não me causasse pessoalmente nenhum mal, estava realmente terrível; foram cinco dias com absolutamente nada para beber – a não ser o chá – que não fosse água morna, água morna com suco de limão ou água morna com uísque.

Diante dessas alternativas, "agarrei-me à Esperança Maior"*
... Desejando adaptar-me a todas as condições requeridas para o serviço em campanha, venci as fraquezas comuns da carne. Ao fim daqueles cinco dias, eu já tinha dominado totalmente minha repugnância pelo gosto do uísque. Não foi, aliás, uma vitória temporária. Pelo contrário, fortifiquei solidamente o terreno conquistado nessa época, e durante toda a vida o conservei.
1930[2]

WSC: O senhor aceitaria um uísque com soda, sr. primeiro-ministro do Paquistão?
Nazimuddin, horrorizado: Não, muito obrigado! ... Sou um abstêmio, sr. primeiro-ministro.
WSC: Um abstêmio! Cristo! Quero dizer, meu Deus! Quero dizer, por ALÁ!
1953[3] *Sir Khawaja Nazimuddin KCIE** (1894-1964) foi o segundo primeiro-ministro do Paquistão (outubro de 1951 – abril de 1953).*

Não, obrigado, vou almoçar no Buckingham Palace e não seria de bom tom se eu deslizasse para baixo da mesa real.
1942[4] *Recusando um cherry na sala de fumar da Câmara dos Comuns.*

Na Casa Branca (Seca, ai de mim!); com o sultão. Depois do jantar, recuperação dos efeitos do antes citado.
1943[5] *WSC se referia à Villa Mirador de Roosevelt como "a Casa Branca".*

Eu [tenho] profunda aversão ao leite desnatado e um preconceito não muito arraigado contra o vinho ... Pacifiquei o conflito em favor deste último ...
1943[6]

---

* [*The Larger Hope*, poema de Alfred *Lord* Tennyson no *In Memoriam*]
** [*Knight Commander of the Order of the Indian Empire*, Cavaleiro Comandante da Ordem do Império Indiano.]

Eis um abstêmio total que morreu de gota. O que é a natureza!
1944[7] *Sobre a morte de William Temple, arcebispo de Canterbury.*

A esta altura preciso lubrificar a garganta, se me for permitido. Deve ser uma enorme satisfação para a nobre senhora representante do distrito de Sutton, em Plymouth [*Lady* Astor, rematada abstêmia], ver-me bebendo um copo d'água.
1944[8]

Não posso viver sem champanhe. Na vitória, a mereço. Na derrota, preciso dela.
1946[9] *WSC para Madame Odette Pol-Roger.*

Eu poderia respeitar a antiga tradição da Marinha sem bebida alcoólica, mas essa prática atormentadora da taça vazia de vinho – e ainda a questão de um pouco cedo demais ou um pouco tarde demais –, só espero que você não siga procedimentos tão bárbaros em sua residência, Franks!
1952[10] *Para o embaixador inglês Sir Oliver Franks durante uma visita à Casa Branca.*

Quando eu era mais moço obedecia à regra de nunca tomar bebida forte antes do almoço. Agora minha regra é jamais tomá-la antes do café da manhã.
1952[11] *WSC para o rei George VI quando se despediam da rainha Elizabeth e do duque de Edimburgo para aquele que deveria ser um prolongado giro pela Commonwealth. O rei faleceu cinco dias depois.*

Não o quero nem preciso dele, porém seria muito arriscado interferir no hábito de toda uma vida que não pode ser extirpado.
1953[12]

Ambição
WSC: ...se você vai convocar todos os partidos, tem que me incluir no seu novo Partido Nacional.

Lloyd George: Oh, não! Para ser considerado um partido é necessário que tenha pelo menos um adepto. Você não tem nenhum.
1920

Ancestralidade
Adlai Stevenson: Que mensagem sua você gostaria que eu levasse à União de Língua Inglesa?

WSC: Minha mãe era americana, meus antepassados foram oficiais no exército de Washington; portanto eu próprio sou uma União de Língua Inglesa.
1953

Animais
Os cães olham para os homens de baixo, os gatos, de cima. Deem-me um porco! Ele nos encara e nos trata como iguais.[1]

Todos os cisnes negros estão se acasalando, não apenas pai e mãe, como também irmãos e irmãs estão formando casais. Os Ptolomeus sempre procederam assim e o resultado foi Cleópatra. De qualquer maneira, não julguei que fosse minha obrigação interferir.
1935[2] *WSC em carta para a esposa que viajava pelos Mares do Sul.*

Uma das novilhas deu um mau passo antes de vir para aqui e está por parir um bezerro. Proponho, no entanto, que o tratemos como filho.
1935[3]

Não vamos discriminar os russos por causa de um touro ... Mas eles terão que pagar um bom preço para comprá-lo. Não vou mandar o pobre diabo para a Rússia por uns poucos trocados.
c. 1946[4] *WSC anunciara para venda um touro premiado; os russos manifestaram interesse.*

Você trincha [o ganso], Clemmie. Ele era meu amigo.
c. 1958[5]

Anúncio de recompensa
Creio que você poderia ter subido até cinquenta libras sem receio de estar supervalorizando o valor do prêmio – caso o procurado estivesse vivo!
1908 *WSC para Mr. de Haas, o policial que oferecera a recompensa de 25 libras pela recaptura de Churchill, vivo ou morto, após sua escapada da prisão bôer em 1899.*

Aposentadoria
Recuso-me a ser exibido como um touro premiado cuja principal atração seja sua bravura passada.
1945[1]

Meu caro Edward, pode dizer aos seus colegas que uma das leis inalteráveis em minha vida é jamais sair do *pub* antes da hora de fechar.
c. 1947[2] *Lord Halifax sugerira em particular, em nome de muitos tories, que WSC renunciasse à Liderança da Oposição.*

[Repórter: "O senhor já pensou em se aposentar?"] Não até que eu fique muito pior e o Império melhore bastante.
1953[3]

Sinto-me como um avião ao fim de seu voo, na escuridão, com o combustível acabando e em busca de uma aterragem segura.
1954[4] *WSC para R. A. Butler.*

Autoafirmação
Somos todos insetos, mas acho que sou um vaga-lume.
1906[1]

Sua Excelência, depois de beber à saúde da Rainha-Imperatriz encerrando o jantar, teve a bondade de pedir minha opinião sobre vários assuntos. Em vista da magnificência de sua hospitalidade julguei de mau gosto não lhe responder com a maior precisão ... Na realidade, houve momentos em

que ele pareceu querer expor seus pontos de vista. Mas achei que não seria cortês dar-lhe trabalho e, de boa vontade, ele pareceu conformar-se com minha loquacidade.
1930[2] *Uma conversa de 1895 com* Lord *Sandhurst, governador de Bombaim;* Winston *era um oficial subalterno com 21 anos de idade.*

Durante minha vida concentrei-me mais na autoafirmação do que na autonegação.
1953[3]

Bispos
Eu gostaria que você soubesse que, só no ano passado, nomeei não menos que seis bispos. Se isso não é inspiração divina, é o quê?
1942 *WSC para Jan Smuts, que acusara WSC de fracasso em proporcionar liderança espiritual.* Lord *Moran cita WSC dizendo, "Fiz mais bispos que qualquer outro desde Santo Agostinho", mas a versão de* Lord *Tedder parece mais provável.*

Cavalos
Nenhuma hora da vida é perdida quando passada numa sela. Muitos jovens com frequência se arruinaram por possuírem cavalos ou apostar nas corridas, mas nunca por montá-los; salvo, é evidente, quando quebram os pescoços, o que, quando ocorre a galope, é uma morte gloriosa.
1930[1]

Eu lhe disse que aquela era uma grande corrida e que se ele a ganhasse jamais correria de novo e passaria o resto da vida em agradável companhia feminina. Colonist II não focou na corrida.
1949[2] *Seu melhor cavalo de corridas, Colonist II, perdera uma delas ...*

Mandá-lo para a reprodução? E depois ouvir que o primeiro-ministro da Grã-Bretanha está vivendo dos atos imorais de um cavalo?
c. 1949[3] *Foi sugerido que WSC colocasse Colonist II num haras para a reprodução.*

Charutos
Como posso dizer que a influência tranquilizante do tabaco sobre meu sistema nervoso não permitiu que eu me comportasse com calma e cortesia em algumas reuniões pessoais e negociações complicadas, ou fez com que eu atravessasse serenamente horas críticas de ansiosa espera? Como posso dizer que meu temperamento seria tão suave ou minha companhia tão agradável se eu tivesse renegado solenemente, desde minha mocidade, a deusa Nicotina.
1931[1]

... entre dois charutos, opte pelo mais longo e o mais forte.
s.d.[2]

Coleta de sangue
É claro que você pode colher em meu dedo ou na minha orelha, mas eu tenho quase infinita amplitude nas nádegas.
1943

Confiança
Sou como um piloto de bombardeiro. Saio noite após noite, e sei que numa delas não retornarei.
c. 1942[1] *WSC para Malcolm MacDonald, debatendo seus altos e baixos na confiança no país.*

A sensação é forte de que cumpri meu dever. Não tenho nenhuma mensagem. Aliás, tenho uma. Agora, digo apenas "combatam os malditos socialistas", não acredito nesse bravo novo mundo.
1944[2]

Conselho
O que você diz é muito avoengo. Você sempre me dá conselhos como se fosse um avô. Sabia que você não é meu avô?
1945 *WSC para seu filho Randolph.*

Corridas

Por favor, dê uma olhada no *The Times* de 4 de fevereiro. É verdade que corridas de sete milhas através do campo são obrigatórias para todos nessa divisão, dos generais aos soldados rasos? Será que o Alto Comando do Exército acha isso uma boa ideia? Para mim é um excesso. Um coronel ou um general não devem exaurir suas forças tentando competir com jovens em corridas de sete milhas através do campo. Quem é o general comandante dessa divisão? Ele também corre as sete milhas? Em caso positivo, ele seria mais útil no futebol do que na guerra. Napoleão seria capaz de correr sete milhas em Austerlitz? Talvez o outro sujeito que ele pôs a correr.

1941 *Tem-se como quase certo que o general comandante era Montgomery, fanático pelo preparo físico (ver "Forma física e saúde").*

Criados

WSC: Minha querida Maxine, você reparou que fiz todo o trajeto de Londres até aqui sem a companhia de meu criado?

Maxine Elliott, tendo pelo menos dessa vez a última palavra: Winston, quão terrivelmente corajoso de sua parte!

c. 1939

Crítica

Sempre auferi continuados benefícios da crítica em todos os períodos de minha vida, e não me lembro de qualquer ocasião em que ela foi pouco intensa.

1914[1]

Vê aqueles microfones? Eles foram colocados em nossas mesas pela British Broadcasting Corporation ... Podemos bem imaginar Sir John Reith, com a transpiração reluzindo em sua soberba testa e a mão postada sobre a chave de controle, ponderando, enquanto pronuncio as palavras, se é ou não seu dever proteger seus inocentes ouvintes contra algo irreverente que eu possa falar a respeito de Mr. Gandhi, ou sobre

os bolcheviques, ou mesmo a respeito de nosso peripatético primeiro-ministro.
1933[2] *Sir John Reith, diretor-gerente da BBC, não era admirador de WSC.*

Por causa de meia-dúzia de gafanhotos pousados em arbustos que perturbam o campo com o irritante ruído que produzem, enquanto milhares de cabeças de gado repousam à sombra do carvalho inglês mastigando seus alimentos em silêncio, rogo que não pense que os barulhentos são os únicos habitantes do campo, os quais, na realidade, são bastante numerosos; ou que eles são mais do que pequenos insetos de ocasião, magros, murchos e saltadores, se bem que ruidosos e enervantes.
1939[3]

Destino
... é claro que basta observar a Natureza para se ver quão pouco caso ela faz da vida. Sua santidade é uma ideia totalmente humana. Pense-se numa bela borboleta com 12 milhões de minúsculas penas nas asas e 16 mil lentes no olho, como um belo manjar para um pássaro. Vamos rir do Destino. Talvez ele fique satisfeito.
1898[1]

Si une bombe tombe sur la maison, nous mourrons ensemble comme deux braves gens! [Se uma bomba cair sobre este prédio, nós morreremos nobremente juntos.]
1940[2] *WSC para Jacques Duchesne, da BBC, que observara não achar o nº 10 de Downing Street muito seguro. WSC gargalhou gostosamente.*

Vou entrar no avião, engolir minha pílula e acordarei ou nas Bermudas ou no céu. A menos que qualquer um dos senhores tenha imaginado outra sorte para mim.
1953[3]

Ducado
Duque de Bardogs até que soaria bem, e Randolph poderia ser marquês de Chartwell.
1947[1] *Churchill adquirira a Fazenda Bardogs, com 120 acres, em 1947.*

Eu deveria ter sido o duque de Chartwell, e Randolph o marquês de *Toodledo*.*
1952[2]

Em primeiro lugar, que duque eu poderia ser? Em segundo, mesmo que eu fosse duque de Westerham, o que Randolph seria? Só poderia ser marquês de Puddledock Lane, única propriedade que possuo além de Chartwell. Em terceiro lugar, e agora falando muito sério, quero morrer na Câmara dos Comuns como Winston Churchill.
1955[3]

Eleições
[1899] Todo o mundo atirou a culpa sobre mim. Tenho notado que é sempre assim, talvez por se pensar que sou, mais do que ninguém, capaz de suportá-la.
1930[1]

[1922] Num piscar de olhos vi-me sem cargo, sem um assento no Parlamento, sem um partido e sem um apêndice.
1931[2] *Churchill foi acometido de apendicite enquanto perdia a eleição.*

[1945] Clementine Churchill: "Pode ter sido uma bênção disfarçada."
WSC: Neste momento ela me parece, de fato, muito bem disfarçada.
1945[3]

---
* [Marquês de Toodledo pode ser traduzido como "Marquês Sabe Lá de Onde".]

[1951] ...esta é a primeira vez que me dirijo a esta assembleia como primeiro-ministro. Os fatos falam por mim. Quando eu aqui deveria estar como primeiro-ministro, o Guilhall foi explodido, e antes que ele fosse restaurado, o explodido fui eu!
1951[4]

Engolindo palavras
No curso de minha vida, com frequência tive que engolir minhas palavras, e tenho que confessar que sempre achei estar fazendo uma refeição completa.
c. 1940s

Envelhecimento
WSC: Quem é aquele lá?
　　Julian Amery: Morrison, ele foi seu secretário do Interior.
　　WSC: Tem certeza? Ele parece muito envelhecido!
1956

Escrever
Ganhei a vida ditando artigos que tiveram ampla circulação ... Vivi, de fato, da boca para a mão.*
1948

Estafilococo
A bactéria parece ter adquirido minha truculência. Esta é sua hora mais bela.**
1946

Exames
Aquelas provas eram um verdadeiro suplício para mim ... Eu

---
* [A expressão idiomática na ordem certa é *hand-to-mouth* (da mão para a boca); ver Capítulo 4 "Churchillianismos".]
** [Referência de WSC a *their finest hour* um de seus discursos mais famosos.]

gostaria que eles me perguntassem o que eu sabia. Mas eles tentavam sempre indagar o que eu não sabia.
1930[1]

Comecei por escrever o meu nome no alto da página. Acrescentei o número da questão: 1. Depois de muito refletir, fechei o algarismo em parênteses (1). Isto feito, nada mais me ocorreu de relevante ou exato. Brotaram não sei de onde um borrão e vários riscos de tinta.
1930[2] *O confessado fracasso de WSC no seu exame de latim é quase certamente um mito; os pesquisadores de Harrow jamais encontraram esse documento citado.*

Surpreende-me que, neste estágio da vida, sejam-me conferidos tantos títulos honoríficos por saber que, como estudante, tive muitas dificuldades para passar nos exames. Na realidade pode-se quase afirmar que ninguém que passou em tão poucas provas recebeu tantos graus acadêmicos.
1946[3]

Falta de pontualidade
Entendo que terei de me comportar muito bem: ser pontual, contido, reservado, em suma, exibir todos os atributos que mais me faltam.
1930 *Antes de um jantar, em 1896, em homenagem ao príncipe de Gales.*

Família
Como começa uma família? Com um moço se apaixonando por uma mocinha. Melhor alternativa ainda não foi encontrada!
1950

Fazenda
Vou fazer a minha fazenda se pagar, custe o que custar.
1926

Forma física e saúde

Gen. Montgomery: Não bebo, não fumo e estou cem por cento em forma.

WSC: Eu bebo, eu fumo e estou duzentos por cento em forma.
1942[1] *Troca de palavras registrada quando Churchill nomeou Montgomery comandante do VIII Exército.*

Sir Charles tem sido durante todo esse tempo uma grande preocupação para nós, porém creio que o tiraremos desta.
   [Após um bom tempo tomando remédios e frequentando psicólogo]
   ... Meu Deus! Vou ter que trabalhar duro para ensinar a esse cara sua profissão!
1942[2] *O médico particular de WSC, Sir Charles Moran (mais tarde Lord Moran), fora acometido de doença estomacal.*

Faço meus exercícios pegando as alças dos caixões de muitos amigos meus que se exercitaram durante toda a vida.
c. 1950s[3]

Golfe

É como perseguir um comprimido de quinino num pasto de gado.
c. 1915 *WSC jogou golfe, com uma certa indiferença, desde cerca de 1910 até os anos 1920.*

Gripe

Foi um mosquito inglês que eu trouxe comigo para bordo, e nenhuma culpa deve ser imputada ao continente europeu, de resto muito desencaminhado em outros aspectos.
1932

Improviso

Harold Macmillan: O que está fazendo, senhor primeiro-ministro?
   WSC: Ensaiando minhas tiradas improvisadas de bom humor.

c.1941-54 *Uma versão menos engraçada está no livro de Macmillan (ed. 1969, p. 496): "Preparando improvisos! Trabalho duro!"*

Inconsistência
Minhas opiniões constituem um harmonioso processo que as deixa em correlação com as atuais marchas dos acontecimentos.
1952

Instigação
Decerto não sou daqueles que precisam ser instigados. De fato, antes de mais nada, sou um instigador.
1942

Interferência
Você quer dizer como uma grande mosca varejeira esvoaçando sobre bosta de vaca!
1942 *Eden sugerira que WSC não interferisse nos comandos militares do Oriente Médio. WSC não fez outra coisa: Auchinleck foi destituído da função.*

Interrupções
Durante todos os anos em que estive na Casa sempre disse para mim mesmo uma coisa: "Não interrompa", e jamais fui capaz de cumprir tal decisão.
1935[1]

Randolph, não me interrompa enquanto eu o estou interrompendo!
c. 1930s *WSC para seu filho.*

Matemática
... os números ligavam-se por toda espécie de laços e faziam uns com os outros coisas extremamente difíceis de se prever com exatidão. A gente era obrigado a dizer o que eles faziam cada vez que se juntavam ... Às vezes os algarismos passavam a dever um ao outro; precisava-se então pedir emprestado

ou transportar algarismo, e depois era necessário restituir o que a gente pedira emprestado.
1930[1]

Chegamos a um mundo de "Alice no País das Maravilhas" – aos portais da "Equação do Segundo Grau". Com uma careta bizarra, esta apontava-nos o caminho secreto da Teoria das Potências, que por sua vez apresentavam ao recém-chegado todos os rigores do Teorema do Binômio. Pouco adiante, antros obscuros, iluminados por fogos sinistros e sulfurosos, abrigavam um dragão chamado "Cálculo Diferencial". Esse monstro, porém, passava dos limites que os examinadores oficiais impunham à nossa viagem de peregrinos. Voltávamo-nos para o outro lado, não pelos planaltos de Montanhas Inefáveis, mas por estranhos desfiladeiros cheios de anagramas e acrósticos, chamados Senos, Cossenos e Tangentes. Todos, ao que parece, muito importantes, sobretudo quando multiplicados uns pelos outros ou por si mesmos! ... Nunca mais revi nenhuma dessas criaturas.
1930[2]

Uma vez tive, sobre a matemática, a impressão de que ela não guardava mais segredos para mim – Sondara-lhe todas as profundezas, todos os recantos: O Bismo e o Abismo. Assim como se pode acompanhar a passagem de Vênus ou a Parada do Prefeito de Londres, vi os números passarem ao infinito trocando o sinal de mais para menos. Percebi exatamente como isso acontecia e por que a tergiversação era inevitável e, como um passo, determinava todos os outros. Era como na política. Mas o lampejo me veio depois do jantar, e o deixei passar!
1930[3]

Morte (ver também "Vida após a morte")
Embora esteja preparado para o sacrifício, eu preferiria que ele fosse postergado.
1930[1]

Estou pronto para o encontro com meu Criador. Agora, se meu Criador está preparado para o suplício de me receber, isto é outra história.
1949[2]

Disseram-me que há um boato circulando por muitos lugares de que morri nesta manhã. Isto é uma absoluta inverdade.
1951[3]

Nascimento
É uma coisa extraordinária a maneira com que os bebês são trazidos para este mundo. Não sei como Deus imaginou isso.
1954

Nobreza
Agora Clemmie finalmente será uma *lady*.
1953 *WSC fora indicado para Cavaleiro da Ordem da Jarreteira.*

Pele
Minha pele é muito sensível e delicada, e demanda roupas leves. Veja a textura dela. Sinta-a [descobrindo o antebraço ao enrolar a manga da camisa]. Minha pele não tem manchas – salvo uma pequena porção de minha anatomia onde sacrifiquei um pedaço de pele para cedê-lo a um oficial irmão em armas ferido em combate, no meu caminho de volta da campanha do Sudão.
c. 1908

Pensamento
Meu jovem rapaz, o pensamento é o mais perigoso processo conhecido pelo homem.
s.d. *WSC para Lord Home, que disse precisar um pouco mais de tempo para meditar sobre uma complicada questão política.*

Pintura
Como um grande peixe fisgado em águas profundas, ou um mergulhador subitamente içado, minhas veias ameaçaram estourar com a queda da pressão ... E foi então que a Musa

da Pintura veio em meu socorro – por pura caridade ou generosidade porque, afinal de contas, ela não tinha nada a ver comigo – e disse: "Será que esses brinquedos fazem-lhe bem? Eles são do agrado de algumas pessoas."
1921[1]

... com muita cautela, misturei um pouco de tinta azul na palheta com um pincel muito pequeno e depois, com infinita precaução fiz uma pequena marca, do tamanho de um feijão, na afrontada tela branquinha à minha frente. Era um desafio, um deliberado desafio, mas tão debilitado, tão hesitante, que não merecia reação. Naquele momento, foi ouvido o barulho de um carro se aproximando pela estrada. Do veículo saltou rápida e agilmente nada menos que a talentosa esposa de Sir John Lavery. "Pintando! Mas qual é a causa da hesitação? Dê-me um pincel, o grande." Mergulho na terebentina, esfregões no azul e no branco, sacudidelas nervosas na palheta, nada mais limpo e, então, diversas e fortes pinceladas e talhos de azul na absolutamente acovardada tela. Qualquer um podia perceber que ela não reagiria. Nenhum destino atroz vingaria a alegre violência. A tela, indefesa, abriu um largo sorriso diante de mim. Estava quebrada a magia. As doentias inibições se afastaram. Peguei o maior dos pincéis e caí em cima de minha vítima com fúria ensandecida. Nunca mais me amedrontei à frente de uma tela.
1921[2]

Não posso fingir que sou imparcial em relação às cores. Alegro-me com as brilhantes e tenho autêntica pena dos pobres marrons. Quando eu chegar no céu pretendo gastar uma considerável parcela do meu primeiro milhão de anos pintando, e chegar ao âmago do assunto.
1922[3]

Consigam-me garrafas de tamanhos diferentes e amistosas para que sirvam de guarda para esta majestosa aqui.

c. 1930s *Churchill deu o nome de "Bottlescape (ver Capítulo 4 "Churchillianismos") a uma de suas famosas naturezas mortas. Num determinado Natal, ele ganhou vistosa e grande garrafa de brandy; mandou então as crianças procurarem por Chartwell outras garrafas para que fossem pintadas ao lado dela.*

... uma árvore não se queixa de que não lhe fiz justiça.
c. 1930[5]

Não podemos nos ver livres desse grande espaço branco?
... Sempre avalio toda a cena com maior clareza se ataco primeiro as áreas brancas e depois me concentro nos bolsões de resistência.
1933[6] *O sobrinho de WSC, Johnnie, pintava murais na arcada do jardim em Chartwell.*

Se o produto final parecer uma obra de arte, então ele é uma obra de arte.
1946[7] *Resposta de WSC quando seu detetive, vendo-o ser ajudado pela imagem de um projetor sobre a tela para dar as pinceladas finais de um quadro, disse: "Está parecendo um pouco de trapaça."*

Predestinação
WSC: Não seria melhor você buscar proteção?
Lord Beaverbrook: Que nada! Sou um presbiteriano e acredito na Predestinação.
WSC: Mas será que Hitler também é?
1940 *Desmond Morton para Leo Amery. Lord Beaverbrook saía de nº 10 Downing Street quando começou o fogo antiaéreo.*

Previsão
[Esforço-me para ...] ter a capacidade de prever aquilo que irá acontecer amanhã, na próxima semana, no próximo mês e no próximo ano – e ter habilidade para, depois, explicar por que não aconteceu.
1902

Profecia

... sempre evito fazer profecias de antemão, porque é muito melhor política profetizar depois que os eventos tiveram lugar.
1943

Racionamento de comida

WSC: Não é uma má refeição, não é mesmo ...
Ministro da Alimentação: Mas essas não são rações para uma refeição diária. São para uma semana.
WSC: Uma semana! Então as pessoas estão passando fome. Isso tem que ser remediado.
c. 1951 *O racionamento de tempo de guerra continuara sob o governo trabalhista depois do conflito armado. O governo de Churchill em 1951 acabou com ele.*

Refeições e pratos

Este hotel é um grande suplício para mim. Ontem de manhã eu havia comido metade de um peixe defumado quando uma grande larva rastejou para fora do peixe e escancarou os dentes para mim! Hoje não pude encontrar nada nutritivo no almoço a não ser panquecas. São esses os percalços que [wh(ich)] grandes e bons homens têm que enfrentar quando servem ao seu país.
1909[1] *WSC para a esposa.*

As refeições americanas quase sempre começam com uma grande fatia de melão ou grapefruit acompanhada com água com gelo. Essa é, sem dúvida, uma maneira algo austera de dar boas-vindas a um homem faminto no almoço ou no jantar. Sobremesa, em minha opinião, deve ser servida no fim da refeição, e não no início. A influência dos costumes americanos é agora tão insidiosa que, nos últimos anos, venho notando esse hábito se infiltrando na Inglaterra. Ele deve ser firmemente repelido.
1933[2]

Mas que magnífico peixe! Vou "querer um pedaço dele"... Não! Não! Vou comer carne. Os carnívoros ganharão esta guerra.
c. 1940s[3]

Quase todos os que inventam modas para os alimentos, vegetarianos e afins, têm morrido jovens após longo período de declínio senil ...
1940[4] *WSC para o ministro da Alimentação*, Lord *Woolton*.

... esses miseráveis camundongos jamais deveriam ter sido retirados da tumba de Tutankamon.
1942[5] *WSC rebelando-se contra um prato de codornas servido durante uma visita de dignitários russos.*

Dez deméritos! Você deveria saber que nenhum cavalheiro come sanduíche de presunto sem mostarda.
1942[6]

O queijo Stilton e o vinho do porto são como marido e mulher. Jamais devem ser separados. "Aqueles que Deus juntou, nenhum homem deve separar." Não – nenhuma mulher também.
1946[7]

Rogo que levem embora esse pudim. Ele não possui um tema*.
c. 1946-51[8] *Observação feita por WSC durante um almoço para o Shadow Cabinet* enquanto o Parlamento estava em sessão.*

Religião
[A prova de que Deus existe] é Lênin e Trotsky, para os quais um inferno [é] necessário.
1929[1]

---

* [Observação muitas vezes ouvida por seus familiares. Perguntado sobre o que conferia tema a um pudim, *Lord* Soames achou que WSC queria um sabor característico ou um ingrediente. Shadow Cabinet, ministério composto pelo maior partido de oposição com os mesmos ministros que o governo e que se senta nos *frontbenchs* defronte aos ministros da situação.]

Acumulei nesses anos [como menino] um tal superávit no Banco da Prática Religiosa que venho sacando com confiança desde então. Casamentos, batizados e funerais foram responsáveis por entradas anuais constantes em minha conta, mas nunca me preocupei em verificar com exatidão o saldo nela. Pode muito bem acontecer que eu esteja no vermelho.
1930[2]

Fico feliz em ter ido. Fazia muito tempo que minha mente não ficava sossegada. Além do mais, gosto de entoar hinos religiosos.
1941[3] *Roosevelt levou WSC a uma Igreja Metodista, dizendo: "É bom para Churchill cantar uns hinos com os crentes."*

Eu não queria de jeito e maneira o trabalho de Deus. O meu já é suficientemente duro, mas o d'Ele é muito mais difícil. E – hum – Ele não pode nem renunciar.
1949[4]

Eu não sou um pilar da Igreja, e sim uma escora – eu a apoio por fora.
1954[5]

Retrato como presente de aniversário
O quadro é um admirável exemplar de arte moderna. Ele decerto combina força e sinceridade.
1954 *A tirada provocou gargalhadas, mas Churchill na verdade detestou o retrato pintado por Graham Sutherland e presenteado pelas duas Casas por ocasião de seu 80º aniversário. Sua aversão foi tão grande que a esposa mandou queimá-lo.*

Rudeza
WSC: Você foi muito rude comigo. Sabe?

Enfermeiro Roy Howells: Sim, mas o senhor também foi muito rude.

WSC replicou "com leve ar sorridente": É verdade, mas eu sou um grande homem.
c. 1958

Sexo

O tabaco é ruim para o amor; mas a idade avançada ainda é pior.
1951[1]

O sexo não nasceu até que o protoplasma – ou o ser unicelular se você preferir – dividiu-se por si mesmo. Porém, se não fosse tal divisão, os sexos não teriam toda a diversão de que gozam quando se juntam outra vez.
1954[2]

Suicídio

Se houver necessidade de enforcamento, que seja por se cometer crime hediondo. Nunca é necessário o suicídio, especialmente quando se pode sobreviver para nos arrependermos do ato.
c. 1953 *Uma moção relativamente sem importância poderia levar o governo, que contava com muito pequena maioria, à derrota.*

Surdez

Por que você parou de ler? Não sabe que a água é boa condutora de som?
1952[1] *Durante seu banho, ouvindo relatórios secretos lidos por Sir Leslie Hollis, Churchill de repente submergiu.*

WSC: Quem está falando?
   Julian Amery: Braine.
   WSC: James?
   Amery: Não! Braine*
   WSC: Drain*. Não pode ser Drain. Ninguém se chama Drain.
   Amery rabiscou "Braine" numa folha de papel.
   WSC: Ah! Agora sim. Ele faz jus ao nome?
1956[2]

---

* [*brain* (cérebro); *drain* (dreno, escoadouro).]

Tagarelice
Pedir para que eu não discurse é o mesmo que solicitar a uma centopeia que se desloque sem encostar um dos pés no chão.
1940

Trindade
Moi, je suis um frère aîné de La Trinité.
1914[1] *Em Antuérpia, para congregar os defensores da cidade, WSC envergou o uniforme de um Irmão Antigo da Trinity House (autoridade inglesa do farol), explicando para um belga confuso, que julgou WSC estar se considerando divino.*

É muito gentil da parte deles [Cambridge]. E devo, sem dúvida, me sentir satisfeito. Afinal de contas, isso me colocará lado a lado com a Trindade.
1958[2] *A Universidade de Cambridge havia aceitado a nova Faculdade Churchill; a Faculdade Trinity faz parte da universidade.*

Vestuário
Por que eu não estaria com um paletó roto se meu pai perdeu o cargo?
1894 *Quando repreendido por voltar de Harrow para casa com a jaqueta rasgada nos cotovelos.*

Vida (ver também "Destino")
Tenho sorte de não ter que viver minha vida de novo. Há uma terrível degradação dos valores.
1950

Vida após a morte (ver também "Morte")
Todos terão direitos iguais no Céu. Lá é que haverá mesmo o Estado do Bem-Estar Social. E existirão até querubins. Será muito estranho tê-los ao nosso redor.
c. 1946[1]

Sr. Presidente, espero que tenha a resposta na ponta da língua para a hora em que eu e o senhor nos apresentarmos diante de São Pedro e ele disser: "Entendo que vocês dois são os responsáveis pelo desenvolvimento dessas bombas atômicas."

Robert Lovett: "O senhor tem certeza, senhor primeiro-ministro, que estará no mesmo local que o presidente na hora desse interrogatório?"

WSC: Lovett, meu enorme respeito pelo Criador deste universo e de inúmeros outros confere-me a garantia de que Ele não condenará um homem sem que haja uma inquirição.

Lovett: É verdade, porém sua inquirição dificilmente começará na Corte Suprema, ou necessariamente no mesmo lugar da do presidente. Ela poderá ocorrer num outro tribunal bem distante.

WSC: Não duvido disso, mas, aconteça onde acontecer, ela se dará segundo os princípios da Lei Consuetudinária Inglesa.
1953[2]

Ele levará minha pele consigo, um espécie de vanguarda para o outro mundo.
1954[3] *Sobre Richard Molyneux, um companheiro militar que fora ferido em Omdurman e recebera um enxerto da pele de Churchill naquela ocasião.*

Apêndice

Enganosos ("Red Herrings")

Listadas abaixo estão as mais populares citações bem-humoradas incorretamente atribuídas a Churchill. Muitas observações que ele fez na verdade foram de autoria de outros, tais como "A democracia é o pior sistema, com exceção de todos os outros". As citações de Ribald são com frequência aceitas como se fossem de Churchill, mas o estadista não era dado a observações grosseiras e quase sempre tratava o sexo oposto com a cortesia vitoriana.

Attlee, Clement
Um táxi vazio para à frente do nº 10 de Downing Street; a porta do carro é aberta e Clement Attlee desembarca ...
Attlee é um cordeiro em pele de cordeiro.
Nenhuma das duas tem autoria. O editor Verificador de Citações, Ralph Keyes, escreveu ao editor: "O pesquisador de citações inglesas, Nigel Rees, acredita que os comentários tiveram origem no colunista de jornal J.B. Morton, nos anos 1930.

Aveia e sálvia
Os jovens semeiam aveia selvagem, os idosos cultivam a sálvia.*
Constantemente atribuída a Churchill, mas que pode ser rastreada a An Adage, *de Henry James Byron (1835-84).*

---

* [Jogo de palavras com termos agrícolas: *to sow one's wild oats* é expressão idiomática que contém aveia (*oat*), porém significa: entregar-se às loucuras e aos prazeres da juventude; *sage* significa sálvia, mas também sabedoria.]

Balfour, Arthur
Se é para não fazer coisa alguma, então Arthur é o nome certo para a tarefa. Ninguém se iguala a ele.
Supostamente dito para Lloyd George. Sem autoria.

Beijar e escalar
As duas coisas mais difíceis para um homem são escalar uma parede que se inclina na direção dele e beijar uma moça que se inclina na direção oposta.
Comumente atribuída a WSC, mas não encontrada nos registros escritos.

Charutos e mulheres
Fumar charutos é como se apaixonar; primeiro é-se atraído por sua forma; depois apegamo-nos ao seu sabor; mas deve-se ter sempre em mente que é preciso não deixar a chama apagar.
2005 *De ouvir dizer, atribuída a Randolph Churchill.*

Cruz de Lorena
A cruz mais pesada que tenho que carregar é a Cruz de Lorena.
1943 *Uma referência a de Gaulle, mas a autoria não foi encontrada; por vezes ela é atribuída ao general Edward Louis Spears, chefe da missão inglesa na França (1940-42).*

Democracia
O melhor argumento contra a democracia é uma conversa de cinco minutos com o eleitor comum.[1]
Citação muito repetida, mas sem autoria.

... a democracia é a pior forma de governo, exceto todas as outras que têm sido tentadas de tempos em tempos ...
1947[2] *Estas são as palavras de Churchill, mas precedidas por "como tem sido dito ...". Com certeza, ele não é o autor.*

Discursos, longos versus curtos
Hoje vou fazer um discurso longo; não tive tempo para preparar um curto.
Negado por Churchill. Em 1965, Blaise Pascal escreveu a um amigo: "Eu só escrevi esta longa carta porque não tive tempo para torná-la curta."

Duques
... um duque totalmente equipado custa tanto quanto dois encouraçados; os duques são tão aterradores quanto as belonaves e duram mais que elas.
1909 *O autor foi o aliado de WSC na campanha pela reforma da Câmara dos Lordes, David Lloyd George.*

Estilo de vida e vida
Você faz um estilo de vida com o que ganha, mas constrói uma vida com o que dá.
Repetida por muitas fontes, inclusive numa propaganda de TV, em 2005, da Lockeed Martin. Ditado antigo colocado na boca de Churchill.

Falar, falar
Falar, falar é melhor que guerrear, guerrear.
1954 *Sir Martin Gilbert afirma em Finest Hour que Churchill na verdade disse: "O encontro queixo a queixo é melhor que a guerra." Quatro anos mais tarde, durante uma visita à Austrália, Harold Macmillan disse: "Falar, falar é melhor do que guerrear, guerrear."*

Garrafas de cerveja
Lutaremos nas praias, nos locais de desembarques, combateremos nos campos e nas ruas, lutaremos nas colinas... E atingiremos suas cabeças com garrafas de cerveja, pois é tudo que nos resta!
1940 *Taylor diz que a última parte da citação foi ouvida por um clérigo presente no estúdio ... Sir John Colville, que também estava no recinto, não a ouviu.*

Golfe

O golfe é um jogo cujo objetivo é bater numa bola muito pequena e embocá-la num buraco menor ainda com um equipamento especialmente mal concebido para esse fim.

c. 1915 *Incorretamente citada por Manchester em nota de rodapé; sem autoria.*

Gostos simples

Sou um homem de gostos simples – contento-me facilmente com o melhor.

1930s *Possivelmente dita a respeito de Churchill por F.E. Smith, essa citação tem origem na peça Major Barbara (ato 1, cena 1) de Shaw onde* Lady *Britomart diz: "Conheço pessoas calmas, simples, refinadas e poéticas como Adolphus – que se contentam com o melhor."*

Humor urinário

Churchill, vendo Attlee entrar no banheiro da Câmara dos Comuns, afastou-se para um mictório mais longe. Attlee: "Um tanto distantes hoje, não estamos, Winston?"

WSC: Vocês socialistas, quando veem uma coisa grande, querem logo estatizá-la.

c. 1948 *Registrada por Manchester e outros, mas sem referências. Veredicto: apócrifa.*

Inferno

Se você estiver caminhando pelo inferno, não pare.

Amplamente citada na internet, mas sem referências.

Ingratidão

Ingratidão em relação aos seus grandes homens é característica dos povos fortes.

1949 *WSC atribuiu tal citação a Plutarco. Ele comentava sobre o abandono de Georges Clemenceau, líder francês na Primeira Guerra Mundial.*

Irmãos Marx
Você é meu quinto ator preferido. Os quatro primeiros são os Irmãos Marx.
Mencionado em pelo menos um dos livros de citações de Churchill, mas tal comentário jamais foi proferido.

Jantar, vinho e mulheres
Bem, o jantar teria sido esplêndido se o vinho estivesse tão frio quanto a sopa, o bife tão mal passado quanto o serviço, o brandy tão velho quanto o peixe, e a criada tão oferecida quanto a duquesa.
Certamente fabricada. WSC não teria ficado para o segundo prato de um tal jantar, e suas observações sobre as mulheres sempre foram, com raras exceções, cavalheirescas.

Liberais e conservadores
Se um homem não for liberal na juventude, ele não tem coração. Se não for conservador na idade madura, não tem cérebro.
Amplamente citada na internet, mas sem referências.

Língua comum
Inglaterra e América são duas nações separadas pela mesma língua.
1940s *O mais próximo que temos está no* The Quote Verifier *de Ralph Keyes, citando "The Canterville Ghost" de Oscar Wilde: "Hoje, temos de fato tudo em comum com a América, salvo, é claro, a língua."*

Mentiras
Há uma quantidade fantástica de mentiras circulando pelo mundo, e o pior é que metade delas é verdade.
1906 *Churchill explicou que isso havia sido dito por um irlandês.*

Monarquia, constitucional
Poderia ser muito bem dito, foi dito muito bem, que as prerrogativas da Coroa se tornaram os privilégios do povo.
1945 *As nove primeiras palavras de Churchill (normalmente omitidas nessa citação) mostram que ele mencionava outra fonte.*

Montgomery, Bernard
Indômito na defesa; intragável na vitória. [Ou:] Indômito na defesa, invencível no ataque, intragável na vitória.
Amplamente difundida, mas sem qualquer registro.

Nascimento
Embora presente naquela ocasião, não tenho lembrança clara dos eventos que levaram a ele.
Segundo Manchester, ou qualquer outra pessoa, de origem desconhecida.

Pés para a frente
Por favor, com os pés para a frente, não!
1962 *Alegadamente dito para o enfermeiro que o transportava na maca para entrar na ambulância, após quebrar a perna em Monte Carlo. Autoria desconhecida.*

Preposições
Essa é o tipo de tolice entediante [ou pedante] que não tolerarei com a qual.*
1944 *Originalmente atribuída a WSC pelo* New York Times *e o* Chicago Tribune *de 28 de fevereiro de 1944. No entanto, em 1942, o* Wall Street Journal *publicou que a citação estava num memorando de autoria desconhecida.*

Sucesso
O sucesso não é final, como o fracasso não é fatal; o que conta é a coragem para continuar.
Não encontrada nas fontes de Churchill. Atribuída a Jules Ellinger pelo Quotationsbook.com, mas também sem referências.

Touro numa loja de porcelana
Ele é o único touro que eu conheço que carrega a própria cristaleira.

---

* [O comentário irônico ressalta o hábito dos burocratas de colocarem as preposições no fim das frases.]

Supostamente dito a respeito de John Foster Dulles, mas que não foi encontrado em meio aos 15 milhões de palavras publicadas por Churchill.

Tradições navais

Tradições! Que tradições? Rum, sodomia — e chicotadas!

c. 1914-15 *Especificamente negada por Churchill. "Compare-se: 'Rum, bum e bacca' e 'Em terra, vinho, mulheres e música, a bordo, rum, bum e concertina' ditos navais que datam do século XIX"* – Oxford Dictionary of Quotations.

Veneno em seu café

Nancy Astor: Se eu fosse sua esposa, colocaria veneno no seu café.

WSC: Se eu fosse seu marido, eu o beberia.

c. 1912 *Fred Shapiro (Yale Book of Quotations) rastreia tal citação até uma piada publicada no Chicago Tribune de 3 de janeiro de 1900, mas ela foi provavelmente repetida para Astor pelo melhor amigo de Churchill, F.E. Smith, Lord Birkenhead.*

Virtudes e vícios

Ele tem todas as virtudes que não gosto e nenhum dos vícios que admiro.

Supostamente dito a respeito de Stafford Cripps ou Edwin Scrymgeour; nenhuma prova nos registros.

Bibliografia

Quaisquer citações nas Notas Bibliográficas sem anotação alguma, salvo a data, são do Debates Parlamentares (Hansard) como transcritos no *Complete Speeches* ("CS", ver abaixo). Todas as outras citações estão identificadas pelo número da página. As obras do próprio Churchill são mostradas pelo título ou acrônimos, por exemplo "Crisis" para *The World Crisis*, "MEL" para *My Early Life*. As obras de outros autores são identificadas pelo nome do autor e, se ele ou ela escreveram mais de um livro, por parte do título, como por exemplo, "Gilbert, Life, 89".

Obras de Winston S. Churchill

Arms and the Covenant. Londres: George G. Harrap & Co., 1938.

Blood, Sweat and Tears. Toronto: McClelland & Stewart, 1941. Publicada em Londres como Into Battle, 1941.

The Boer War. Combinando London to Ladysmith via Pretoria e Ian Hamilton's March. Londres: Leo Cooper, 1989.

Collected Essays of Sir Winston Churchill. 4 vols. Londres: Library of Imperial History, 1975.

The Dawn of Liberation. Londres: Cassell, 1945.

The Dream. O texto é da biografia oficial (Official Biography), vol. VIII. Publicado pela primeira vez no *The Daily Telegraph*, 1966. Publicado pela primeira vez em forma de livro pela The Churchill Literary Foundation (Churchill Centre), 1987.

The End of the Beginning. Boston: Little Brown & Co., 1943.

Europe Unite: Speeches 1947 & 1948. Londres: Cassell, 1950.

Great Contemporaries (Grande homens do meu tempo). Edição revista e ampliada. Londres: Leo Cooper 1990. Publicada pela primeira vez em 1937.

A History of the English-Speaking Peoples (Uma história dos povos de língua inglesa). 4 vols. Nova York: Dodd, Mead & Co., 1956-58.

Ian Hamilton's March. Londres: Longmans Green, 1900.

In the Balance: Speeches 1949 & 1950. Londres: Cassell, 1951.

India. Hopkinton, N.H.: Dragonwyck Publishing Inc., 1990. Publicada pela primeira vez em 1931.

Liberalism and the Social Problem. Republicada em *The Collected Works of Sir Winston Churchill*. Vol. VII, *Early Speeches*. Londres: Library of Imperial History, 1974. Publicada pela primeira vez em 1910.

London to Ladysmith via Pretoria. Londres: Longmans Green, 1900.

Lord Randolph Churchill. Londres: Macmillan, 1907. Publicada pela primeira vez em 2 vols., 1906.

Marlborough: His Life and Times. 4 vols. Londres: Sphere Books, 1967. Publicada pela primeira vez em 1933-38.

Mr Brodrick's Army. Sacramento: The Churchilliana Co., 1977. Edição recomposta. Publicada pela primeira vez em 1903.

My Early Life: A Roving Commission (Minha mocidade). Londres: Thornton Butterworth, 1930.

Onwards to Victory. Londres: Cassell, 1944.

The People's Rights. Londres: Jonathan Cape, 1970. Publicada pela primeira vez em 1910.

The River War: An Historical Account of the Reconquest of the Soudan. 2 vols. Londres: Longmans, Green, 1899.

Savrola: A Tale of the Revolution in Laurania. Londres: Leo Cooper, 1990. Publicada pela primeira vez em 1899.

The Second World War. 6 vols. Londres: Cassell, 1948-54.

Secret Session Speeches. Londres: Cassell, 1946.

The Sinews of Peace: Post-War Speeches. Londres: Cassell, 1948.

Stemming the Tide: Speeches 1951 & 1952. Londres: Cassell, 1953.

Step by Step 1936-1939. Londres: Odhams, 1947. Publicada pela primeira vez em 1939.

The Story of the Malakand Field Force 1897. Londres: Leo Cooper 1989. Publicada pela primeira vez em 1898.

Thoughts and Adventures. Londres: Leo Cooper, 1990. Publicada pela primeira vez em 1932.

The Unrelenting Struggle. Boston: Little Brown & Co., 1942.

The Unwritten Alliance: Speeches 1953-1959. Londres: Cassell, 1961.

Victory. Londres: Cassell, 1946.

Winston S. Churchill: *His Complete Speeches* 1897-1963, editada por Sir Robert Rhodes James, 8 vols., Nova York: Bowker, 1974.

The World Crisis. 5 vols, em 6 partes. Londres: Thornton Butterworth, 1923-31.

The Official Biography (Biografia oficial)

Winston S. Churchill, de Randolph S. Churchill (vols. I-II) e Sir Martin Gilbert (vols. III-VIII), juntamente com os Volumes Parceiros (*Com-

panion Volumes de documentos), foi publicada entre 1967 e 1988 por Heinemann, em Londres, e Houghton Mifflin, em Boston. Três Volumes Parceiros adicionais (*The Churchill War Papers*) foram publicados entre 1993 and 2000 por Heinemann e W.W. Norton (Nova York). In 2006, a obra completa começou a ser reimpressa, incluindo no final Volumes Parceiros adicionais supridos por Gilbert e pela the Hillsdale College Press, Hillsdale, Michigan. As referências de páginas que se seguem são toda das edições de Heinemann.

Official Biography, I. *Youth 1874-1900*. Publicada em *1966*.

Official Biography, II. *Young Statesman 1901-1911*. Publicada em 1967.

Official Biography, III. *The Challenge of War 1914-1916*. Publicada em 1971.

Official Biography, IV. *The Stricken World 1917-1922*. Publicada em 1975.

Official Biography, V. *The Prophet of Truth 1922-1929*. Publicada em 1976.

Official Biography, VI. *Finest Hour 1939-1941*. Publicada em 1983.

Official Biography, VII. *Road to Victory 1941-1945*. Publicada em 1986.

Official Biography, VIII. *Never Despair 1945-1965*. Publicada em 1988.

Official Biography, CV1/1: *Companion Volume I, Parte 1 1874-1896.* Publicado em 1967.

Official Biography, CV1/2: *Companion Volume I, Parte 2 1896-1900.* Publicado em 1967.

Official Biography, CV2/1: *Companion Volume II, Parte 1 1901-1907.* Publicado em 1969.

Official Biography, CV2/2: *Companion Volume II, Parte 2 1907-1911.* Publicado em 1969.

Official Biography, CV2/3: *Companion Volume II, Parte 3 1911-1914.* Publicado em 1969.

Official Biography, CV3/1: *Companion Volume III, Parte 1: Documentos, Julho de 1914-Abril de 1915.* Publicado em 1972.

Official Biography, CV3/2: *Companion Volume III, Parte 2: Documentos, Maio de 1915-Dezembro de 1916.* Publicado em 1972.

Official Biography, CV4/1: *Companion Volume IV, Parte 1: Documentos, Janeiro de 1917-Junho de 1919.* Publicado em 1977.

Official Biography, CV4/2: *Companion Volume IV, Parte 2: Documentos, Julho de 1919-Março de 1921.* Publicado em 1977.

Official Biography, CV4/3: *Companion Volume IV, Parte 3: Documentos, Abril de 1921-Novembro de 1922.* Publicado em 1977.

Official Biography, CV5/1: *Companion Volume V, Parte 1: Documentos, The Exchequer Years 1922-1929.* Publicado em 1979.

Official Biography, CV5/2: *Companion Volume V, Parte 2; Documentos, The Wilderness Years 1929-1935*. Publicado em 1981.
Official Biography, CV5/3: *Companion Volume V, Part 3: Documentos: The Coming of War 1936-1939*. Publicado em 1982.
Official Biography, CV6/1: *The Churchill War Papers, Volume I. At the Admiralty, Setembro de 1939-Maio de 1940*. Publicado em 1993.
Official Biography, CV6/2: *The Churchill War Papers, Volume II: Never Surrender, Maio de 1940-Dezembro de 1940*. Publicado em 1994.
Official Biography, CV6/3: *The Churchill War Papers, Volume III The Ever-Widening War, 1941*. Publicado em 2000.

Livros de outros autores

Para os autores com múltiplos títulos suas obras são mostradas em ordem cronológica de publicação.

Adler, Bill, ed. *The Churchill Wit*. Nova York: Coward-McCann, 1965.
Amery, Julian. *Approach March*. Londres: Hutchinson, 1973.
Balsan, Consuelo. *The Glitter and the Gold*. Londres: Heinemann, 1953.
Barnes, J. and Nicholson, D., editores. *The Empire at Bay: The Leo Amery Diaries 1929-1945*. Londres: Hutchinson, 1988.
BBC, editores. *Winston Churchill: Memories and Tributes Broadcast by the BBC*. Londres: BBC, 1965.
Beaverbrook, Max. *Politicians and the War 1914-1916*. Londres: Thornton Butterworth, 1928.
_____. *The Decline and Fall of Lloyd George*. Londres: Collins, 1963.
Ben-Moshe, Tuvla. *Churchill: Strategy and History*. Boulder, Colorado: Lynne Rienner Editores, 1992.
Birkenhead, conde de. *The Life of Lord Halifax*. Boston: Houghton Mifflin, 1966.
Bonham Carter, Violet. *Winston Churchill: An Intimate Portrait*. Nova York: Harcourt Brace & World, 1965.
Boothby, Robert. *Recollections of a Rebel*. Londres: Hutchinson, 1978.
Boyle, Andrew. *Poor, Dear Brendan: The Quest for Brendan Bracken*. Londres: Hutchinson, 1974.
Boyle, Peter. *The Churchill-Eisenhower Correspondence 1953-1955*. Chapel Hill, N.C.: University of North Carolina Press, 1990.
Broad Lewis. *Winston Churchill*. Edição revista e ampliada. Londres: Hutchinson, 1945.

Bryant, Arthur. *The Turn of the Tide 1939-1943*. Nova York: Doubleday & Co., 1957.

_____. *Triumph in the West 1943-1946*. Londres: Collins, 1959.

Cadogan, Alexander (ed. David Dilks). *The Diaries of Sir Alexander Cadogan OM, 1938-1945*. Londres: Cassell, 1971.

Cawthorne, Graham. *The Churchill Legend: An Anthology*. Londres: Cleaver-Hume Press, s.d. [1965].

Channon, Henry. *Chips: The Diaries of Sir Henry Channon*. Londres: Weidenfeld & Nicholson, 1967.

Chaplin, E.D.W. *Winston Churchill at Harrow*. Harrow, Middlesex: The Harrow Bookshop, s.d. [1941].

Charmley, John. *Churchill: The End of Glory*. Londres: Hodder & Stoughton, 1993.

Chisholme, Anne e Davie, Michael. *Beaverbrook: A Life*. Londres: Hutchinson, 1992.

Churchill, John Spencer. *Crowded Canvas*. Londres: Odhams, 1961.

Colville, John. *Footprints in Time: Memories*. Londres: Collins, 1976.

_____. *The Fringes of Power: Downing Street Diaries 1940-1955*. 2 vols. Sevenoaks, Kent: Sceptre Publishing, 1986-87.

Cowles, Virginia. *Winston Churchill: The Era And The Man*. Londres: Hamish Hamilton, 1953.

Dalton, Hugh. "Winston: A Memoir." *New Statesman*, Abril de 1965.

Deakin, F.W. *Churchill the Historian*. Zurique: Fondation Suisse Winston Churchill, 1970.

Dilks, David. "Allied Leadership in the Second World War: Churchill." *Survey*, N° 1/2, Inverno-Primavera de 1975.

_____. *The Great Dominion; Winston Churchill in Canada 1900-1954*. Toronto: Thomas Allen, 2005.

Donaldson, Frances. *Edward VIII: A Biography of the Duke of Windsor*. Filadélfia: Lippincott, 1974.

Eade, Charles, ed. *Churchill by His Contemporaries*. Londres: Hutchinson, 1953.

Eden, Sir Anthony. *The Eden Memoirs: The Reckoning*. Londres: Cassell, 1965.

"Ephesian" (Roberts, C. Bechofer). *Winston Churchill*. Terceira Edição. Londres: George Newnes, 1936. Publicado pela primeira vez em 1927.

Fishman, Jack. *My Darling Clementine*. Nova York: McKay, 1963.

Gilbert, Martin. *Churchill: The Wilderness Years*. Boston: Houghton Mifflin, 1982.

_____. *Churchill: A Life*. Londres: Heinemann, 1991.

_____. *In Search of Churchill*. Londres: Harper Collins, 1994.

Graebner, Walter. *My Dear Mr Churchill*. Londres: Michael Joseph, 1965.

Gretton. *Former Naval Person*. Londres: Cassell, 1968.

Guedalla, Philip. *Mr Churchill: A Portrait*. Londres: Hodder & Stoughton, 1941.

Halle, Kay. *Irrepressible Churchill*. Cleveland: World, 1966.

_____. *Winston Churchill on America and Britain: A Selection of his Thoughts on Anglo-American Relations*. Nova York: Walker, 1970.

Hamblin, Grace. "Chartwell Memories." *Proceedings of the International Churchill Society, 1987*. Hopkinton, N.H.: International Churchill Society, 1989.

Hart-Davis, D., ed. *King's Counsellor*. Londres: Weidenfeld & Nicholson, 2006.

Hassall, Christopher. *Edward Marsh*. Londres: Longmans Green & Co., 1959.

Home, Alec Douglas. *The Way the Wind Blows*. Londres: Collins, 1976.

_____. *Letters to a Grandson*. Londres: Collins, 1983.

Howells, Roy. *Simply Churchill*. Londres: Robert Hale, 1965.

Ismay, Lord. *Memoirs of General the Lord Ismay*. Londres: Heinemann, 1960.

Kennedy, John. *The Business of War: The War Narrative of Major-General Sir John Kennedy*. Londres: Hutchinson, 1957.

Keyes, Ralph. *The Quote Verifier*. Nova York: St Martin's Griffin, 2006.

Kersaudy, François. *Churchill and de Gaulle*. Nova York: Athenaeum, 1982.

Leasor, James. *War at the Top*. Londres: Michael Joseph, 1959.

Longford, Elizabeth. *Winston Churchill*. Londres: Sidgwick & Jackson, 1974.

Lowenheim. *Roosevelt and Churchill: Their Secret Wartime Correspondence*. Nova York: Saturday Review Press/E.P. Dutton & Co., 1975.

Lyttleton, Oliver *Memoirs of Lord Chandos*. Londres: The Bodley Head, 1962.

MacCallum Scott. *Winston Churchill*. Londres: Methuen, 1905.

MacDonald, Malcolm. *Titans and Others*. Londres: Collins, 1972

Maclean, Sir Fitzroy. "Humanity – A Churchillian Characteristic." *Proceedings of the International Churchill Society, 1987*. Hopkinton, N.H.: International Churchill Society, 1989.

Macmillan, Harold. *The Blast of War 1939-1945*. Londres: Macmillan, 1968.

_____. *Tides of Fortune 1945-1955*. Londres: Macmillan, 1969.

Manchester, William. *The Last Lion: Winston Spencer Churchill*. Vol. 1 *Visions of Glory 1874-1932*. Boston: Little Brown, 1983. Vol. 2. *Alone 1932-1940*. Boston: Little Brown, 1988.

Marchant, Sir James, ed. *Winston Spencer Churchill: Servant of Crown and Commonwealth*. Londres: Cassell, 1954.

Marsh, Edward. *A Number of People*. Londres: Heinemann, 1939.

Martin, Hugh. *Battle: The Life Story of the Rt. Hon. Winston S. Churchill*. Londres: Sampson Low, 1932.

McGowan, Norman. *My Years With Churchill*. Londres: Pan Books, 1959.

Menzies, Robert. *Afternoon Light: Some Memories of Men and Events*. Londres: Cassell, 1967.

Montgomery, Bernard. *Memoirs of Field Marshal Montgomery*. Londres: Collins, 1968.

Moran, Lord. *Churchill: Taken from the Diaries of Lord Moran. The Struggle for Survival 1940-1965*. Boston: Houghton Mifflin, 1966.

Morgan, Ted. *Churchill: The Rise to Failure 1874-1915*. Londres: Jonathan Cape, 1983.

Murray, Edmund. *I Was Churchill's Bodyguard*. Londres: W.H. Allen, 1987.

Nel, Elizabeth. *Mr Churchill's Secretary*. Londres: Hodder & Stoughton, 1958.

Nemon, Oscar. Memórias não publicadas. Por cortesia de Lady Young e James R. Lancaster, 2007.

Nicolson, Nigel, ed. *Harold Nicolson: Diaries and Letters*. 3 vols. Londres: Collins, 1966-68.

Nicolson, Nigel, ed. *The Harold Nicolson Diaries 1907-1963*. Londres: Weidenfeld & Nicolson, 2004.

Pawle, Gerald. *The War and Colonel Warden*. Londres: George G. Harrap & Co., 1963.

Pelling, Henry. *Winston Churchill*. Edição de bolso revista e ampliada. Ware, Herts.: Wordsworth Editions, 1999.

Pilpel, Robert. *Churchill in America 1895-1961*. Nova York: Harcourt, Brace, Jovanovich, 1976.

Pottle, Mark, ed. *Champion Redoubtable: The Diaries and Letters of Violet Bonham Carter 1914-45*. Londres: Weidenfeld & Nicolson, 1998.

Reynolds, David. *In Command of History: Churchill Writing and Fighting the Second World War*. Londres: Allen Lane, 2004.

Reynolds, Quentin. *All About Winston Churchill*. Londres: W.H. Allen, 1964.

Roberts, Andrew. *Eminent Churchillians*. Londres: Weidenfeld & Nicolson, 1994.

Rose, Norman. *Churchill: An Unruly Life*. Londres: Simon & Schuster, 1994.
Rowse, A.L. *The Later Churchills*. Londres: Macmillan, 1958.
Salter, Kay e Jim. *Life is Meals: A Food Lover's Book of Days*. Nova York: Knopf, 2006.
Sandys, Celia. *From Winston with Love and Kisses*. Londres: Sinclair Stevenson, 1994.
Shapiro, Fred, ed. *Yale Book of Quotations*. New Haven, Ct.: Yale University Press, 2007.
Sherwood, Robert. *The White House Papers of Harry L. Hopkins*. (2 vols.) Londres: Eyre & Spottiswoode, 1948.
Soames, Mary. *Clementine Churchill*. Londres: Cassell, 1979.
_____. ed. *Speaking for Themselves: The Personal Letters of Winston and Clementine Churchill*. Londres: Doubleday, 1998.
Sykes, Christopher. *Nancy Astor*. Nova York: Harper & Row, 1972.
Taylor, Robert Louis. *Winston Churchill: An Informal Study of Greatness*. Garden City, N.Y.: Doubleday, 1952.
Tedder, Arthur (Lord). *With Prejudice: The War Memoirs of Marshal of the Royal Airforce Lord Tedder*. Londres: Cassell, 1966.
Thompson, R.W. *The Yankee Marlborough*. Londres: George Allen & Unwin, 1963.
Thompson, Walter H. *I Was Churchill's Shadow*. Londres: Christopher Johnson, 1951.
Thompson, W.H., *Assignment Churchill*. Nova York: Farar, Straus & Young, 1955.
Thornton-Kemlsey, Colin. *Through Winds and Tides*. Montrose: Standard Press, 1974.
Ward, Geoffrey C., ed. *Closest Companion: The Unknown Story of the Intimate Friendship between Franklin Roosevelt and Margaret Suckley*. Nova York: Houghton Mifflin, 1995.
Wheeler-Bennett, John, ed. *Action This Day: Working with Churchill*. Londres: Macmillan, 1968.
Young. *Churchill and Beaverbrook*. Londres: Eyre & Spottiswood, 1966.

Entrevistas

Peregrine Spencer Churchill, sobrinho de WSC; Clark Clifford, assistente do presidente Truman; Ronald Golding, segurança pessoal 1946-47; Grace Hamblin, secretária 1932-65; Sir John Colville, secretário-particular 1940-41, 1943-45, chefe dos secretários-particulares 1951-55; Sir Fitzroy Maclean, da missão inglesa junto a Tito 1943-5; Sir Anthony Montague Browne, secretário-pessoal 1952-65; Edmund Murray, segurança pessoal 1950-65; Christian Pol-Roger; Lord e Lady Soames.

Notas bibliográficas

1. Golpes e esquivas

Abstenção *13 de dezembro*
Álcool *1. Chartwell (Sir Anthony Montague Brown para Churchill Centre, Londres, 1985); 2. passim*
Além da compreensão *1. 18 de novembro; 2. 19 de novembro*
Aprovada por unanimidade *Lyttleton 1962, 171*
Armamentos coreanos *28 de maio*
Arrogantes e hipócritas *Halle 1966, 32*
Banhos *28 de outubro*
Bêbado e feia *Ronald Golding para o editor*
Bigode e política *Cawthorne 1963, 17-18*
Brighton *1. Lord Boyd para David Dilks; 2. Macmillan 1969, 488*
Brinde recusado *18 de janeiro (The Dawn of Liberation 1945, 53)*
Candidato a presidente *Entrevista coletiva, Nova York (Halle 1970, 14)*
Cão sarnento e cercas *c. 1945-51*
Carne crua *8 de julho*
Casamento *4 de outubro, St John's Church, Smith Square, Londres (Gilbert 1991, 627)*
Caso justo *Macmillan 1969, 391*
Cestas no ovo *Outubro (Lord Boyd of Merson para a Edmonton Churchill Society, 1973)*
Comunistas cristãos romanos *Agosto, Roma (A Segunda Guerra Mundial 1948-54, VI, 102)*
Consciência pesada *17 de novembro (Blood, Sweat and Tears 1941, 106)*
Coreia versus Crimeia *28 de maio*
Crepitar dos espinhos *28 de outubro*
de Gaulle, Charles *1. Halle 1966, 213; 2. 2 de abril (Dilks, inverno-primavera de 1975)*
Descarte *Bonham Carter 1965, 279*
Deméritos: nein *Martin 1932; Taylor 1952, 58*
Desacordo legível *Menzies 1967, 71*
Deus e a Câmara *Chequers (Bill Deakin para David Dilks)*
Dilema escocês *15 de abril*
Dirigindo na mão direita *Junho, Hyde Park (Halle 1970, 32)*
Dois bicudos *L. Burgis para Randolph Churchill, 1963; Burgis Papers 1/3, Churchil College*
Embaralhar desonesto *Halle 1966, 112*
Encontro nu *1. dezembro, Casa Branca, Washington (Lowensheim, 8; Thompson,*

Walter, 1955, 248; Pilpel 1976, 142); 2. *Janeiro, Buckigham Palace (Ward 1995, 384-5)*
Enforcamento 1. *15 de julho*; 2. *17 de janeiro, entrevista coletiva, Washington (McGowan 1959, 34)*
Fatos *9 de fevereiro*
Fazendo o certo *Harold Macmillan para David Dilks*
Febre aftosa *6 de maio*
Filhos pouco queridos *"Churchill's Humour", de A.P. Herbert, em Eade 1953, 297*
Força e favor *Sir John Foster, MP, em Halle 1966, 331*
Guilhotina *29 de abril (Halle 1966, 115)*
Habilidade *11 de novembro*
Historiador imparcial *26 de abril*
Indignação 1. *23 de fevereiro*; 2. *6 de dezembro*
Índios *5 de setembro, Casa Branca, Washington (Pawle 1963, 250; Pilpel 1976, 199; Ward 1995, 235)*
Indisposições da velhice *Halle 1966, 340*
Ingratidão *Halle 1966, 131*
Insulto *26 de fevereiro*
Jujuba *15 de fevereiro (Channon 1967, 453-4)*
Juramento escocês de lealdade *3 de abril*
Latim: "Ó mesa" *My Early Life (Minha Juventude) 1930, 25*
Malditas ovelhas negras *29 de outubro*
Maldito velho bobalhão *19 de abril*

Maneira de discursar *Manchester 1938, 107*
Mestiço anglo-americano *Cawthorne 1965, 32*
Ministério da Alimentação *27 de outubro*
Ministério da Economia de Guerra *Eden 1965, 144*
Missionários aborígenes *1º de maio*
Nado do rato *Halle 1966, 53*
Opiniões *1º de janeiro*
Oponentes agitados *15 de dezembro*
Os Dois Cavalheiros de Verona *6 de julho, Southampton (Colville 1986-7, II, 368)*
Paciência no Parlamento *8 de dezembro*
Parlamentar surdo *Cawthorne 1965, 24-5*
Pássaros mortos *Buckigham Palace (Ronald Golding para o editor)*
"Pente-fino" *23 de maio*
Perguntas suplementares *18 de junho*
Pés no chão *28 de outubro*
Poleiro de Sidney *21 de julho*
Prática *Marsh 1939, 172*
Presciência *23 de julho*
Primus inter pares *22 de janeiro (The Unrelenting Struggle 1942, 32)*
Prisão de ventre *Lord Carrington (Finest Hour, verão de 2001, 19)*
Professor frustrado *1º de dezembro (Nicolson 1907-63, 394)*

Recriando o mundo 5 de dezembro *(Halle 1966, 306)*
Recursos espirituais 25 de março
Removendo MPs 23 de junho
Reza forte 27 de dezembro, Atenas *(Fishman 1963, 97)*
Saúde 30 de novembro, Hyde Park Gate, Londres *(McGowan 1959, Manchester 1983, 34)*
Secretários do Exterior uni-vos! 7 de maio *(Colville 1976, 242-3)*
Segredo versus embaraço 11 de setembro *(Boyle 1974, 273)*
Telefone para amigos *Ronald Golding para o editor, que se lembrou de WSC ter-lhe contado essa passagem, ocorrida antes da Segunda Guerra Mundial*
Tiradas galesas 1. 6 de novembro; 2. 28 de novembro; 3. 12 de novembro; 4. 15 de abril
Tomando decisão 3 de dezembro
Traga um amigo *Londres (Dalton Newfield)*
Trampolim, não sofá *Novembro (Kennedy 1957, 274)*
Tumulto na oposição 21 de maio
Uivando 14 de julho
Virtude c. 1916
Vivo ou morto *Janeiro ("The Irish Treat", Pall Mall; Thoughts and Adventures 1932, 161-2)*
Volume da fala *Cowles 1953, 5*

2. Máximas e reflexões

Ação política 26 de julho, Northwest Manchester *(Winston S. Churchill: His Complete Speeches 1897-1963, 1974, I, 413)*
Acordos 1. 27 de janeiro, Tesouro, Londres *(Winston S. Churchill: His Complete Speeches 1897-1963, 1974, IV, 3824)*; 2. 16 de fevereiro
Ajuda versus prejuízo 22 de novembro *(The Second World War 1948-54, I, 259)*
Aliados 1º de abril, Chequers *(Bryant 1959, 349)*
Amizade 10 de julho, Woodford, Essex *(Europe Unite, 368)*
Ansiedades 22 de setembro
Antecipação *My Early Life (Minha mocidade) 1930, 218*
Antigo e novo 6 de janeiro *(The Second World War 1948-54, III, 638)*
Arquitetura 28 de outubro
Bibliotecas *Dezembro ("Painting as a Pastime", Strand Magazine; Thoughts and Adventures 1932, 218)*
Bombardeios *Junho (Secret Session Speeches 1946, 10)*
Capitalismo e socialismo 22 de outubro
Cara a cara 26 de junho, almoço no Congresso, Washington *(Official Biography, VIII, 1004)*
Causas 1. 15 de março, Waldorf-Astoria, Nova York *(The Sinews of Peace: Post-War Speeches 1948, 120)*; 2. 12 de maio, Hotel Bristol, Oslo *(Europe Unite, 330)*
Cavalheirismo nas democracias *Savrola ed. 1990, 102*
Certo e consistente 11 de outubro *(Stemming the Tide 1953, 344)*

Certo e duro *9 de outubro,*
Llandudno, País de Gales
(Europe Unite 1950, 419)

Certo e errado *27 de maio (The*
Second World War 1948-54,
VI, 504)

Certo e honesto *16 de novembro,*
Free Trade Hall, Manchester
(Winston S. Churchill: His
Complete Speeches 1897-1963,
1974, IV, 3399)

Certo e irresponsável *26 de*
agosto, Radiodifusão político-
partidária, Londres (In the
Balance: Speeches 1949 e 1950,
1951, 355)

Chartwell *passim (Grace*
Hamblin, Conferência de
Churchill em 1987, Dallas)

Círculo virtuoso *24 de abril,*
Radiodifusão, Londres (Winston S.
Churchill: His Complete Speeches
1897-1963, 1974, IV, 4400)

Colapso nacional *Julho (Hassall*
1959, 631)

Conferências *7 de janeiro, Paris*
(Official Biography, CV5/1, 334)

Confiança *13 de abril, Bethany,*
África do Sul (Ian Hamilton's
March 1900, 24; The Boer War
1989, 235)

Consciência *15 de julho*

Consciência nacional *16 de*
setembro, Radiodifusão do RAF
Benevolent Fund, Londres
(Stemming the Tide 1953, 117)

Contraste *Março ("A Second Choice",*
Strand Magazine; Thoughts and
Adventures 1932, 10)

Controle dual *11 de março*

Convites *22 de fevereiro*

Coragem *Julho ("Alfonso the*
Unlucky", Strand Magazine;
Great Contemporaries [Grandes
homens do meu tempo], 137)

Crítica *27 de janeiro*

Dê-nos as ferramentas *9 de*
fevereiro, Radiodifusão, Londres
(Winston S. Churchill: His
Complete Speeches 1897-1963,
1974, VI, 6351)

Democracia *13 de maio (MBA, 23)*

Desespero *4 de outubro ("France*
after Munich", Daily Telegraph;
Step by Step 1938, 275)

Destino *18 de fevereiro*

Dificuldades *1. 20 de julho ("How*
to Stop War", Evening Standard;
Step by Step 1936, 27); 2. 30 de
maio, Londres (The Second World
War 1948-54, V, 66)

Discursar *Março (Bem-Moshe*
1992, 282)

Discussões *10 de agosto ("The*
Spanish Tragedy", Evening
Standard; Step by Step 1936, 38)

Em retrospecto *The Second*
World War 1948-54, III, 207

Empréstimo nacional *4*
de agosto, Comício político
conservador, Blenheim Palace
(Europe Unite 1950, 109)

Energia *1º de janeiro, Marrakesh*
(The Second World War 1948-54,
V, 393; Road to Victory 1986, 632)

Engenheiros *12 de maio,*
Universidade de Oslo (Europe
Unite 1950, 327)

Errando *22 de fevereiro*
Esperança *31 de maio*
Fatos *1. 7 de maio; 2. The Second World War 1948-54, I, 527; 3. The Second World War 1948-54, IV, 290*
Fazendo nada *The World Crisis 1923-31, III, parte 1, 239*
Fazendo o melhor *The Second World War 1948-54, IV, 494*
Fazendo sem *11 de julho*
Feitos e consequências *14 de outubro, Conferência dos Conservadores, Earl's Court, Londres (In the Balance: Speeches 1949 e 1950 1951, 107)*
Ferimentos de guerra *África do Sul (Taylor 1952, 173)*
Finanças *15 de março, Waldorf Hotel, Londres (Winston S. Churchill: His Complete Speeches 1897-1963, 1974, IV, 3871)*
Força moral *21 de dezembro*
Fortuna *30 de agosto ("B-P [Baden-Powell]", Sunday Pictorial; Great Contemporaries [Grande homens do meu tempo], 235)*
Fracasso *Marlborough: His Life and Times 1933-8, III, 136*
Fraqueza e traição *The Second World War 1948-54, I, 154*
Futuro *A History of the English-Speaking Peoples (Uma história dos povos de língua inglesa) 1956-8, IV, 387*
Grandes homens *1. Fevereiro ("[Joseph] Chamberlain", Pall Mall; Great Contemporaries [Grandes homens do meu tempo], 35); 2. Marlborough: His Life and Times 1933-8, III, 212*
Guerra e democracia *(Official Biography, VIII, 369)*
Guerra e paz *My Early Life (Minha mocidade) 1930, 346*
Hipocrisia *Agosto ("Bernard Shaw", Pall Mall; Great Contemporaries [Grandes homens de meu tempo], 30)*
História *7 de maio, Congresso da Europa, Haia (Europe Unite 1950, 315)*
Homem é espírito *3 de abril, n°10 Downing Street (Official Biography, VIII, 1123)*
Honrarias *24 de julho*
Humanidade *1. Dezembro ("Hobbies", Nash's Pall Mall; Thoughts and Adventures 1932, 217); 2. 30 de julho (Official Biography, VIII, 253); 3. 10 de dezembro, Prefeitura, Estocolmo (Winston S. Churchill: His Complete Speeches 1897-1963, 1974, VIII, 8515)*
Humanidade ineducável *21 de maio, Fazenda (Official Biography, CV5/1, 1291)*
Idade *14 de janeiro, Casa Branca, Washington (Ward 1995, 166)*
Idealismo *29 de novembro ("What I Saw in America of Prohibition", Daily Telegraph; Collected Essays 1975, IV, 39)*
Ideias *Julho ("Consistency in Politics", Pall Mall; Thoughts and Adventures 1932, 26)*
Imaginação *The Second World*

War 1948-54, III, 516
Imperialismo 1. *The Story of the Malakand Field Force 1897* 1990, 150; 2. 13 de maio
Impérios da mente 5 de setembro, Universidade de Harvard, Cambridge, Massachusetts *(Onwards to Victory 1944, 185)*
Impulso *Fevereiro ("Personal Contacts", Strand Magazine; Thoughts and Adventures 1932, 31)*
Inesperado 7 de maio, Londres *(The Sinews of Peace: Post-War Speeches 1948, 123)*
Inimigo alemão 13 de outubro, Chequers *(Official Biography, VI, 841)*
Inimigos derrotados 5 de fevereiro, Yalta *(Gilbert 1991, 818)*
Inovação 17 de dezembro
Julgamento 22 de abril
Justiça 1. 28 de abril; 2. 23 de julho; 3. 6 de dezembro, Belle Vue, Manchester *(Europe Unite 1950, 216)*
Juventude 29 de novembro *(The Dawn of Liberation 1945, 260)*
KBO 11 de dezembro *(Official Biography, VI, 1273)*
Leis rigorosas 28 de fevereiro
Leite para os bebês 21 de março, Radiodifusão, Londres *(Onwards to Victory 1944, 40)*
Línguas 31 de julho
Liquidez 5 de março
Livre mercado 3 de fevereiro
Magnanimidade 1. 21 de março; 2. 25 de março, Ritz-Carlton Hotel, Nova York *(In the Balance: Speeches 1949* e *1950 1951, 35)*
Mal 1. 21 de junho; 2. 2 de outubro, Liverpool *(Stemming the Tide 1953, 123)*
Maldade 26 de maio *(The Second World War 1948-54, V, 628)*
Mal-intencionados e ditadores *The Second World War 1948-54, I, 154*
Manutenção da paz 14 de abril
Martírio 19 de julho
Medo 28 de novembro
Mente como fuzil *Ephesian 1936, 73*
Mitos *Finest Hour 131*, verão de 2006
Morte 1. 24 de novembro, Pretória *(London to Ladysmith via Pretoria 1900, 107; The Boer War 1989, 49)*; 2. 23 de outubro *(Moran 1966, 130)*
Morte na política *c. 1904*
Mudança 1. 23 de junho *(Ephesian 1936, 288)*; 2. 29 de julho
Mulheres *Savrola ed. 1990, 57*
Natureza *The Story of the Malakand Field Force 1897 1991, 118*
Necessidade 7 de março *(Winston S. Churchill: His Complete Speeches 1897-1963, 1974, III, 2409)*
Negativa 31 de março
Negociações 2 de outubro, Departamento da Guerra *(Official Biography, CV4/2, 1217)*

Negociando em guinéus 26 de junho
Ódio *The World Crisis 1923-31, IV, 304*
Oportunidade 29 de janeiro
Ordem e simetria 22 de outubro
Parceiros 31 de agosto, Radiodifusão, Londres *(Onwards to Victory 1944, 177)*
Parcimônia 10 de outubro, Dundee *(The People's Right 1990, 146)*
Parlamento 6 de junho
Perfeição 1. 6 de dezembro *(The Second World War 1948-54, IV, 808;* 2. 17 de novembro, Sheffield
Pensamento 1. *My Early Life (Minha mocidade) 1930, 127;* 2. 19 de julho *(The Second World War 1948-54, II, 21);* 3. *The Second World War 1948-54, V, 514*
Perigos 1. 29 de outubro; 2. 28 de junho
Perseverança 1. *Janeiro;* 2. *Nel 1958, 37;* 3. 26 de março *(The Second World War 1948-54, III, 142;* 4. 29 de outubro, Harrow School *(The Unrelenting Struggle 1942, 286);* 5. 29 de outubro, Harrow School *(The Unrelenting Struggle, 1942, 287)*
Pessoal 17 de fevereiro *(Kennedy 1957, 80)*
Poder 1. 28 de fevereiro; 2. 3 de março; 3. 28 de abril; 4. 14 de janeiro, Château Laurier, Ottawa *(Stemming the Tide 1953, 218)*
Política 16 de agosto, Aldershot *(Official Biography, CV1/1, 583)*
Políticos *Julho ("Alfonso the Unlucky", Strand Magazine; Great Contemporaries [Grandes homens do meu tempo], 131)*
Prazer 6 de novembro
Preguiça *1940s*
Previsão 1. Dezembro *("Painting as a pastime", Strand Magazine; Thoughts and Adventures 1932, 229);* 2. 11 de outubro *(Beaverbrook 1928, 221);* 3. *The Second World War 1948-54, I, 157)*
Princípios 1. 31 de março, Londres *(The Second World War 1948-54, I, 64;* 2. 29 de novembro, Cairo *(The Second World War 1948-54, V, 637);* 3. 17 de março, Radiodifusão político-partidária, Londres *(Stemming the Tide 1953, 34)*
Profetas 30 de abril
Quebrar e consertar 21 de abril, Conselho Feminino dos Conservadores, Albert Hall, Londres *(Europe Unite, 297)*
Recriminação 1. 29 de maio; 2. 14 de março; 3. 18 de junho
Recursos 2 de fevereiro *(Official Biography, CV2/3, 1861)*
Reforma social 4 de outubro, Brighton *(Europe Unite 1950, 158)*
Rei versus ás *Bonham Carter 1965, 211*

Relações diplomáticas 17 de novembro

Relações pessoais 24 de maio

Reparação das privações Novembro ("The Truth about Hitler", Strand Magazine; Great Contemporaries [Grandes homens do meu tempo], 167)

Repetição The Second World War 1948-54, I, 374

Retrospecto 1. 16 de abril; 2. 2 de março, Royal College of Physicians, Londres (The Dawn of Liberation 1945, 24)

Riqueza e Comunidade Britânica 1. 29 de dezembro ("Roosevelt from Afar", Colliers; Great Contemporaries [Grandes homens do meu tempo] 1990, 241; 2. 16 de agosto; 3. 12 de março

Risco 19 de fevereiro, Cingolo Neck, África do Sul (London to Ladysmith via Pretoria 1900, 388-9; The Boer War 1989, 175)

Sabedoria 1. 5 de outubro; 2. 10 de setembro

Satisfação 26 de dezembro (The Second World War 1948-54, V, 385)

Segredos 31 de março, próximo a Pieters, Natal, África do Sul (Ian Hamilton's March 1900, 4; The Boer War 1989, 226)

Segunda Guerra Mundial: 1940 The Second World War 1948-54, II, 555

Segunda Guerra Mundial: Moral My Early Life (Minha mocidade) 1930, 346

Segurança The Second World War 1948-54, IV, 14

Sem interesses próprios The River War 1899, I, 26

Ser notícia The Story of the Malakand Field Force 1897 1991, 97

"Ses" The River War 1899, I, 235

Simplicidade 1. The World Crisis 1923-31, III, Parte 1, 140; 2. 27 de março; 3. 14 de maio, reunião da United Europe, Albert Hall, Londres (Europe Unite 1950, 77)

Sorte 10 de agosto, Chequers (Gilbert 1991, 670)

Suborno 30 de abril

Sucesso 13 de dezembro (The Second World War 1948-54, II, 541)

Suficiência 25 de abril

Superávit orçamentário 28 de abril

Tempo 1. 19 de julho; 2. 30 de abril, Albert Hall, Londres (Europe Unite, 308)

Tentações Savrola ed. 1990, 114

Teoria e prática 19 de março (Diários do secretário do Gabinete Sir Norman Brook, New York Times, 22 de janeiro de 2006)

Terreno elevado 25 de novembro (The Second World War 1948-54, V, 636)

Tirania 15 de novembro, Universidade de Bruxelas (The Sinews of Peace: Post-War Speeches 1948, 38)

Tiros sem consequências *The Story of the Malakand Field Force 1897 1989, 117*
Tópicos quentes 22 de fevereiro
Trabalho 1. Dezembro *("Hobbies", Pall Mall; Thoughts and Adventures 1932, 217)*; 2. Agosto *("Herbert Henry Asquith", Pall Mall; Great Contemporaries [Grandes homens do meu tempo], 86)*
Tributos 29 de abril
Ursos *Home, 1983, 95*
Vencer ou perder 25 de junho
Ventura 2 de julho
Verdade 1. 17 de maio; 2. 8 de maio *(Official Biography, CV6/1, 1247)*; 3. 30 de novembro, Teerã *(The Second World War 1948-54, V, 338)*; 4. 14 de fevereiro, Atenas *(Victory 1946, 42)*; 5. 28 de março
Vida 1. Julho *("Consistency in Politics", Pall Mall; Thoughts and Adventures 1932, 26)*; 2. Março *("A Second Choice", Strand Magazine; Thoughts and Adventures 1932, 11)*; 3. 5 de janeiro *("My New York Misadventure", Daily Mail; Collected Essays 1975, IV, 88)*
Vingança 1. 5 de junho; 2. 10 de dezembro
Virtude versus perversidade *The Second World War 1948-54, I, 149*

3. Histórias e piadas

Fábula do desarmamento 25 de outubro, Aldersbrook Road, West Essex *(então parte de seu distrito eleitoral) (Arms and the Covenant 1938, 17)*
Garantia 28 de abril *("Britain's Deficiencies in Aircraft Manufacture", Daily Telegraph; Step by Step 1938, 226)*
Ignorância 21 de setembro *(Onwards to Victory 1944, 201-2)*
Normandos que foram saxões 12 de março *("Ivanhoe", recontada em News of the World; Collected Essays 1975, IV, 225)*
Objeções 9 de fevereiro
O Sonho *(Official Biography, VIII, 364-5, 372)*
Otimistas e pessimistas 1º de dezembro *("How Stand Britain and France since Munich?", Daily Telegraph; Step by Step 1938, 293)*
Pólvora para o urso *The Second World War 1948-54, IV, 279*
Precisão de linguagem 21 de setembro *(Moran 1966, 198)*
Prisioneiro espanhol 6 de outubro *(Official Biography, CV3/2, 1204)*
Rei Alfred e os pães queimados 1. *A History of the English-Speaking Peoples (Uma história dos povos de língua inglesa) 1956-8, I, 104, 114*; 2. *Finest Hour 131, verão de 2006*
São Jorge e o dragão 24 de abril, Royal Society of St George, Londres *(Arms and the Covenant 1938, 91-2)*
Urso, búfalo e jumento 1º de agosto *(Pelling 1999, 546;*

Wheeler-Bennett 1968, 96)
Veado e cães de caça *6 de dezembro*

4. Churchillanismos

"Apaguem as lareiras de casa" *Chequers (Halle 1966, 172)*
Bandeira em frangalhos *12 de maio*
Barulheiras e zumbidos, incredulidades e vanglórias *11 de março (Paul Addison para o editor, Prem 11/35, National Archives)*
Batalha do Bolsão *16 de maio, Paris (Ismay 1960, 127)*
Bottlescape *passim*
Cadáver epilético *Halle 1966, 131*
Camelos e insetos *12 de abril*
Campo devastado (Stricken field) *The River War 1899, II, 255-56*
Canário ferido *2 de abril (Nicholson II, 358)*
Cant'tellopoulos *Agosto, Cairo (Eden, 1965, 339)*
Carro de boi (Bullock cart) *Hamblin 1989*
Chacoteado, afrontado e guinchado *(Europe Unite 1950, 268)*
Chickenham Palace *Gilbert 1994, 313*
Choate *The World Crisis 1923-31, IV, 127-28; Rowse 1958, 400*
Chumbolly *2 de junho (Official Biography, CV 2/2, 1087)*

Cobertura de níquel *5 de outubro, Blackpool*
Comendo ouriço *10 de agosto (Kennedy 1957, 337)*
Correctitude *Novembro ("The U-boat War", Daily Telegraph; Thoughts and Adventures 1932, 90)*
Cottonopolis *6 de dezembro, Free Trade Hall, Manchester (Winston S. Churchill: His Complete Speeches 1897-1963, 1974, II, 1380; The World Crisis 1923-31, V, 246)*
Da boca para a mão *The Second World War 1948-54, I, 62*
Disappearage *14 de agosto (Colville 1986-87, 675)*
Endereço potável *Épernay, France (Christian Pol-Roger para o editor)*
Escuma brilhante *26 de agosto, Calgary, Alberta (Gilbert 1991, 493)*
Evangelista *The World Crisis 1923-31, I, 29*
Feriado naval *17 de setembro ("Friendship with Germany", Evening Standard; Step by Step 1937, 155)*
Garoa de impérios *30 de outubro (Hassall 1959, 456)*
Grande estado das questões *Cawthorne 1965, 41*
Guttersnipe sedento de sangue *22 de junho, radiodifusão, Londres (The Unrelenting Struggle 1942, 171)*

Homem Borracha 28 de janeiro
Ideólogos coletivos 10 de outubro, Conferência do Partido Conservador, Margate *(The Unwritten Alliance 1961, 61)*
Imitação de sopa de tartaruga Broad 1945, 31
Impensabilidade não regulada (Unregulated unthinkability) 14 de março
Improvose and dore 24 de novembro *(Pawle 1963, 266)*
Inexatidão terminológica (Terminological Inexactitude) 22 de fevereiro *(Official Biography, II, 167)*
Infernizar enquanto ainda há tempo 27 de janeiro
Je vous liquiderai. Si vous m'obstaclerez, je vous liquiderai! 5 de julho *(Kersaudy 1982, 248; Nicolson II, 303)*
Joias de verão 19 de junho *(Official Biography, CV3/2, 1042)*
Klop *passim ("Secretary to Churchill"*, de Mary T.G. Thompson, em *Eade 1953, 158; Gilbert 1994, 300)*
Lhama fêmea 6 de dezembro *(Moran 1966, 313)*
Limpets corajosos 27 de abril, Primrose League, Albert Hall, Londres *(Winston S. Churchill: His Complete Speeches 1897-1963, 1974, VIII, 8196)*
Loloo and Juloo *Finest Hour* Inverno de 2008-09, 141
Macacão (Siren suit) *Reynolds 1964, 148; Nel 1958, 32; Murray, 238*
Marquês encolhido 26 de julho, St Andrew's Hall, Norwich *(Winston S. Churchill: His Complete Speeches 1897-1963, 1974, II, 1294)*
Microfones e assassinatos Novembro *(Young 1966, 124*
Morro dos Ventos Uivantes (Wuthering Height) *"Churchill the Conversationalist",* de Colin Brooks, em *Eade 1953, 246*
Mortalha deslumbrante *Lord Randolph Churchill 1907, 820*
Mundanos ignorantes (Purblind worldlings) 30 de março, radiodifusão, Londres *(Blood, Sweat and Tears, 1941, 290)*
Namsosed 9 de agosto, Chequers *(Official Biography, CV6/2, 639, 745, 764)*
Non-undisincentive 22 de junho
Non-undisinflation 27 de outubro
Ordem do Chute Setembro *(Fishman 1963, 296; Charmley 1993, 647)*
Paintatious *passim (Soames 1979, 204)*
Palimpsests terrestres 16 de dezembro *("What I Saw and Heard in America", Daily Telegraph; Collected Essays 1975, IV, 47)*
Plágio antecipado 19 de maio
Pôr um ovo 19 de agosto *(Moran 1966, 486)*
Pox Britannica *Dalton 1965*

Preocupação descabida (fearthought) *15 de outubro ("War Is Not Imminent", Evening Standard; Step by Step 19XX, 164)*

Príncipe Palsy *Agosto, sul da França (Boothby 1978, 60-1)*

Profundezas *My Early Life (Minha mocidade) 1930, 41*

Pumpkin e Pippin *Primavera (Maclean, Churchill Proceedings, 1987)*

Quatro metros de ministros *Alan Lennox-Boyd, mais tarde Lord Boyd, para David Dilks*

Queuetopia *28 de janeiro, Woodford Count High School for Girls (Winston S. Churchill: His Complete Speeches 1897-1963, 1974, VIII, 7912)*

Quisling *22 de fevereiro*

Re-rat *Cowles 1953, 6*

Restaurantes ingleses *21 de março (The Second World War 1948-54, III, 663)*

Retrospecto *The World Crisis 1923-31, I, 493*

Sangue, trabalho, lágrimas e suor *13 de maio*

Sentimentalismos, pronunciamentos chorosos e emotividade *("Some Plain Speaking about Geneva", Daily Mail; Collected Essays 1975, I, 299)*

Slatternly *Outubro ("Lord Rosebery", Pall Mall, Great Contemporaries [Grandes homens de meu tempo], 6)*

Sofari so goody! *Novembro, África (Hassall 1959, 138)*

Sombrias, sectárias, subservientes *22 de junho, radiodifusão, Londres (The Unrelenting Struggle 1942, 172)*

Spurlos versenkt *31 de maio (Winston S. Churchill: His Complete Speeches 1897-1963, 1974, VII, 7337)*

Suñer or later *John Spencer Churchill em Halle 1966, 328*

Todos por Al *10 de agosto (Soames 1998, 327)*

Trabalho duro, sangue, morte e sordidez *10 de março, entrevista no rádio, Nova York (Gilbert 1982, 45)*

Tremenda galinha! E que pescoço! *30 de dezembro, Parlamento do Canadá (The Unrelenting Struggle 1942, 367)*

Transtorno esquálido *6 de dezembro*

Trifibiano *31 de agosto, radiodifusão, Londres (Onwards to Victory 1944, 179)*

Unsordid *17 de abril*

Urtiga e espinafre azedo *24 de julho*

Ventre macio *passim (Leasor 1959, 228, 286; Nel 1958, 50)*

Vulcão ingrato *1º de setembro (Official Biography, CV4/3, 1974)*

Winstoniano *9 de maio, Mount Street, Londres (Official Biography, CV2/1, 391)*

Woomany 12 de janeiro (Official Biography, CV 1/1, 152)
Wormwood Scrubbery 12 de março

5. Grande Comunicador

Brevidade 1. Gretton 1968, passim; 2. 27 de janeiro (The Second World War 1948-54, IV, 752); 3. 24 de junho, Marshall's Manor, Sussex (Moran 1966, 746)
Citações 1. My Early Life (Minha mocidade) 1930, 130; 2. The Second World War 1948-54, IV, 616
Composição de livros Graebner 1965, 69
Consulta 7 de maio
Derretimento 2 de março (Official Biography, CV5/2, 1097)
Discurso inaugural 1. 18 de fevereiro; 2. My Early Life (Minha mocidade) 1930, 378-80
Deixe o passado para a História 23 de janeiro
Ditado 1. Lord Boyd of Merton para David Dilks; 2. Hamblin 1989
Emprego de palavras 1. 27 de maio (The Second World War 1948-54, II, 560; 2. 25 de fevereiro (The Second World War, 1948-54, V, 608)
Estilo 1. 2 de novembro, cerimônia Literary Award do The Times, Londres (Winston S. Churchill: His Complete Speeches 1897-1963, 1974, VII, 7885); 2. 10 de outubro, Margate (The Unwritten Alliance 1961, 61)
Fábrica de Chartwell Hamblin 1989
Fatos versus rumores Marlborough: His Life and Times 1933-38, I, 1300
Grande Protesto ("Grand Remonstrance") My Early Life (Minha mocidade) 1930, 125
Hifens e "e"s 22 de junho (CV5/1, 814-15)
História 12 de novembro
Homen versus mulher 8 de dezembro (Winston S. Churchill: His Complete Speeches 1897-1963, 1974, VII, 7051)
Inglês 8 de agosto, English-Speaking Union Dinner, Londres (The Unwritten Alliance 1961, 154)
Jargão The Second World War 1948-54, IV, 516
Jornais (mídia) 1. 5 de abril (Official Biography, V, 319); 2. 11 de agosto, Quebec (Official Biography, V, 341); 3. "Churchill and Censorship", do contra-almirante G.P. Thompson, em Eade 1953, 147-48; 4. 20 de fevereiro, Washington (Pilpel 1976, 216)
Largura de uma vírgula 7 de julho
Latim 1. My Early Life (Minha mocidade) 1930, 37; 2. 5 de março

Leitura 21 de abril *("Have You a Hobby?"*, respostas; *Collected Essays 1975, IV, 288)*
Linguagem 1. 9 de dezembro; 2. 15 de julho
Literatura clássica *My Early Life (Minha mocidade)* 1930, 37
Livros: os seus 1. 17 de fevereiro, *Author's Club, Londres (Winston S. Churchill: His Complete Speeches 1897-1963, 1974, I, 903)*; 2. Tedder 1966, Prefácio; 3. 2 de novembro, Grosvenor House, Londres *(Churchill Archives Centre)*; 4. 4 de julho Royal United Services Institution, Londres *(In the Balance: Speeches 1949 e 1950 1951, 304)*
Mein Kampf como um Corão *The Second World War 1948-54*, I, 43
Minutas 1. 14 de maio *(Official Biography, VIII, 331)*; 2. *(Official Biography, VIII, 528)*
Nomes estrangeiros e pronúncias 1. 18 de dezembro; 2. *"Churchill the Conversationalist"*, de Collin Brooks, em Eade, 1953, 247; 3. Pawle 1963, 68; 4. 7 de maio; 5. Nicolson 2004, 269; 6. 13 de fevereiro, Yalta *(Halle 1966, 160)*; 7 23 de abril *(The Second World War 1948-54, VI, 642-43)*
Oratória 1. parafraseado de Donaldson 1974, 78; 2. *My Early Life (Minha mocidade)* 1930, 219; 3. Manchester 1983, 32; 4. Thompson, R.W., 247

Originalidade Marchant 1954, 153
"Outwith" 5 de dezembro
Ovo do vigário 21 de abril, Royal Albert Hall, Londres *(Europe Unite 1950, 301)*
Pelagem Fevereiro *(Roberts 1994, 203)*
Pilares e água 8 de abril, Darwen, Lancashire *(Marsh 1939, 172-73)*
Poesia: "Pandemia de Gripe" Harrow *(Chaplin 1941, 55-57)*
Poesia: "Puggy-wug" John Spencer Churchill 1961, 28
Politicamente correto 8 de fevereiro, Cardiff *(In the Balance: Speeches 1949 e 1950 1951, 181)*
Pontuação 1. 31 de agosto *(Hassall 1959, 498)*; 2. 19 de abril
Pot-boilers Hamblin 1989
Pré-fabricada 2 de abril *(The Second World War 1948-54, V, 618)*
Prêmio Nobel de Literatura 10 de dezembro, Estocolmo *(Winston S. Churchill: His Complete Speeches 1897-1963, 1974, VIII, 8515)*
Quantificar ... com suprimento insuficiente Cawthorne 1965, 76
Romance Savrola 1. *My Early Life (Minha mocidade)* 1930, 169; 2. 20 de janeiro *(Savrola ed. 1956, IX)*
Screened 7 de maio

Shakespeare *Halle 1966, 96*
"Snafu" *1º de julho*
Stand firm *3 de outubro (The Second World War 1948-54, III, 660)*
Trepanação *14 de setembro (The Second World War 1948-54, II, 319)*
Unilareal *12 de dezembro*

6. Pessoas

Asquith, Margot *23 de setembro, navegando a bordo do RMS Queen Mary (Moran 1966, 201)*
Astor, Nancy *12 de janeiro (Nicolson 2004, 451)*
Attlee, Clement *1. Taylor 1952, 366; 2. Sir John Foster, MP; Halle 1966, 271-72; 3. Março, embarcado num trem para Fulton, Missouri (recordação de Clark Clifford)*
Baldwin, Stanley *1. 30 de abril, banquete na Royal Academy, Burlington House, Londres (Winston S. Churchill: His Complete Speeches 1897-1963, 1974, 5154); 2. 22 de maio; 3. Halle 1966, 133; 4. 19 de janeiro (Moran 1966, 393)*
Balfour, Arthur *18 de fevereiro, Flandres (Soames 1998, 179)*
Beaverbrook, Lord *Sir John Colville para o editor*
Beresford, Lord Charles *20 de dezembro*
Bevan, Aneurin *1. 8 de dezembro; 2. 10 de julho, Woodford Green, Essex (Europe Unite, 370); 3. 1º de julho*
Bonar Law, Andrew *1. Chisholm e Davie 1992, 190; 2. Beaverbrook 1928, 32-33*
Bossom, Alfred *Lord Mountbatten para a Edmonton Churchill Society, 1966*
Bryan, William Jennings *31 de agosto (Official Biography, CV1 PART 1, 678)*
Buller, Redvers *My Early Life (Minha mocidade) 1930, 248*
Butler, R.A. *1º de dezembro*
Cecil, Lord Hugh *Fevereiro ("Personal Contacts", Strand Magazine; Thoughts and Adventures 1932, 35)*
Chamberlain, Austen *1. 18 de maio, Edimburgo (Morgan 1983, 191); 2. 13 de fevereiro, Yalta (Moran 1966, 253)*
Chamberlain, Joseph *1. Abril (Taylor 1952, citando Herbert Vivian em Pall Mall); 2. 29 de janeiro, Nottingham (Winston S. Churchill: His Complete Speeches 1897-1963, 1974, II, 1105)*
Chamberlain, Neville *1. Fevereiro (Broad 1945, 255); 2. Drumlanraig, Escócia (Gilbert 1994, 23); 3. 12 de novembro; 4. 22 de novembro (Nicolson II, 129)*
Chaplin, Charlie *29 de setembro, Barstow, Califórnia (Official Biography, CV5/2, 97)*
Churchill, *Lady* **Randolph** *29 de julho (Official Biography, CV4/3, 1525)*

Churchill, Winston (escritor americano) *1. 7 de junho, Londres (My Early Life [Minha mocidade] 1930, 231-32); 2. 17 de dezembro, Boston (Official Biography, I, 353)*

Cripps, Stafford *1. Dezembro (Colville 1986-87, vol. I, 368); 2. 19 de maio, Washington ("Churchill the Conversationalist", de Colin Brooks, em Eade 1953, 247); 3. 12 de dezembro*

Cromwell, Oliver *My Early Life (Minha mocidade) 1930, 16*

Crossman, R.H.S. *14 de julho*

Curzon, George *Janeiro ("George Curzon", Pall Mall; Great Contemporaries [Grandes homens do meu tempo], 174, 184)*

Dalton, Hugh *1. 10 de maio; 2. 14 de fevereiro, radiodifusão, Londres (Europe Unite, 242)*

de Gaulle, Charles *1. 10 de janeiro, Casablanca (Halle 1966, 212); 2. Maio, Ottawa (Birkenhead 1966, 537)*

de Valera, Eamon *1. 4 de fevereiro ("The Dusk of the League", Daily Telegraph; Step by Step 1938, 198); 2. 5 de maio*

Dulles, John Foster *1. 7 de janeiro (Colville 1986-87, II, 320; 2. Anthony Montague Brown para o Churchill Centre, Londres, 1985; 3. 7 de dezembro, Bermudas (Moran 1966, 540-41); 4. Macmillan 1969, 489; 5. 24 de junho, Washington (Halle 1966, 325)*

Halifax, Earl *visconde De L'Isle VC para a Edmonton Churchill Society, 1985*

Hearst, William Randolph *29 de setembro, Barstow, Califórnia (Official Biography, CV5/2, 96)*

Hitler, Adolf *1. 4 de outubro (The Second World War 1948-54, II, 441); 2. 10 de maio, radiodifusão, Londres (The End of the Beginning 1943, 126); 3. 28 de setembro; 4. 28 de setembro*

Hopkins, Harry *15 de janeiro, Casablanca (Soames 1998, 473)*

Inönü, Ismet *7 de dezembro, Constantinopla (Eden 1965, 429)*

Joynson-Hicks, William *9 de agosto (Sunday Pictorial, 8)*

Kinna, Patrick *Canal da Mancha (Família de Kinna para Paul H. Courtenay)*

Kitchener, Marechal de Campo Lord *The World Crisis 1923-31, I, 234*

Lênin, Vladimir *1. 5 de novembro; 2. The World Crisis 1923-31, IV, 74-76*

Lloyd George, David *Fevereiro ("Personal Contacts", Strand Magazine; Thoughts and Adventures 1932, 38)*

MacDonald, Ramsay *23 de março*

Maclean, Fitzroy *Maclean, Churchill Proceedings, 1987*

Malenkov, Georgy *Fevereiro (Sir*

Alan Lennox-Boyd, mais tarde Lord Boyd, para David Dilks)

McCarthy, Senador Joseph *Moran 1966, 540*

Monro, General Sir Charles *The World Crisis 1923-31, II, 489*

Moran, Lord *2 de março, Royal College of Physicians, Londres (The Dawn of Liberation 1945, 22)*

Mountbatten, Lord Louis *Outubro (Lord Mountbatten para a Edmonton Churchill Society, Alberta, 11 de abril de 1966)*

Mussolini, Benito *27 de abril, radiodifusão, Londres (The Unrelenting Struggle 1942, 95)*

Peake, Osbert *19 de agosto (Soames 1998, 586)*

Pick, Frank *1. Lord Melchett em Halle 1966, 189; 2. "Churchill the Conversationalist", de Collin Brooks, em Eade 1953, 246*

Plastiras, Nikolaos *Sir Alexander Cadogan para David Dilks*

Pound, Almirante Sir Dudley *1. Pawle 1963, 29; 2. 23 de outubro (Moran 1966, 130)*

Rei Edward VII *22 de janeiro, Winnipeg, Manitoba (Official Biography, CV1, parte 2, 1231)*

Rei Ibn Saud *17 de fevereiro, Lago Fayyum, Egito (Gilbert 1991, 825)*

Reves, Wendy *La Capponcina, Cap d'Ail, França (Sir Anthony Montague Brown para o Churchill Centre, 1987)*

Savinkov, Boris *1. Fevereiro ("Boris Savinkov", Pall Mall; Great Contemporaries [Grandes homens do meu tempo], 76, 78); 2. The World Crisis 1923-31, IV, 78*

Shinwell, Emanuel *1. 8 de dezembro; 2. 28 de outubro; 3. 17 de novembro*

Smuts, Jan Christian *Colville, Churchillians, 135*

Snowden, Philip *1. 25 de maio; 2. 2 de agosto ("Philip Snowden", Sunday Pictorial; Great Contemporaries [Grandes homens do meu tempo], 185-90)*

Spee, Almirante Maximilian von *The World Crisis 1923-31, I, 295*

Stalin, Josef *1. 9 de agosto (Moran 1966, 36); 2. 30 de outubro, Teerã (Moran, 1966, 154); 3. The Second World War 1948-54, IV, 442-46*

Trotsky, Leon *Dezembro ("Leon Trotsky alias Bronstein", Pall Mall; Great Contemporaries [Grandes homens do meu tempo]; 123-25)*

Truman, Harry *16 de julho, Potsdam (McCullough, 412)*

Webb, Beatrice *Marsh 1939, 163*

Welldon, Bispo *My Early Life (Minha mocidade) 1930, 29-30*

Wilson, Woodrow *The World Crisis 1923-31, IV, 128-29*

Wodehouse, P.G. *6 de dezembro (Official Biography, VII, 1087)*

7. Inglaterra, Império e Commonwealth

Classes *27 de julho (Moran 1966, 475)*
Clima *10 de julho, Woodford, Essex (Europe Unite 1950, 368)*
Commonwealth de Nações *28 de outubro*
Conquistas *15 de maio*
Crítica, de Churchill *23 de dezembro (Official Biography, CV2/1, 104)*
Defesa *6 de dezembro*
Definindo o Império *7 de maio, Conferência sobre o Império, Downing Street ("Liberalism and the Social Problem", republicado em The Collected Works, Vol. VII, Early Speeches, 168)*
Escócia *1. 3 de janeiro, Bélgica (Official Biography, CV3/2, 1354); 2. 12 de outubro, Usher Hall, Edimburgo (The End of the Beginning 1943, 237)*
Fim do Império *1. 9 de novembro, Mansion House, Londres (The End of the Beginning 1943, 268); 2. 8 de agosto (Boyle, 1990, 167)*
Galês *6 de novembro*
Geografia *14 de março*
Gibraltar *1º de setembro (The Second World War 1948-54, VI, 607)*
Ilhas Virgens *Downing Street.*
(Sir Alexander Cadogan para David Dilks)
Ingleses e árabes *The River War 1899, I, 25*
Levante no Império *Macmillan 1969, 391*
Londres *1. 9 de maio, Ministério da Saúde, Londres; 2. 9 de novembro, Banquete do Lord Mayor, Guildhall, Londres (The Unwritten Alliance 1961, 192)*
Obrigações *22 de dezembro, radiodifusão, Londres (Stemming the Tide 1953, 214)*
Povo *1. 13 de maio; 2. 13 de abril; 3. Ronald Golding para o editor*
Povo em guerra *1. 11 de setembro, London Opera House (Official Biography, III, 76); 2. 9 de novembro, Guildhall, Londres (Winston S. Churchill: His Complete Speeches 1897-1963, 1974, III, 2340); 3. 2 de abril (The Second World War 1948-54, VI, 431)*
Trapaça *My Early Life 1930 (Minha mocidade) 1930, 70*
Uganda *1. Observação do editor; 2. My African Journey, 103*

8. Nações

África do Sul *18 de fevereiro*
Alemanha *1. 13 de julho; 2. Lord Mountbatten para a Edmond Churchill Society, 1966; 3. 19 de maio, Congresso, Washington (Onwards to Victory, 1944, 100)*

Austrália *A History of the English Speaking Peoples* (Uma história dos povos de língua inglesa) *1956-58, IV, 122*

Canadá 1. 22 de janeiro. Winnipeg, Manitoba (Official Biography, CV1/2, 1231); 2. 19 de julho; 3. 4 de setembro, Mansion House, Londres (The Unrelenting Struggle 1942, 244); 4. 31 de dezembro, entrevista coletiva, Ottawa (Dilks, 2005, 220); 5. 30 de junho, radiodifusão, Ottawa (Dilks, 2005, 426)

China 1. 3 de setembro ("The Wounded Dragon", *Evening Standard*; Step by Step 1937, 151, 153); 2. 17 de janeiro, Congresso, Washington (Stemming the Tide 1953, 223)

Cuba 15 de dezembro, Nova York (Official Biography, CV11/1, 620)

Dinamarca 10 de outubro, Universidade de Copenhague (In the Balance: Speeches 1949 e 1950 1951, 387)

Egito 1. *The River War 1899*, I, 152-53; 2. 3 de abril, Cairo (Official Biography, I, 441); 3. The Second World War 1948-54, V, 371.

Espanha *Julho* ("Alfonso XIII", *Strand Magazine*; Great Contemporaries [Grandes homens de meu tempo] 137)

Estados Unidos da América 1. 10 de novembro, Nova York (Official Biography, I, CV1/1; 2. 12 de novembro, Nova York (Official Biography, CV1/1, 598); 3. 15 de novembro (Official Biography, CV1/1, 600); 4. 8 de dezembro, Press Club, Nova York (Pilpel, 1976, 36); 5. 7 de julho (Official Biography, CV5/2, 16); 6. Fevereiro ("Personal Contacts", *Strand Magazine*; Thoughts and Adventures 1932, 32); 7. 14 de agosto ("Prohibition", *The Sunday Chronicle*; Collected Essays 1975, IV, 111); 8. 5 de agosto ("Land of Corn and Lobsters", *Collierr's*; Collected Essays 1975, IV, 263); 9 8 de outubro (Halle 1966, 7-8); 10. 20 de agosto (Official Biography, VI, 743); 11. 10 de novembro, Mansion House, Londres (The Unrelenting Struggle 1942, 298); 12. 9 de dezembro (Bryant, 1957, 231); 13. 26 de dezembro, Congresso, Washington (The Unrelenting Struggle 1942, 353-54); 14. Agosto. Cataratas de Niágara (Official Biography, VII, 469); 15. Agosto, entrevista coletiva, Quebec (Graebner 1965, 106); 16. Setembro, entrevista coletiva, Washington (Halle 1966, 240); 17. 4 de março, a caminho de Fulton, Missouri (Halle 1970, 17); 18. Ibid., 34-35; 19. Graebner 1965, 106; 20. 1º de abril, Boston (Reynolds 2004, 201); 21. The Second World War 1948-54, V, 494; 22. 16 de *janeiro*, Washington (*Winston S. Churchill: His Complete Speeches 1897-1963*, 1974, VIII, 8323); 23. 27 de março, St Stephen's Hall, Londres (*The Unwritten Alliance* 1961, 26); 24 Downing Street (Nemon, 51B); 25. 28 de junho, entrevista coletiva, Washington (Pilpel 1976, 262)

França 1. 25 de junho (*"Vive La France!"*, *Evening Standard*; *Step by Step* 19XX, 131-32; 2. 21 de outubro, Londres, radiodifusão para a França (*Blood, Sweat and Tears* 1941, 463; *Winston S. Churchill: His Complete Speeches 1897-1963*, 1974, VI, 6297); 3. 10 de dezembro; 4. 12 de novembro, Hotel de Ville, Paris (*The Dawn of Liberation* 1945, 246)

Grécia 1. 7 de maio; 2. *The Second World War 1948-54*, V, 470-71

Índia 1. *The History of the Malakand Field Force 1897* 1989, 193; 2. 26 de março, Constitutional Club, Londres, *Winston S. Churchill: His Complete Speeches 1897-1963*, 1974, V, 5011)

Irlanda 1. 8 de maio; 2. 15 de dezembro; 3. 16 de fevereiro; 4. 12 de abril; 5. *My Early Life (Minha mocidade)* 1930, 16; 6. "The Dream", *Official Biography*, VIII, 368)

Israel 18 de fevereiro (*Official Biography*, VIII, 1095)

Itália 1. 16 de fevereiro, Ditchley Park (Kennedy 1957, 79); 2. 29 de novembro, Londres, radiodifusão mundial (*The End of the Beginning* 1943, 299)

Iugoslávia Dezembro (Maclean, *Churchill Proceedings*, 1987)

Japão 1. 8 de dezembro, Londres (*The Second World War 1948-54*, III, 542-43; 2. 26 de dezembro, Congresso, Washington (*The Unrelenting Struggle* 1942, 359-60)

Jordânia 24 de março

Marrocos 1. *The Second World War 1948-54*, IV, 622; 2. 25 de dezembro, Marrakesh (Soames 1998, 558)

Palestina 1º de agosto

Polônia 7 de fevereiro, Yalta (*Official Biography*, VII, 1189)

Rússia 1. 24 de janeiro, Paris (Gilbert 1991, 408); 2. 8 de abril, Paris (*Official Biography*, CV4/1, 609); 3. 5 de novembro; 4. *Julho* ("Mass Effects in Modern Life", *Pall Mall*; *Thoughts and Adventures* 1932, 185); 5. *The World Crisis 1923-31*, IV, 235; 6. *The World Crisis 1923-31*, V, 350; 7. 1º de outubro, radiodifusão, Londres (*Blood, Sweat and Tears* 1941, 205-06); 8. 23 de abril; 9. "The Dream" (*Official Biography*, VIII, 371); 10. 26 de janeiro

Sudão 1. *The River War* 1899, I, 156; 2. *The River War* 1899, I, 290; 3. *The River War* 1899, II, 162

Tchecoslováquia *16 de outubro, Londres, radiodifusão para os Estados Unidos (Blood, Sweat and Tears 1941, 84)*

9. Guerra

Aliados *10 de dezembro (Secret Sessions Speeches 1946, 79)*
Almirantes *Dezembro (The Second World War 1948-54, III, 591-92)*
Artilharia *23 de abril, jantar do Dia de São Jorge na Honourable Artillery Company (The Unwritten Alliance 1961, 36)*
Batalha naval 1. *18 de março*; 2. *17 de março*
Caça ao submarino 1. *18 de março (The World Crisis 1923-31, III, Parte 2, 366)*; 2. *The Sunday Times, 13 de julho de 1980*
Cavalaria *My Early Life (Minha mocidade) 1930, 78*
Democracia em tempo de guerra *Inglaterra (Pottle, 247)*
Dissuasão *24 de março*
Dissuasão nuclear *14 de dezembro*
Dormindo em campanha 1. *My Early Life (Minha mocidade) 1930, 99*; 2. *My Early Life (Minha mocidade) 1930, 332*
Exército *8 de agosto*
Forças militares 1. *16 de novembro (Macmillan, Blast, 352)*; 2. *The Second World War 1948-54, IV, 584)*
Generais 1. *23 de fevereiro (MBA, 92)*; 2. *1° de março (Gilbert, 1991, 170)*
Guerra dos Bôers 1. *15 de novembro, Chieveley, África do Sul (Maccallum Scott, 43)*; 2. *10 de dezembro, Pretória (London to Ladysmith via Pretoria, 1900, 176-77; The Boer War 1989, 78-79)*; 3. *22 de dezembro, África do Sul (London to Ladysmith via Pretoria 1900, 195-96; The Boer War 1989, 87)*
Infantaria *Ismay 1960, 270*
Lidando com o inimigo 1. *My Early Life (Minha mocidade) 1930, 346*; 2. *23 de setembro (Official Biography, VI, 803)*
Marinha americana *9 de maio (The Second World War 1948-54, IV, 273)*
Oficiais 1. *Maclean, Churchill Proceedings, 1987*; 2. *27 de janeiro, Ploegsteert, Bélgica (Official Biography, III, 651)*
Poder Aéreo 1. *28 de novembro*; 2. *20 de junho*; 3. *6 de setembro, Universidade de Harvard, Cambridge, Massachusetts (Onwards to Victory 1944, 182)*
Primeira Guerra Mundial 1. *15 de novembro*; 2. *Cowles 1953, 210*; 3. *3 de janeiro, Flandres (Official Biography, CV3/2, 1354*; 4. *24 de março (The World Crisis 1923-31, III, Parte 2, 423)*; 5. *The World Crisis 1923-31, I, 11*; 6. *27 de março*

Reflexões sobre a guerra *1. 22 de fevereiro, Flandres (Soames 1998, 179); 2. My Early Life (Minha mocidade) 1930, 79; 3. "The Dream" (Official Biography, VIII, 371); 4. 31 de março, Massachusetts Institute of Technology, Boston (In the Balance: Speeches 1949 e 1950 1951, 40-42)*

Royal Naval College (Real Escola de Guerra Naval) *1. Maio, RNC, Devonport (Lord Mountbatten para a Edmonton Churchill Society, 1966; 2. Menzies 1967, 74*

Segunda Guerra Mundial (Prelúdio) *1. 14 de março; 2. 30 de julho; 3. Maio, Moscou, publicada em 1948 (The Second World War 1948—54, I, 105-06); 4. 8 de janeiro, Marrakesh (Official Biobraphy, CV5/3, 10); 5. 12 de novembro; 6. Março (Guedalla, 271-72); 7. 1º de março (Nicolson I, 328); 8. 11 de setembro, Chartwell (Official Biography, CV5/3, 1155); 9. 8 de agosto, Londres, radiodifusão para os Estados Unidos (Blood, Sweat and Tears 1941, 196-97)*

Segunda Guerra Mundial *1. 3 de setembro, publicada em 1948 (The Second World War 1948-54, I, 319); 2. 26 de junho (Official Biography, CV6/1, 148); 3. 1º de outubro, radiodifusão, Londres (Blood, Sweat and Tears 1941, 206); 4. 30 de março, radiodifusão, Londres (Blood, Sweat and Tears 1941, 290); 5. Junho, publicada em 1948 (The Second World War 1948-54, II, 404); 6. 5 de setembro; 7. 31 de agosto, Chequers (Official Biography, CV6/2, 749); 8. Setembro, publicada em 1948 (The Second World War 1948-54, II, 320); 9. 12 de dezembro, publicada em 1949 (The Second World War 1948-54, II, 547); 10. 22 de janeiro; 11. 22 de janeiro; 12. 15 de março; 13. 8 de abril (The Second World War 1948-54, IV, 640); 14. 30 de maio (The Second World War 1948-54, V, 66); 15. 21 de junho, Chequers (Colville 1986-87, I, 480; 16. 14 de julho, Londres, County Hall (The Unrelenting Struggle 1942, 186); 17. 29 de julho; 18. 4-5 de agosto, HMS Prince of Wales (The Second World War 1948-54, III, 381); 19. 12 de novembro; 20. 21 de junho, Washington (Halle 1966, 200); 21. 16 de julho (The Second World War 1948-54, IV, 781); 22. 5 de agosto, publicada em 1951 (The Second World War 1948-54, IV, 414); 23 10 de agosto (The End of the Beginning 1943, 282); 24. 8 de fevereiro (Onwards to Victory 1944, 25); 25. 7 de setembro (Dilks, 298); 26. 30 de novembro, Teerã (Moran 1966, 152); 27. Pelling*

1999, 546; Wheeler-Bennett 1968, 96); 28. 31 de janeiro (The Second World War 1948-54, V, 432); 29. 24 de fevereiro, Chequers (Official Biography, VII, 1233); 30. 25 de março, França (Taylor 1952, 388); 31. 2 de abril (The Second World War 1948-54, VI, 409); 32. 8 de maio; 33. Ismay 1960, 157; 34. passim (Official Biography, VI, 612); 35. The Second World War 1948-54, IV, 651-52

Sob tiroteio *1. 15 de novembro, Chieveley, África do Sul (Taylor 1952, 173); 2. London to Ladysmith via Pretoria 1900, 137; The Boer War 1989, 61*

Tanques *1. 2 de julho; 2. 23 de abril (The Second World War 1948-54, IV, 850)*

10. Política e Governo

Banco da Inglaterra *9 de novembro (Colville 1986-87, I, 342)*

Bolchevismo e Comunismo *1. Maio ("Mass Effects in Modern Life", Strand Magazine; Thoughts and Adventures 1932, 185); 2. 24 de janeiro (Bryant 1959, 114); 3. 28 de junho, National Press Club, Washington (Official Biography, VII, 1008*

Câmara dos Comuns *28 de outubro*

Câmara dos Lordes *1. 29 de junho; 2. 4 de setembro, Leicester (Official Biography, II, 326-27)*

Caricaturas *Junho (Cartoons and Cartoonists, Strand Magazine; Thoughts and Adventures 1932, 15)*

Causa e efeito políticos *22 de maio, Bangalore, Índia (Official Biography, CV1/2, 938)*

Cimeiras *16 de setembro, Quebec (The Dawn of Liberation 1945, 173)*

Comunismo versus Fascismo *1. Oxford (Collected Essays 1975, I, xxv); 2. 27 de junho ("The Creeds of the Devil", Sunday Chronicle; Collected Essays 1975, II, 395)*

Debate *1. 13 de outubro; 2. 12 de julho*

Democracia *8 de dezembro*

Despesas *13 de maio*

Diplomacia *29 de novembro, Teerã (Sherwood II, 779)*

Eleição de 1945 *1. 26 de julho (BBC, 60); 2. 16 de agosto*

Eleições *31 de outubro*

Excessos no orçamento *15 de abril*

Governo, Segunda Guerra Mundial *Setembro (Cadogan, 562)*

Greve Geral, 1926 *1. 7 de julho (Official Biography, V, 174); 2. 7 de julho*

Habitação e parques *23 de setembro, RMS Queen Mary (Moran 1966, 202)*

Iniciativa privada *29 de setembro, Woodford, Essex (The Unwritten Alliance 1961, 324)*

Instigador de guerras 17 de março
Interrupções 26 de junho (Winston S. Churchill: His Complete Speeches 1897-1963, 1974, V, 5046-46)
Juízes 23 de março
Ministério da Guerra 1. Junho (Moran 1966, 36); 2. 2 de agosto
Moderados 14 de agosto (Winston S. Churchill: His Complete Speeches 1897-1963, 1974, I, 215)
Monarquia "The Dream" (Official Biography, VIII, 367)
Mulheres na política "The Dream" (Official Biography, VIII, 368)
Oposição 1. Pilpel 1976, 67; 2. 14 de janeiro, State Dinner, Ottawa (Stemming the Tide 1953, 216)
Padrão Ouro 1. Daily Telegraph, 5 de agosto de 1965); 2. 25 de julho, West Essex Conservative and Unionist Association (Winston S. Churchill: His Complete Speeches 1897-1963 1974, IV, 3734)
Parlamento 16 de fevereiro
Partidos políticos 25 de junho
Pesquisas de opiniões 30 de setembro
Planejamento Rose, 319
Pobreza 4 de janeiro, Manchester (Marsh 1939, 150)
Política Externa: Oriente Médio e África 14 de julho
Políticos 1. Entrevista para o Morning Post; Halle 1966; 2. 17 de novembro, jantar no Institute of Journalists, Londres (Winston S. Churchill: His Complete Speeches 1897-1963, 1974, I, 693)
Primeiro-ministro 24 de julho
Racha em partido Graebner 1965, 25
Reuniões, condução das Conservative Central Office, Londres (Lord Fraser para David Dilks)
Revolução 10 de outubro
Sabedoria e disparate 10 de setembro, Guildhall, Londres (Europe Unite 1950, 138-39)
Socialistas 1. 11 de outubro, St Andrew's Hall, Glasgow ("Liberalism and the Social Problem", reimpresso no The Collected Works, Vol. VII; Early Speeches, 160); 2. 14 de fevereiro (Sunday Express); 3. 23 de julho Wolverhampton Winston S. Churchill: His Complete Speeches 1897-1963, 1974, VII, 7831-32)
Taxação 1. 12 de maio; 2. 1º de junho (Taylor 1952; 222)
Voto de Confiança 1. 6 de abril; 2. 29 de janeiro (Moran, 1966, 27)

11. Educação Artes e Ciência

Artes 1. Junho (Official Biography, VI, 449); 2. Savrola, ed. 1990, 75

Câncer 19 de junho
Clássicos 1. 10 de julho (Moran 1966, 281); 2. 12 de maio Universidade de Oslo (Europe Unite 1950, 326)
Doença The Second World War 1948-54, II, 317
Escolas públicas 1. My Early Life (Minha mocidade) 1930, 53; 2. 18 de dezembro, Escola Harrow (The Unrelenting Struggle 1942, 20)
Explosivos Almirantado, Londres (Halle 1966, 17)
Inglês My Early Life (Minha mocidade) 1930, 31
Latim My Early Life (Minha mocidade) 1930, 36
Metafísica My Early Life (Minha mocidade) 1930, 131-32
Míssil teleguiado 15 de março (Official Biography, VIII, 714)
RMS *Queen Mary* Maio ("Queen of the Seas", Strand Magazine; Collected Essays 1975, IV, 332
Sócrates My Early Life (Minha mocidade) 1930, 124
Tecnologia 18 de novembro, Universidade de Londres (Europe Unite 1950, 468)
Televisão 1. Coletiva para a imprensa, Nova York (Halle 1966, 307); 2. Londres, Observação do Editor.

12. Pessoal

Álcool 1. passim ("Churchill the Conversationalist", de Colin Brooks, em Eade 1953, 248); 2. My Early Life (Minha mocidade) 1930, 141; 3. Menzies 1967, 93; 4. Janeiro (A.P. Herbert em Halle 1966, 187); 5. 21 de janeiro, Casablanca (Sherwood II, 682); 6. 22 de janeiro, Casablanca (Sherwood II, 685); 7. 27 de outubro (Cadogan, 675); 8. 8 de dezembro (The Dawn of Liberation 1945, 281); 9. Epernay Christian Pol-Roger para o editor; 10. 17 de janeiro, Washington (Halle 1966, 268); 11. 31 de janeiro (Ismay 1960, 457); 12. 6 de julho (revista Time)
Ambição 17 de janeiro, St. Cloud, França (Official Bigraphy, CV4/2, 1005-06)
Ancestralidade 29 de julho, Londres (Fishman 1963, 217)
Animais 1. passim Membros da família para o editor; 2. 21 de janeiro (Soames 1998, 376); 3. 10 de março (Official Biography, CV5/2, 1116); 4. Graebner, 1965, 94; 5. Howells, 123
Anúncio de recompensa Taylor 1952, 186
Aposentadoria 1. Cowles 1953, 356; 2. Macdonald, 124; 3. 8 de fevereiro, Nova York (Sunday Times, Londres); 4. 12 de março (Official Biography, VIII, 958)
Autoafirmação 1. Bonham Carter 1965, 16; 2. My Early Life (Minha mocidade) 1930, 118; 3. 8 de agosto, Chequers (Moran 1966, 478)

Bispos *7 de agosto (Tedder, 321; Moran 1966, 52)*

Cavalos *1. My Early Life (Minha mocidade) 1930, 59; 2. Halle 1966, 285; 3. ibid*

Charutos *1. Março ("A Second Choice", Strand Magazine; Thoughts and Adventures 1932, 7); 2. Finest Hour 107, Verão de 2000, 33*

Coleta de sangue *Dezembro, Túnis (The Times, 11 de abril, 1990)*

Confiança *1. Macdonald, 109; 2. 20 de setembro, RMS Queen Mary (Moran 1966, 197)*

Conselho *27 de junho (Amery, J., 270)*

Corridas *4 de fevereiro (The Second World War 1948-54, III, 647)*

Criados *Golfe Juan, França (Sir John Colville para o editor)*

Crítica *1. 27 de novembro; 2. 24 de abril, Royal Society of St. George, Londres (Arms and the Covenant 1938, 91); 3 Abril, Chigwell (Thornton-Kemsley, 97)*

Destino *1. 10 de janeiro, Bangalore (Official Biography, CV1/2, 856); 2. 21 de outubro, Downing Street (Jean Oberlé, Finest Hour 138, Primavera de 2008); 3. 6 de outubro, Londres (New York Herald Tribune)*

Ducado *1. Fevereiro (Official Biography, VIII, 327; Dixon para Gilbert, 15 de março de 1982); 2. 22 de fevereiro (Official Biography, VIII, 703; Moran 1966, 402); 3. 5 de abril (Official Biography, VIII, 1123-24)*

Eleições *1. My Early Life (Minha mocidade) 1930, 240; 2. Setembro ("Election Memories", Strand Magazine; Thoughts and Adventures 1932, 154); 3. 1º de agosto (The Second World War 1948-54, VI, 583); 4. 9 de novembro, Lord's Mayor Banquet, Guildhall, Londres (Stemming the Tide 1953, 187)*

Engolindo palavras *Lord Normanbrook em Wheeler-Bennett 1968, 28*

Envelhecimento *Halle 1966, 337*

Escrever *The Second World War 1948-54, I, 62*

Estafilococo *27 de junho (Moran 1966, 335-36)*

Exames *1. My Early Life (Minha mocidade) 1930, 29; 2. Ibid; 3. 26 de fevereiro, Universidade de Miami (The Sinews of Peace: Post-War Speeches 1948, 90)*

Falta de pontualidade *My Early Life (Minha mocidade) 1930, 107*

Família *6 de novembro*

Fazenda *Chartwell (Beaverbrook 1928, 306)*

Forma física e saúde *1. Agosto (Associated Press, New York Times, 17 de novembro de 1942); 2. 20 de agosto, Cairo (Cadogan,*

475-76); 3. Edmund Murray para o editor
Golfe Halle 1966, 77
Gripe 25 de setembro (Official Biography, CV5/2, 477)
Improviso Harold Macmillan para David Dilks
Inconsistência 5 de maio
Instigação 11 de novembro
Interferência Eden 1965, 333
Interrupções 1. 10 de julho; 2. Gilbert 1982, 13
Matemática 1. My Early Life (Minha mocidade) 1930, 17; 2. My Early Life (Minha mocidade) 1930, 40; 3. My Early Life (Minha mocidade) 1930, 41
Morte (ver também "Vida após a morte") 1. My Early Life (Minha mocidade) 1930, 72; 2. 30 de novembro (Longford, 206); 3. 15 de fevereiro (Official Biography, VIII, 511)
Nascimento 14 de julho (Moran 1966, 617)
Nobreza Hart-Davis, 340
Pele Bonham Carter 1965, 230
Pensamento Home, Wind, 84
Pintura 1. Dezembro ("Painting as a Pastime", Strand Magazine; Thoughts and Adventures 1932, 223-24); 2. Dezembro ("Painting as a Pastime", Strand Magazine; Thoughts and Adventures 1932, 224-25); 3. Janeiro ("Painting as a Pastime", Strand Magazine; Thoughts and Adventures 1932, 229-30); 4. Peregrine Churchill para o editor; 5. Sandys, 141; 6. Churchill, J., 100-01; 7. Ronald Golding para o editor
Predestinação 18 de setembro (Barnes & Nicholson, 642)
Previsão Halle 1966, 50
Profecia 1° de fevereiro (Coletiva para a imprensa, Cairo; Onwards to Victory 1944, 7)
Racionamento de comida Macmillan 1969, 491
Refeições e pratos 1. 17 de outubro, Queen's Hotel, Dundee (Official Biography, CV2/2, 914; 2. 5 de agosto ("Land of Corn and Lobsters", Collier's; Collected Essays 1975, IV, 262); 3. Downing Street ("Churchill the Conversationalist", de Colin Brooks, em Eade 1953, 363); 4. 14 de julho (Colville 1976, 98); 5. Chequers (Pawle 1963, 172); 6. Agosto, a caminho de Teerã para Moscou (Pawle 1963, 5); 7. Graebner 1965, 61; 8. Macmillan, Winds, 29
Religião 1. No Atlântico (Gilbert, 1994, 227); 2. My Early Life (Minha mocidade) 1930, 127-28; 3. 25 de dezembro, Washington (Moran 1966, 14); 4. Chartwell (Graebner 1965, 25); 5. Official Biography, VIII, 958)
Retrato como presente de aniversário 9 de novembro, Westminster Hall, Londres (The Unwritten Alliance 1961, 202)
Rudeza Howells, 61

Sexo *1. Graebner 1965, 25; 2. 7 de abril*
Suicídio *Macmillan 1969, 489*
Surdez *1. Leasor 1959, 31; 2. Halle 1966, 337*
Tagarelice *20 de janeiro (Gilbert 1991, 633)*
Trindade *1. 10 de setembro, Antuérpia (Halle 1966, 75); 2. Colville 1976, 258*
Vestuário *Cawthorne 1965, 14*
Vida (ver também "Destino") *24 de janeiro (Moran 1966, 359)*
Vida após a morte (ver também "Morte") *1. Graebner 1965, 24-25; 2. Clark Clifford para o editor; 3. 21 de janeiro (Moran 1966. 556)*

Apêndice

Charutos e mulheres *Julho, Agosto (American Spectator)*
Democracia *1. 11 de novembro (Europe Unite) 1950, 200)*
Duques *9 de outubro, New Castle*
Falar, falar *Washington (Finest Hour 122, 15)*
Garrafas de cerveja *4 de junho BBC (Taylor 1952, 223-24)*
Golfe *Manchester 1983, 213*
Gostos simples *passim*
Ingratidão *The Second World War 1948-54, I, 10*
Jantar, vinho e mulheres *Salter, 409*
Mentiras *22 de fevereiro*
Monarquia, constitucional *15 de maio*
Preposições *27 de fevereiro (Benjamin Zimmer, http://xrl. us/izbq)*
Tradições navais *Almirantado*
Veneno na sua sopa *Blenheim Palace (Balsan, 162; Sykes, 127)*
Virtudes e vícios *Adler, 29*

Índice de nomes

Adenauer, chanceler, 36
Alexander, marechal de campo Harold, 25
Alfred, rei, 58, 74, 79
Amery, Julian, 223, 234
Amery, Leo, 230
Asquith, H.H., 65, 128, 211
Asquith, Margot, 128
Asser, bispo, 79
Astor, Nancy, *Lady*, 129, 215, 243
Attlee, Clement, 32, 46, 93, 129, 145, 202, 204, 237, 240
Auchinleck, general, 78, 226
Baldwin, Stanley, 28, 84, 129, 130, 135
Balfour, Arthur, 79, 88, 130, 238
Baruch, Bernard, 101
Beaverbrook, Lord, 53, 130, 230
Ben-Gurion, David, 124
Benn, capitão Wedgwood, 27
Beresford, Lord Charles, 131
Beria, Lavrenti, 143
Bevan, Aneurin, 33, 40, 102, 131
Bevin, Ernest, 16
Birkenhead, F.E. Smith, Lord, 15, 181, 243
Bonar Law, Andrew, 131, 132
Bossom, Alfred, 132
Bowles, Tommy, 107, 201
Bracken, Brendan, 22, 63
Braddock, Bessie, 18, 36
Brooks, Colin, 94
Bryan, William Jennings, 132

Buccleuch, Molly, duquesa, 134
Buller, Redvers, 132
Burgoyne, general John, 190
Burton, Richard, 126
Butler, R.A., 133, 217
Byng, coronel, 179
Byron, Henry James, 237
Campbell, Sir Ronald, 62
Canterbury, William Temple, arcebispo de, 215
Carrington, Lord, 36
Carter, *Lady* Violet Bonham, 80
Cecil, *Lord* Hugh, 133
Chamberlain, Austen, 133
Chamberlain, Joseph, 133
Chamberlain, Neville, 128, 134, 186, 208
Chaplin, Charlie, 135
Charles I, rei, 109
Cherwell, Lord, 181
Christ, George, 114
Churchill, Clementine, 43, 53, 86, 101, 222
Churchill, Diana, 86
Churchill, Jack, 92
Churchill, *Lady* Randolph, 135
Churchill, Marigold, 86
Churchill, Mary, 122
Churchill, Randolph, 20, 86, 88, 91, 98, 219, 222, 226, 238
Churchill, Sarah, 86, 122, 141
Churchill, Winston (escritor americano), 135, 136

Clark, Kenneth, 209
Clemenceau, Georges, 138
Cleópatra, 93, 216
Collins, Michael, 41
Colville, John, 32, 138, 187, 189, 192, 196, 239
Cooper, Alfred Duff, 63
Craddock, George, 40
Cripps, Sir Stafford, 23, 28, 95, 117, 124, 125, 136, 173, 243
Cromwell, Oliver, 136, 153
Crossman, R.H.S., 137
Curzon, George, 135, 137
D'Abernon, Edgar Vincent, primeiro visconde, 103
Dalton, Hugh, 36, 137
Damaskinos, arcebispo, 37
Davies, Harold, 21
de Gaulle, Charles, 22, 92, 137, 138, 238
de Souza, M., 180
de Valera, Eamon, 138
Deakin, Bill, 58, 80, 200
Digby, Pamela, 20
Dilke, Sir Charles, 54
Dilks, David, 113
Donne, John, 100
Duchesne, Jacques, 221
Dulles, John Foster, 138, 139, 243
Eden, Anthony, 15, 24, 141, 170, 201, 226
Edward VII, rei, 146
Edward VIII, rei, 116
Eisenhower, Dwight D., 53, 138, 155
El Glaoui, El Hadji Thami, 172
Elizabeth, rainha, 112, 215
Ellinger, Jules, 242
Elliott, Maxine, 220
Emerson, Ralph Valdo, 125

Everest, Elizabeth, 104, 170, 213
Fedil, Ahmed, 84
Fellowes, Daisy, 147
Franks, Sir Oliver, 215
Gaitskell, Hugh, 18, 29, 112
Gallacher, Willie, 33
George VI, rei, 95, 215
Gibb, Andrew Dewar, 183
Gilbert, Martin, 52, 239
Gladstone, William, 22, 27, 96, 113
Gomme-Duncan, coronel, 30
Graham, John, primeiro visconde Dundee, 154
Graham, William, 30
Graziani, general Rodolfo, 188
Halifax, Lord, 25, 48, 139, 217
Hamblin, Grace, 108, 124
Hardy, Robert, 96
Harriman, W. Averell, 200
Hearst, William Randolph, 139
Henrique VIII, rei, 88
Herminius, 177
Hill, Kathleen, 92
Hinchingbrooke, Lord, 28
Hitler, Adolf, 83, 87, 89, 94, 140, 144, 168, 182, 185, 189, 190, 192, 210, 230
Hollis, Sir Leslie, 234
Home, Lord, 71, 228
Hopkins, Harry, 24, 140, 141
Hore-Belisha, Leslie, 102
Horsbrugh, Florence, 83
Howells, Roy, 233
Hughes, Emrys, 15, 31, 38, 39
Inönü, Ismet, 141
Ismay, general, 84, 94, 189
Johnson, Samuel, 47
Jones, Jack, 32
Kanellopoulos, Panagiotis, 85

Kelly, Denis, 114
Keppel, Alice, 146
Keyes, Ralph, 237, 241
Kinna, Patrick, 141
Kitchener, marechal de campo Lord, 141
Klopp, Onno, 92
Lansdowne, Lord, 93
Laval, Pierre, 185
Lavery, Sir John, 213, 229
Lênin, Vladimir, 142, 147, 150, 232
Lennox-Boyd, Alan, 19, 21, 98
Leslie, Shane, 58, 60
Limerick, *Lady*, 92
Lindemann, professor, 16, 209
Llewellyn, David, 38, 39, 155
Lloyd George, David, 38, 71, 103, 107, 132, 142, 216, 238, 239
Lonsdale, Sir J., 32
Lovett, Robert, 236
Lyttelton, Oliver, 17, 98
MacDonald, Malcolm, 219
MacDonald, Ramsay, 90, 142
MacGowan, Norman, 117
Mackeson, Sir Harry, 88
Maclean, Charles, 182
Maclean, Fitzroy, 97, 98, 143, 171
Macmillan, Harold, 19, 44, 225, 226, 239
Malenkov, Georgy, 143
Mamilius, 177
Mann, Jean, 23
Marsh, Edward, 46, 66, 86, 89, 109, 123, 205
Marx, Groucho, 15
Masterman, Charles, 153
Masterton-Smith, Sir J.E., 23
McCarthy, senador Joseph, 143
McCrae, John, 84

Menzies, Robert, 23, 143, 184
Molotov, ministro soviético do Exterior, 110
Molyneux, Richard, 236
Monro, general Sir Charles, 143
Montgomery, general, 220, 225, 242
Moran, Lord, 92, 144, 149, 218, 225
Morrison, Herbert, 27, 64
Morton, Desmond, 196, 230
Morton, J.B., 237
Mosley, *Lady*, 64
Mosley, Sir Oswald, 35, 64
Mountbatten, Lord Louis, 64, 102, 144, 184
Moyne, Lord, 186
Mussolini, Benito, 60, 93, 144, 171, 184
Nally, Will, 80
Nazimuddin, Sir Khawaja, 214
Nel, Elizabeth, 62
Nicolson, Harold, 55, 85, 96, 116
Novello, Ivor, 83
O'Connor, general Richard, 188
Olivier, Laurence, 93
Paling, Sir William, 20
Pascal, Blaise, 239
Paulo da Iugoslávia, príncipe, 97
Peake, Osbert, 144
Peck, John, 55
Pethick-Lawrence, Frederick, 24
Pick, Frank, 145
Pim, comandante Richard, 115, 200
Plastiras, Nikolaos, 145
Pol-Roger, Odette, 88, 215
Pound, almirante Sir Dudley, 52, 145
Quisling, Vidkun, 82, 98
Randolph, Churchill, Lord, 83
Reagan, Ronald, 70, 74

Rees, Nigel, 237
Reid, Mrs. Ogden, 28
Reith, Sir John, 94, 220, 221
Reves, Emery, 146
Reves, Wendy, 146
Ribbentrop, Joachim von, 185
Rommel, marechal de campo Erwin, 176, 188, 191
Roosevelt, James, 164
Roosevelt, presidente Franklin D., 24, 25, 28, 47, 53, 102, 111, 137, 140, 141, 163, 190, 214, 233
Roosevelt, presidente Theodore, 136
Rosebery, Lord, 202
Rowse, A.L., 86
Runciman, Walter, 17
Sandhurst, Lord, 218
Saud, rei Ibn, 146
Savinkov, Boris, 147
Schicklgruber, cabo, 140
Scrymgeour, Edwin, 243
Seely, Jack, 40, 115
Shakespeare, William, 32, 125
Shapiro, Fred, 243
Shaw, Bernard, 39, 93, 240
Sherbrooke, Robert Lowe, primeiro visconde, 96
Sherwood, Robert, 24, 25
Shigemitsu, Mamoru, 171
Shinwell, Emanuel, 15, 34, 39, 147
Shuckburgh, Evelyn, 170
Sikorski, general, 196
Silverman, Sidney, 35
Sinclair, Sir Archibald, 86
Slessor, Sir John, 83, 211
Slim, marechal de campo Sir William, 31
Smith, Alfred E., 101

Smith, Ben, 101
Smithers, Sir Waldron, 15, 17, 37
Smuts, marechal de campo, Jan Christian, 113, 143, 148, 218
Snowden, Philip, 148, 208
Soames, Christopher, 88, 232
Soames, Mary, 18, 93
Spears, general Edward Louis, 238
Spee, almirante Maximilian von, 148
Stalin, Josef, 71, 72, 103, 143, 149, 150, 157, 173, 185, 191, 202
Stevenson, Adlai, 216
Stubbs, A.E., 25
Suckley, Daisy, 25, 53
Summerskill, Edith, 110
Sutherland, Graham (pintor), 233
Tedder, Lord, 113, 218
Thatcher, Margareth, 74
Thomas, George, 38
Thomas, I.O., 31
Tirpitz, almirante von, 89, 100, 105
Trotsky, Leon, 150, 232
Truman, presidente Harry, 74, 150, 166
Vincent, Sir Charles Edward Howard, 103
Walker, Gordon, 20
Washington, George, 23, 216
Webb, Beatrice, 150
Webb, Maurice, 30
Welldon, bispo, 150, 151, 211
Welles, Sumner, 111
Wilson, general Sir Henry Maitland ("Jumbo"), 91, 98
Wilson, presidente Woodrow, 151
Wodehouse, Sir Pelham Grenville, 151
Wood, Sir Kingsley, 21
Woolton, Lord, 232

Índice

abstenção, 16
ação política, 42
acordos, 42
África do Sul, 160
ajuda versus prejuízo, 43
álcool, 16, 213
além da compreensão, 16
Alemanha, 160
aliados, 43, 176
Almirantes, 176
ambição, 215
amizade, 43
ancestralidade, 216
animais, 216
ansiedades, 43
antecipação, 43
antigo e novo, 43
anúncio de recompensa, 217
"Apaguem as lareiras de casa", 83
apêndice, 237-243
aposentadoria, 217
aprovada por unanimidade, 17
armamentos coreanos, 17
arquitetura, 44
arrogantes e hipócritas, 17
artes, 209
artilharia, 177
Austrália, 160
autoafirmação, 217
Banco da Inglaterra, 196
bandeira em frangalhos, 83
banhos, 17

barulheiras e zumbidos, incredulidades e vanglórias, 83
Batalha do Bolsão, 83
batalha naval, 177
bêbado e feia, 18
bibliotecas, 44
bigode e política, 18
bispos, 218
Bolchevismo e Comunismo, 196
bombardeios, 44
bottlescape, 84
brevidade, 105
Brighton, 19
brinde recusado, 19
caça ao submarino, 177
cadáver epilético, 84
Câmara dos Comuns, 196
Câmara dos Lordes, 197
camelos e insetos, 84
campo devastado (Stricken field), 84
Canadá, 161
canário ferido, 85
câncer, 210
candidato a presidente, 19
Cant'tellopoulos, 85
cão sarnento e cercas, 20
capitalismo e socialismo, 44
cara a cara, 44
caricaturas, 198
carne crua, 20
carro de boi (Bullock cart), 85
casamento, 20

carne crua, 20
carro de boi (Bullock cart), 85
casamento, 20
caso justo, 21
causa e efeito políticos, 198
causas, 45
cavalaria, 178
cavalheirismo nas democracias, 45
cavalos, 218
certo e consistente, 45
certo e duro, 45
certo e errado, 45
certo e honesto, 45
certo e irresponsável, 45
cestas no ovo, 21
chacoteado, afrontado e guinchado, 85
Chartwell, 46
charutos, 219
charutos e mulheres, 238
Chickenham Palace, 86
China, 162
choate, 86
Chumbolly, 86
Churchillianismos, 82-104, 262-265
cimeiras, 198
círculo virtuoso, 46
citações, 106
classes, 152
clássicos, 210
clima, 153
cobertura de níquel, 86
colapso nacional, 46
coleta de sangue, 219
comendo ouriço, 87
Commonwealth de Nações, 153
composição de livros, 106
Comunismo versus Fascismo, 199
comunistas cristãos romanos, 21
conferências, 46
confiança, 46, 219
conquistas, 153
consciência, 46
consciência nacional, 46
consciência pesada, 21
conselho, 219
consulta, 106
contraste, 47
controle dual, 47
convites, 47
coragem, 47
Coreia versus Crimeia, 21
correctitude, 87
corridas, 220
Cottonopolis, 87
crepitar dos espinhos, 22
criados, 220
crítica, 47, 220
crítica, de Churchill, 153
Cuba, 162
da boca para a mão, 87
debate, 199
defesa, 153
Definindo o Império, 153
de Gaulle, Charles, 22, 138
deixe o passado para a História, 106
deméritos: nein, 22
democracia, 47, 199, 238
democracia em tempo de guerra, 178
dê-nos as ferramentas, 47
derretimento, 107
desacordo legível, 23
descarte, 23
desespero, 48
despesas, 199
destino, 48, 221

Deus e a Câmara, 23
dificuldades, 48
dilema escocês, 23
Dinamarca, 162
diplomacia, 199
dirigindo na mão direita, 23
disappearage, 88
discursar, 48
discurso inaugural, 107
discussões, 48
dissuasão, 178
dissuasão nuclear, 178
ditado, 107
doença, 210
dois bicudos, 24
dormindo em campanha, 179
Ducado, 222
Duques, 239
educação, artes e ciência, 209-212, 276-277
Egito, 162
eleição de 1945, 200
eleições, 200, 222
embaralhar desonesto, 24
emprego de palavras, 108
empréstimo nacional, 49
em retrospecto, 49
encontro nu, 24
endereço potável, 88
energia, 49
enforcamento, 25
engenheiros, 49
engolindo palavras, 223
envelhecimento, 223
errando, 49
Escócia, 154
escolas públicas, 210
escrever, 223
escuma brilhante, 88

Espanha, 163
esperança, 49
Estados Unidos da América, 163
estafilococo, 223
estilo, 108
estilo de vida e vida, 239
evangelista, 88
exames, 223
excessos no orçamento, 201
exército, 179
explosivos, 211
fábrica de Chartwell, 108
Fábula do desarmamento, 74
falar, falar, 239
falta de pontualidade, 224
família, 224
fatos, 25, 49
fatos versus rumores, 108
fazenda, 224
fazendo nada, 50
fazendo o certo, 25
fazendo o melhor, 50
fazendo sem, 50
febre aftosa, 26
feitos e consequências, 50
feriado naval, 89
ferimentos de guerra, 50
filhos pouco queridos, 26
fim do Império, 154
finanças, 51
força e favor, 26
força moral, 51
forças militares, 179
forma física e saúde, 225
fortuna, 51
fracasso, 51
França, 168
fraqueza e traição, 51
futuro, 51

Galês, 155
garantia, 75
garoa de impérios, 89
garrafas de cerveja, 239
generais, 180
geografia, 155
Gibraltar, 155
golfe, 225, 240
golpes e esquivas, 15-41, 253-255
gostos simples, 240
Governo, Segunda Guerra Mundial, 201
grande comunicador, 105-127, 265-267
grande estado das questões, 89
Grande Protesto ("Grand Remonstrance") 109
grandes homens, 51
Grécia, 168
Greve Geral, 1926, 201
gripe, 225
guerra, 176-194, 273-275
Guerra dos Bôers, 180
guerra e democracia, 52
guerra e paz, 52
guilhotina, 26
guttersnipe sedento de sangue, 89
habilidade, 27
habitação e parques, 201
hifens e "e"s, 109
hipocrisia, 52
história, 52, 109
historiador imparcial, 27
histórias e piadas, 74-81, 261-262

Homem Borracha, 89
homem é espírito, 52
homem versus mulher, 110
honrarias, 52
humanidade, 53
humanidade ineducável, 53
idade, 53
idealismo, 53
ideias, 54
ideólogos coletivos, 90
ignorância, 75
Ilhas Virgens, 156
imaginação, 54
imitação de sopa de tartaruga, 90
impensabilidade não regulada (Unregulated unthinkability) 90
imperialismo, 54
Impérios da mente, 54
improviso, 225
improvose and dore, 90
impulso, 54
inconsistência, 226
Índia, 169
indignação, 27
Índios, 28
indisposições da velhice, 28
inesperado, 54
inexatidão terminológica (Terminological Inexactitude) 91
infantaria, 180
infernizar enquanto ainda há tempo, 91
Inglaterra, Império e Commonwealth, 152-158, 270

Inglês, 110, 211
Ingleses e Árabes, 156
ingratidão, 28, 240
iniciativa privada, 202
inimigo alemão, 54
inimigos derrotados, 55
inovação, 55
instigação, 226
instigador de guerras, 202
insulto, 29
interferência, 226
interrupções, 202, 226
Irlanda, 169
Israel, 170
Itália, 171
Iugoslávia, 171
jantar, vinho e mulheres, 241
Japão, 171
jargão, 110
Je vous liquiderai. Si vous m'obstaclerez, je vous liquiderai! 91
joias de verão, 92
Jordânia, 172
jornais (mídia) 110
juízes, 202
jujuba, 29
julgamento, 55
juramento escocês de lealdade, 29
justiça, 55
juventude, 55
KBO, 55
klop, 92
largura de uma vírgula, 111
Latim, 111, 211
Latim: "Ó mesa" 30

leis rigorosas, 56
leite para os bebês, 56
leitura, 112
levante no Império, 156
lhama fêmea, 92
lidando com o inimigo, 181
limpets corajosos, 92
linguagem, 112
línguas, 56
liquidez, 56
literatura clássica, 113
livre mercado, 56
livros: os seus, 113
Loloo and Juloo, 93
Londres, 156
magnanimidade, 56
mal, 57
maldade, 57
malditas ovelhas negras, 30
maldito velho bobalhão, 30
mal-intencionados e ditadores, 57
maneira de discursar, 30
manutenção da paz, 57
marinha Americana, 181
Marquês encolhido, 93
Marrocos, 172
martírio, 57
matemática, 226
máximas e reflexões, 42-73, 255-261
medo, 58
Mein Kampf como um Corão, 114
mente como fuzil, 58
mentiras, 241
mestiço anglo-americano, 31

metafísica, 211
microfones e assassinatos, 93
Ministério da Alimentação, 31
Ministério da Economia de Guerra, 31
Ministério da Guerra, 203
minutas, 114
míssil teleguiado, 212
missionários aborígenes, 31
mitos, 58
moderados, 203
monarquia, 203
monarquia, constitucional, 241
Morro dos ventos uivantes (Wuthering Height), 94
mortalha deslumbrante, 94
morte, 58
morte (ver também "Vida após a morte"), 227
morte na política, 58
morte por bombardeio, 181
mudança, 59
mulheres, 59
mulheres na política, 203
mundanos ignorantes (Purblind worldlings), 94
nações, 159-175, 270-272
nado do rato, 32
Namsosed, 94
nascimento, 228, 242
natureza, 59
necessidade, 59
negativa, 59
negociações, 59
negociando em guinéus, 60
nobreza, 228

nomes estrangeiros e pronúncias, 114
non-undisincentive, 94
non-undisinflation, 95
Normandos que foram saxões, 76
objeções, 76
obrigações, 156
ódio, 60
oficiais, 181
opiniões, 32
oponentes agitados, 32
oportunidade, 60
oposição, 204
oratória, 116
Ordem do Chute, 95
ordem e simetria, 60
originalidade, 117
Os dois cavalheiros de Verona, 32
O Sonho, 76
otimistas e pessimistas, 77
"outwith", 117
Ovo do vigário, 117
paciência no parlamento, 33
Padrão Ouro, 204
paintatious, 95
Palestina, 173
palimpsests terrestres, 95
parceiros, 60
parcimônia, 60
parlamentar surdo, 33
Parlamento, 61, 204
partidos políticos, 205
pássaros mortos, 33
pelagem, 117
pele, 228

pensamento, 61, 228
"pente-fino", 33
perfeição, 61
perguntas suplementares, 34
perigos, 61
perseverança, 62
pés no chão, 34
pesquisas de opiniões, 205
pessoal, 62, 213-236, 277-280
pessoas, 128-151, 267-270
pilares e água, 118
pintura, 228
plágio antecipado, 95
planejamento, 205
pobreza, 205
poder, 63
poder aéreo, 182
poesia: "Pandemia de Gripe", 118
poesia: "Puggy-wug", 122
poleiro de Sidney, 35
política, 63
política e governo, 195-208, 275-276
política externa: Oriente Médio e África, 205
politicamente correto, 122
políticos, 63, 206
Polônia, 173
pólvora para o urso, 78
pontuação, 123
pôr um ovo, 96
pot-boilers, 124
povo, 157
povo em guerra, 157
Pox Britannica, 96

prática, 35
prazer, 63
precisão de linguagem, 78
predestinação, 230
pré-fabricada, 124
preguiça, 64
Prêmio Nobel de Literatura, 124
preocupação descabida (fearthought), 96
preposições, 242
presciência, 35
previsão, 64, 230
Primeira Guerra Mundial, 182
Primeiro-ministro, 206
primus inter pares, 35
Príncipe Palsy, 96
princípios, 64
prisão de ventre, 36
prisioneiro espanhol, 78
profecia, 231
professor frustrado, 36
profetas, 65
profundezas, 97
Pumpkin e Pippin, 98
quantificar ... com suprimento insuficiente, 124
quatro metros de ministros, 97
quebrar e consertar, 65
queuetopia, 98
quisling, 98
racha em partido, 206
racionamento de comida, 231
recriando o mundo, 36
recriminação, 65
recursos, 65
recursos espirituais, 36

refeições e pratos, 231
reflexões sobre a guerra, 183
reforma social, 66
Rei Alfred e os pães queimados, 79
rei versus ás, 66
relações diplomáticas, 66
relações pessoais, 66
religião, 232
removendo MPs, 37
reparação das privações, 66
repetição, 66
re-rat, 99
restaurantes ingleses, 99
retrato como presente de aniversário, 233
retrospecto, 66, 99
reuniões, condução das, 207
revolução, 207
reza forte, 37
riqueza e comunidade britânica, 67
risco, 67
RMS Queen Mary, 212
romance Savrola, 125
Royal Naval College (Real Escola de Guerra Naval) 184
rudeza, 233
Rússia, 173
sabedoria, 67
sabedoria e disparate, 207
sangue, trabalho, lágrimas e suor, 99
São Jorge e o dragão, 80
satisfação, 68
saúde, 37
screened, 125

Secretários do Exterior uni-vos!, 38
segredo versus embaraço, 38
segredos, 68
Segunda Guerra Mundial, 186
Segunda Guerra Mundial: 1940, 68
Segunda Guerra Mundial: Moral, 68
Segunda Guerra Mundial (Prelúdio), 184
segurança, 68
sem interesses próprios, 68
sentimentalismos, pronunciamentos chorosos e emotividade, 99
ser notícia, 68
"ses" 69
sexo, 234
Shakespeare, 125
simplicidade, 69
slatternly, 100
"snafu" 126
sob tiroteio, 193
socialistas, 207
Sócrates, 212
sofari so goody! 100
sombrias, sectárias, subservientes, 100
sorte, 69
Spurlos versenkt, 100
stand firm, 126
suborno, 69
sucesso, 69, 242
Sudão, 174
suficiência, 69

suicídio, 234
Suñer or later, 100
superávit orçamentário, 70
surdez, 234
tagarelice, 235
tanques, 193
taxação, 207
Tchecoslováquia, 175
tecnologia, 212
telefone para amigos, 38
televisão, 212
tempo, 70
tentações, 70
teoria e prática, 70
terreno elevado, 70
tiradas Galesas, 38
tirania, 70
tiros sem consequências, 70
todos por Al, 101
tomando decisão, 39
tópicos quentes, 71
trabalho, 71
trabalho duro, sangue, morte e sordidez, 101
tradições navais, 243
traga um amigo, 39
traje de sereia (Siren suit),101
trampolim, não sofá, 40
transtorno esquálido, 102
trapaça, 158
Tremenda galinha! E que pescoço!, 102
trepanação, 126

tributos, 71
trifibiano, 102
trindade, 235
tumulto na oposição, 40
Uganda, 158
uivando, 40
unilateral, 127
unsordid, 102
urso, búfalo e jumento, 80
ursos, 71
urtiga e espinafre azedo, 103
veado e cães de caça, 80
vencer ou perder, 71
veneno em seu café, 243
ventre macio, 103
ventura, 71
verdade, 72
vestuário, 235
vida, 72, 235
vida (ver também "Destino") 235
vida após a morte (ver também "Morte") 235
vingança, 73
virtude, 40
virtude versus perversidade, 73
virtudes e vícios, 243
vivo ou morto, 41
volume da fala, 41
voto de confiança, 208
vulcão ingrato, 103
Winstoniano, 104
Woomany, 104
Wormwood Scrubbery, 104

Aprecie também:

A verve e o veneno de Winston Churchill

Uma seleção de suas melhores frases

"Ele mobilizou a língua inglesa e a desdobrou para o combate", disse John F. Kennedy.

"A arena política é, reconhecidamente, um campo de batalha onde as armas são as palavras, e muitos são os insultos arremessados de um lado para o outro das bancadas do Parlamento."

A verve e o veneno de Winston Churchill reúne centenas de seus comentários mais divertidos e espirituosos, num tributo à desopilante capacidade desse inglês — preconceituoso, tremendamente inspirado, engraçado e de enorme coração — de responder à queima-roupa com verve e espírito.

Autor: Mark Edmundson
ISBN: 9788562948015
Páginas: 176

Pintar como passatempo
Winston Churchill

Poucas pessoas sabem que Winston Churchill, o renomado político britânico tinha um passatempo relaxante – a pintura.

Pintar como passatempo é um livro singular e pessoal. Após as páginas iniciais sobre *hobbies*, Churchill descreve seus passos pessoais quando chega à pintura. O grande crítico de arte Ernest Gombrich chamou o livro de "surpreendente" e Roy Jenkins (biógrafo de WSC), tendo concluído que os livros de Churchill eram "mais comprados do que lidos", declarou que "os textos mais pessoais", encontrados em *Pintar como passatempo*, são como "como goles de água pura e cristalina".

Autor: Winston Churchill
ISBN: 9788562948077
Páginas: 72

"Felizes os pintores, pois não estarão sozinhos. Luz e cor, paz e esperança lhes farão companhia até o fim, ou quase até o fim da jornada."

Este livro foi impresso em São Paulo, em julho de 2013,
pela RR Donnelley para a Odisseia Editorial.
A fonte usada no miolo é a Janson Text LT Std, em corpo 10/12.
O papel de miolo é offset 75g/m² e o de capa é cartão 300g/m².